Otto Henne am Rhyn
Aus Loge und Welt
Freimaurer im 19. Jahrhundert

SEVERUS

Henne am Rhyn, Otto: Aus Loge und Welt. Freimaurer im 19. Jahrhundert
Hamburg, SEVERUS Verlag 2014

ISBN: 978-3-86347-856-8
Druck: SEVERUS Verlag, Hamburg, 2014
Lektorat: Verena Behr

Der SEVERUS Verlag ist ein Imprint der Diplomica Verlag GmbH.

Bibliografische Information der Deutschen Nationalbibliothek: Die Deutsche Nationalbibliothek verzeichnet diese Publikation in der Deutschen Nationalbibliografie; detaillierte bibliografische Daten sind im Internet über http://dnb.d-nb.de abrufbar.

© SEVERUS Verlag
http://www.severus-verlag.de, Hamburg 2014
Printed in Germany
Alle Rechte vorbehalten.

Der SEVERUS Verlag übernimmt keine juristische Verantwortung oder irgendeine Haftung für evtl. fehlerhafte Angaben und deren Folgen.

SEVERUS

Immer für Freiheit und Licht!

Dr. Otto Henne am Rhyn.

Inhalt

Meine freimaurerische und schriftstellerische Laufbahn.................. 7

Erste Abteilung:
Aus der Loge **19**

   I. Die Freimaurerei und die Außenwelt.. 19

   II. Die Freimaurerei und der Fortschritt 28

   III. Die Geheimhaltung der Mitgliederverzeichnisse 37

   IV. Die neuesten Angriffe gegen die Freimaurerei (1896).......... 39

   V. Freimaurerei, Jesuiten, Aberglaube und Teufelsdienst (1904) 48

Zweite Abteilung:
Aus der Welt... **56**

   I. Babel und Bibel 56

      1. Aus dem Alten Testament.. 56

      2. Aus dem Neuen Testament.. 69

   II. Römische Bahnen... 82

      1. Immer die Gleichen... 82

      2. Verbotene Früchte... 92

      3. Umgedrehte Sätze 101

   III. Nirvana.. 108

      1. In Asien.. 108

      2. In Europa.. 119

      3. Im Jenseits 126

   IV. Zarathustra 141

   V. Zukunftsträume 149

      1. Dichterische Phantasien.. 149

      2. Sozialpolitische Träume.. 154

   VI. Der Kampf der Geschlechter.. 163

      1. In aufsteigender Linie 163

    2. In absteigender Linie *171*

VII. Krieg und Frieden 180

    1. Krieg im großen *180*
    2. Krieg im kleinen *190*

VIII. Der Alkoholteufel.. 195

IX. Vom Sarge zur Urne.. 201

Anhang 205
Schlußwort 209
Nachträge 211

Meine freimaurerische und schriftstellerische Laufbahn

Die Zeit, in welcher ich auf die Freimaurerei aufmerksam wurde, fällt schon in eine so frühe Epoche meines Lebens, daß ich nicht mehr zu sagen vermag, in welches Jahr. Mein Vater, welcher nicht Maurer war, besaß das bekannte Werk von Heldmann: Die drei ältesten Kunsturkunden der Freimaurerbrüderschaft, verbunden mit einer kurzen Geschichte der Freimaurerei, welches ich beim Durchstöbern der Bibliothek meines Vaters schon als Knabe in die Hände bekam und dessen Titelvignette, den Teppich mit den drei Lichtern darstellend, meine Phantasie sehr erregte. Ich fragte mich, warum denn an der vierten Ecke kein Licht stehe und wunderte mich über diesen Mangel an Symmetrie. Der Inhalt des Buches befriedigte mein Verlangen nach Aufschluß über den Bund und seine Symbole natürlich nicht. In meinen Schülerjahren hörte ich dann allerlei seltsame Geschichten über die Freimaurerei erzählen. In Bern, wo ich einen großen Teil meiner Jugend zubrachte, behaupteten meine Mitschüler, diejenigen Herren, welche graue Zylinderhüte trügen, wären Freimaurer; einer dieser Schüler, dessen Vater wirklich Freimaurer war, hatte einst die Gartenmauer der Loge erstiegen, um zu sehen, was innerhalb derselben vorging, war aber von seinem Vater rechtzeitig entdeckt und durchgeprügelt worden. Als Student der Universität lernte ich einen älteren Freimaurer kennen, welcher bei meinen Eltern wohnte und in dessen Zimmer ich mir aus jugendlicher Neugierde oft erlaubte, Nachschau in zahlreichen offen dort liegenden freimaurerischen Flugschriften und Logenberichten zu halten. Diese Schriften zerstörten zuerst meinen durch Heldmann unabsichtlich hervorgerufenen Wahn, als wäre der Bund ein einheitlich organisierter, mit einer allgemein anerkannten und befolgten fortschrittlichen Tendenz, welche Wahrnehmung meine Meinung von demselben bedeutend herabstimmte. Trotzdem stand mein Entschluß fest, mich, sobald ich dazu Gelegenheit hätte und selbständig wäre, in den Bund aufnehmen zu lassen. Es gingen jedoch, nachdem ich Beamter in St. Gallen, meiner Vaterstadt, geworden, noch etwa acht Jahre hin, ehe dort gewisse Zeichen, die von Zeit zu Zeit im „Tagblatt" erschienen, mich in dem Glauben befestigten, daß eine Loge im Entstehen begriffen sei. Ein Freund von mir gehörte zu den Gründern und durch seine Vermittelung erzielte ich, daß ich im Juni 1861 (im 33. Altersjahre) wenige Wochen nach Konstituierung der Loge Concordia, als einer der ersten Kandidaten von ihr aufgenommen wurde. Damals erschienen eben die Pamphlete von Alban Stolz, entflammten in mir großen freimaurerischen Eifer und veranlaßten mich zu einer Erwiderung, die aber, vielleicht ihrer Heftigkeit wegen, keinen Verleger fand und erst zwölf Jahre später in der „Freimaurerzeitung" gedruckt wurde. Bald darauf faßte ich, noch als Lehrling, den Plan zu *„Adhuc stat"*, das ich im Jahre 1862, in welchem ich Geselle wurde, ausarbeitete, und zwar mit Zuratziehung des damaligen neuen Großmeisters der „Alpina", Hr Gelpke (Professor in Bern); der Plan und die Hauptteile des Büchleins sind jedoch ausschließlich meine Arbeit. Die erste Auflage erschien zu Anfang 1863 und in demselben Jahre wurde ich Meister und sofort auch Redner der Loge an Stelle meines eben erwähnten zurücktretenden Freundes, den ich schon in den beiden ersten Graden öfter vertreten hatte. Meine Vorträge ernteten bei den Brüdern vielen Beifall; doch fand man sie oft zu scharf und kritisch und zu wenig „gemütlich", was von jeher meine Eigenheit war; ich habe mich nie von der Phantasie beherrschen lassen und bin darum auch nicht zum Dichter geboren, obschon ich in meinen jüngeren Jahren eine schwere Menge Gedichte und sogar ein Drama verbrochen habe. Mein kritisches Wesen fand aber in den Zuständen und Verhältnissen des Bundes nur zu viel Stoff zur Betätigung. Ich schloß mich der von der „Bauhütte" vertretenen Richtung an, ja ich ging in manchem über diese hinaus. Mein Kampf galt namentlich den Hochgraden (obschon sich deren in meiner Nähe keine befanden), der Ausschließung von Nichtchristen aus dem

Bunde, der Zersplitterung desselben und dem Mangel an einheitlicher und weitgreifender praktischer Tätigkeit. Endlich gelangte ich dahin, nach Art der Illuminaten des 8. Jahrhunderts, den Teufel mit dem Beelzebub austreiben zu wollen, indem ich die Anhänger der Hochgrade dadurch zu gewinnen hoffte, daß ich in die von mir ersehnte einheitliche Organisation des Bundes neue Hochgrade, aber mit fest umschriebener praktischer Tätigkeit einführte. Ein solches System von sieben Graden, (nämlich einem 4. und 5., Krieger und Ritter der Menschheit, für die materiellen, sowie einem 6. und 7., Lehrer und Priester der Menschheit, für die idealen Ziele des Bundes), schlug ich in einem Artikel „ein Ruf zur Tat", 1865 in der „Bauhütte" vor. Als ich aber dafür von Seite der Hochgradjünger und auch anderer Brüder nur Spott erntete, warf ich jeden Gedanken an höhere Grade weg, erstreckte meine Opposition sogar auf die alten drei Grade, wurde vollständig zum Malkontenten und äußerte diese meine Stimmung in der 1866 in nichtmaurerischem Verlage und öffentlich erschienenen Schrift „*Fiat lux*" Verteidigung der wahren Freimaurerei gegen innere und äußere Feinde. Vom Verfasser der Schrift „*Adhuc stat*". Diese bekämpfte sämtliche bisherige Einrichtungen der Freimaurerei und schlug eine neue einheitliche Organisation des Bundes auf breitester demokratischer Grundlage und mit einem Systeme von Arbeiten im Geiste des materiellen und intellektuellen Fortschrittes vor. Der Bund wäre nach diesen Vorschlägen, wie ich seitdem einsah, nicht mehr der Freimaurerbund gewesen, sondern wesentlich ein Freidenkerbund geworden und sein ursprünglicher Name hätte nicht mehr für ihn gepaßt. Es war sehr begreiflich, daß mich diese Schrift mit einem Teile der Brüder meiner Loge in Differenzen brachte, die so weit gediehen, daß ich mich zur Deckung veranlaßt fand. Auf der andern Seite hielt „*Fiat lux*" die Loge zur Einigkeit in Frankfurt a. M. nicht ab, mir ihre (meine erste) Ehrenmitgliedschaft zu erteilen. Bruder Seydel in Leipzig, der sich bald nachher, ebenso unbefriedigt wie ich, ganz von der Teilnahme am Bunde zurückzog, erließ in der Bauhütte ein sehr warmes Zustimmungsschreiben an mich; auch von andern Brüdern erhielt ich vielfache Beweise der Sympathie. Mit der Zeit indessen milderten sich die Antipathien innerhalb meiner Loge gegen mein Auftreten; ohne diesem völlig zuzustimmen, anerkannte man doch meinen reinen Willen und näherte sich mir. Nur wenige Monate nach der Deckung, 1867, trat ich wieder in die Loge ein, wurde sofort wieder zum Redner und zugleich in eine Kommission gewählt, welche beauftragt wurde, ein neues Ritual zu entwerfen. Dieses Ritual kam 1868 wesentlich so zur Annahme, wie ich es entworfen hatte. Alles überflüssige Zeremoniell war darin zu Gunsten des lebendigen Wortes beseitigt; die mancherlei Bedenken bezüglich des Schwurs auf die Bibel nach Art des gordischen Knotens durch Einführung eines bloßen Randgelübdes ohne Bibel gelöst und im dritten Grad wurde die bisherige Tradition durch ästhetischere Formen ersetzt. Ferner war ich zugleich mit meiner Wiederwahl zum Redner auch zum Abgeordneten der Loge an die schweizerische Großloge Alpina ernannt worden und diese Wahl wiederholte sich, so lange ich in St. Gallen blieb, ausgenommen im Jahre 1870, wo in Lausanne das unglückliche Manifest in Sachen des deutsch-französischen Krieges beschlossen wurde. Ich besuchte 1867 die Großloge in Bern, wo die Brüder, die mich noch nicht kannten, nicht wenig verwundert waren, in dem Verfasser von „*Fiat lux*", den sie sich wohl als einen „rasenden Roland" vorgestellt hatten, ein so harmlos aussehendes Männchen zu finden, – dann 1868 in Genf und Aarau, 1869 in Aarau, 1871 in Neuenburg und Bern. Während dieser Zeit erfreute sich auch die Schrift „*Adhuc stat*" der meisten Verbreitung. Ger ersten Auflage war noch im nämlichen Jahre 1863 die zweite, 1865 die dritte gefolgt und es folgte 1870 die vierte, – erst 1881 die fünfte.

Zu der Zeit, da mein Ritual in St. Gallen angenommen wurde, ging eine Wandelung in meinem nichtmaurerischen literarischen Wirken vor sich. Dieses fand seine erste Nahrung durch meine Stellung als Staatsarchivar in St. Gallen, die ich 1859 bis 1872 bekleidete und in welcher ich persönlich meine beste

Befriedigung fand, indem ich dieselbe in jeder Beziehung ausfüllte und mich über nichts zu beklagen hatte als über ein zu geringes Gehalt. Die Archivakten gaben mir seit Ende des Jahres 1860 den Antrieb zu meiner „Geschichte des Kantons St. Gallen, welche bis dahin noch nie bis auf die neueste Zeit bearbeitet worden war; sie erschien 1863 im Verlage unseres damaligen Meisters vom Stuhl, Bruder v. Tschudi. Ihr folgte bald meine „Geschichte des Schweizervolkes und seiner Kultur" in drei Bänden, die bei Wigand in Leipzig 1864, 1865 und 1866 erschienen. Im Jahre 1868 wandte ich mich der Kulturgeschichte zu. Die erste Frucht meiner ausschließlichen Tätigkeit auf diesem Gebiete ist das in jenem Jahre erschienene „Buch der Mysterien", eine Geschichte der sog. geheimen Gesellschaften, welche die ägyptischen und griechischen Mysterien, den pythagoreischen Bund, die Therapeuten und Essener, die Entstehung des Christentums, dann die mittelalterlichen Bauhütten, die Femgerichte, die Wiedertäufer, die Jesuiten, die Freimaurer, Rosenkreuzer und Illuminaten und die politischen Geheimbünde der neuesten Zeit umfaßt. Bald darauf ging ich an meinen langgehegten Lieblingsplan, die Entwicklung des menschlichen Geistes seit seiner Emanzipation von den Banden des mittelalterlichen Geisteszwanges bis auf unsere Tage zu schildern. Als Vorläufer und Einleitung zu dieser mühevollen und weitaussehenden Arbeit erschien 1869 die „Kulturgeschichte im Lichte des Fortschritts", ein Versuch der Darlegung der Gesichtspunkte, welche in der Kulturentwicklung der Menschheit zu Tage treten. Dieser kleinen, aber mit vielem Beifall aufgenommenen Schrift folgte bald das eigentliche Werk, die „Kulturgeschichte der neuern Zeit" in drei Bänden; der erste (15. und 16. Jahrhundert) erschien 1870, der zweite (17. und 18. Jahrhundert) 1871 und der dritte (19. Jahrhundert) 1872. Das Werk war neu in seiner Art, und wenn auch dies vielfach anerkannt wurde, so stieß es doch auch sowohl auf Mangel an Verständnis, als auf bösen Willen bei Feinden des Fortschritts. Der Freimaurerei war darin an den ihr gebührenden Stellen mit großer Ausführlichkeit gedacht, und gerade dies ärgerte viele Leute, die über den einseitigen Standpunkt eines „radikalen Freimaurers" brummten, ohne beurteilen zu können, wie vieles die Freimaurerei im achtzehnten Jahrhundert hervorzubringen und zu befördern geholfen hat. Während ich an diesem Werke arbeitete, fand ich noch Zeit, die Ausführung eines andern Gedankens wenigstens zu versuchen, nämlich desjenigen einer populären wöchentlichen Zeitschrift, die sowohl in fortschrittlichem Sinn auf religiösem und wissenschaftlichem Gebiete, als im Geiste der Freimaurerei, wie ich ihn verstand, wirken sollte. Die „Lokomotive", welche während des Jahres 1870 erschien und nach Ausbruch des Krieges entschieden für Deutschland Partei ergriff, fand von freimaurerischer Seite viel Unterstützung, im Ganzen aber doch nicht so viel, um fortbestehen zu können, so daß sie mit Ende des Jahres eingehen mußte. In derselben Zeit schrieb ich überdies einen freimaurerischen Roman, meinen einzigen, welcher den in der Geschichte des Bundes bekannten Freiherrn Hund und seine neutemplerischen Bestrebungen zum Mittelpunkte hatte und damit auch die Rosenkreuzer und die Illuminaten in Verbindung brachte. Er erschien 1873 im Preßburger „Grenzboten", sowie 1875 in der Leipziger „Freimaurerzeitung" und in einem böhmischen Blatte. Mein etwas einförmiges Leben im düstern Archivgewölbe zu St. Gallen wurde außer den erwähnten Reisen zur Großloge im Jahre 1871 auch durch eine Reise unterbrochen, die ich im Auftrage und auf Kosten der Alpina zur Jahresversammlung des Vereins deutscher Freimaurer in Darmstadt, welche schon 1870 hätte stattfinden sollen, aber wegen des Krieges verschoben worden war, ausführte. Ich verlebte dort durch die persönliche Bekanntschaft der mir bereits durch Briefwechsel oder Ruf vertrauten Brüder Findel, Künzel, Treu, van Dalen, Paul, Cramer u. A., und durch die Anerkennung, welche meinen schwachen Leistungen gezollt wurde, sehr genußreiche Tage und machte die Rückreise über Leipzig, um die Stätte kennen zu lernen, wo ich schon seit längerer Zeit gedruckt wurde, und über Nürnberg, wo das herrliche germanische Museum mein kulturhistorisches Herz erfreute. Bei dieser Gelegenheit reifte ein Gedanke, den ich längst hegte, noch mehr in mir heran, nämlich derjenige: in Deutschland, vorzugsweise aber in Leipzig, eine Stellung zu gewinnen, welche mich besser lohnte als die mir sonst so angenehme Stellung in St. Gallen. Diese Hoffnung ging nicht in dem gewünschten Maße und leider nur auf geringe Zeit in Erfüllung. Mein Verleger Wigand in Leipzig, der bestrebt war, zur Verwirklichung meines Wunsches Hand zu bieten, übertrug mir die Bearbeitung der neuen (6.) Auflage von Ritters geographisch-statistischem Lexikon. Die Dauer dieser Arbeit war auf drei Jahre veranschlagt; ich hatte in Leipzig, wo ich im April 1872 gerade zur Ostermesse ankam und das bewegte Treiben mit Interesse beobachtete, ein freies und angenehmes Leben, namentlich da ich in dem für die reizlose Gegend verhältnismäßig hübschen Gohlis wohnte. Noch im Jahre meiner Ankunft erwarb ich das Doktordiplom, das mir von der philosophischen Fakultät mit Erlaß von Examen und Dissertation auf Grund meiner Werke erteilt wurde. Von Leipzig aus besuchte ich 1873 die Wiener Weltausstellung, wozu mich die Redaktion der Weltausstellungszeitung eingeladen hatte. Ich bearbeitete für dieses Blatt mehrere kulturhistorische, auf die Ausstellung bezügliche Gegenstände und erhielt während dieser Zeit eine Einladung nach Preßburg, wo mir die Loge „zur Verschwiegenheit" unter dem Vorsitz des gastfreundlichen Bruder Kovacs und in Anwesenheit einiger Schwestern ein Festmahl gab und mich weit über meine Verdienste feierte. Nachdem meine Arbeit an Ritters Lexikon, den Druck inbegriffen, 1874 beendet war, hatte ich eine neue ziemlich einträgliche Stellung gefunden, nämlich die Redaktion des historischen und geographischen Teils des Piererschen Konversationslexikons, das damals dem Buchhändler Spaarmann in Oberhausen gehörte.

Bei diesem Ruhepunkte muß ich nachholen, daß ich in freimaurerischer Beziehung in Leipzig bisher mich ziemlich passiv verhalten hatte. Ich besuchte anfangs keine Loge, sondern nur das Kränzchen Maçonia, wo mich Bruder Findel einführte, und wo ich manche vergnügte sowohl als belehrende Abende verlebte, auch einmal Vorsitzender war. Erst der Tod des Bruder Schletter, Redakteurs der „Feimaurerzeitung", war für mich Veranlassung, mich dem Logenleben wieder zuzuwenden. Auf den Rat des Bruder Findel bewarb ich mich um die Redaktion jenes Blattes, die ich auch durch die Empfehlung des rühmlichst bekannten Bruder O. Marbach 1873 erhielt. Ich wurde in der ersten Zeit meiner Redaktionsführung von vielen maurerischen Seiten beglückwünscht, einen frischern Geist in das Blatt gebracht zu haben, dem ich überhaupt große Sorgfalt widmete. Ich besuchte nun wieder Logen, so im Herbst 1873, als ich für Ritters Lexikon in Berlin statistische Materialien sammelte und mit Bruder van Dalen verkehrte, eine Loge des Systems Royal-York, wo ich den Großmeister Bruder Herrig u. A. kennen lernte, dann zweimal auf Bruder Cramers Einladung das Stiftungsfest seiner Loge Harpokrates in Magdeburg, wo ich sehr hübsche Stunden verlebte, und machte daselbst auch die Einweihung des neuen Tempels 1875 mit. Endlich hielt ich es für passend, als Redakteur eines maurerischen Blattes auch aktiver Maurer zu sein und ließ mich 1874 bei der Loge „Balduin zur Linde" in Leipzig affilieren, bei welcher Gelegenheit Bruder Marbach eine besonders feierliche Ansprache an mich hielt, die in einer seiner Sammlungen maurerischer Vorträge Aufnähme fand. Die Logen in Chemnitz (welche ich 1874 besuchte) und Meiningen (wie schon früher Konstanz und bei meiner Abreise aus der Schweiz St. Gallen und Winterthur) erteilten mir um jene Zeit die Ehrenmitgliedschaft. Damals erschien auch meine „deutsche Volkssage" (ein von mir bearbeitetes Vermächtnis meines 1870 verstorbenen Vaters), und bald der erste Band meiner „Allgem. Kulturgeschichte." Ich hatte nämlich den längst gehegten Plan, meine „Kulturgeschichte der neuern Zeit" durch drei das Altertum und das Mittelalter umfassende Bände zu vervollständigen, an die Hand genommen und eifrig fortgeführt, wobei mir die Leipziger Bibliotheken sehr zu statten kamen.

Während diese Arbeit fortschritt (1876), kaufte Wigand den in einem andern aber verunglückten Verlage erschienenen ersten Band meiner Allgemeinen Kulturgeschichte und sicherte damit die Herausgabe des zweiten und dritten Bandes, wie er auch später (1877) eine neue Auflage der neueren Kulturgeschichte (die nun den 4. bis 6. Band bildet) veranstaltete. Zu derselben Zeit bearbeitete ich auf Einladung der Vorsteherschaft des Vereins deutscher Freimaurer den zweiten Teil des von Bruder v. Groddeck angefangenen, aber unterbrochenen „Freimaurerrechts" (die Organisation des Bundes enthaltend), und arbeitete einiges für die britische Gesellschaft zur Unterdrückung der Prostitution, für welche ich in Dresden, Berlin, Hamburg, Frankfurt und Mainz Materialien sammelte. Endlich verschaffte mir die Vermittelung des Verlegers der „Gartenlaube", Ernst Keil, der mir überhaupt sehr gefällig war, eine Stellung als Redakteur des „Boten aus dem Riesengebirge" zu Hirschberg in Schlesien, welche ich im Februar 1877 antrat. Es war schon lange mein Traum, das zauberhafte Reich Rübezahls kennen zu lernen. Ich hatte seit meinem Wegzuge aus der Schweiz keine Berge mehr gesehen, ausgenommen den harmlosen Brocken, den ich auf einer Reise von Oberhausen nach Leipzig im Herbst 1874 besuchte. Von Kirschberg aus eröffnete sich mir eine neue Welt, die mich mit ihrem romantisch melancholischen Charakter in eigentümlicher Weise anmutete; fünfmal bestieg ich die Schneekoppe, in deren Rundblick ich jedoch die schweizerischen Seen schmerzlich vermißte. Die Redaktion der „Freimaurer Zeitung" führte ich von dort aus fort und beendete auch dort die „Allgemeine Kulturgeschichte" nebst Register. Mein eigentliches Feld, die Redaktion einer täglichen politischen Zeitung, war mir, da ich eine solche früher nie andauernd und selbständig, sondern bloß zeitweise in Vertretung besorgt hatte, in vielem neu, namentlich der lokale Teil, da die dortigen Verhältnisse viel Fremdartiges für mich hatten. Mein Eifer für das als recht Erkannte brachte mich auch in Kollisionen mit der konservativen sowohl als mit der ultramontanen Partei, namentlich bei Anlaß der Reichstagswahlen nach dem zweiten Attentat von 1878, während ich dagegen von Seite der in Mehrheit liberalen Kreisbevölkerung vielfache

Beweise der Sympathie und das Zeugnis erhielt, das Blatt bedeutend gehoben zu haben.

Zugleich beschäftigte mich die Veranstaltung einer neuen Auflage meiner „Volkssage" durch Kartleben in Wien, anderseits die Übertragung eines vierten Bandes der freimaur. Enzyklopädie durch Brockhaus. Nachdem diese Arbeiten beendet waren, übertrug mir Anfang März 1879 die Aktiengesellschaft der „Neuen Zürcher Zeitung" auf Antrieb meines Jugendfreundes, des Chefredakteurs Prof. G. Vogt, die Redaktion des auswärtigen Teiles ihres Blattes. Ich siedelte nun wieder in die Schweiz über, wo ich vielseitig freundliche Aufnahme fand. Auch lächelte mir im ersten Jahre das literarische Glück, indem ich in kurzer Zeit zwei Aufträge erhielt, den einen zur Bearbeitung von Geschichten der einzelnen Handwerke („Deutscher Kunst und Handwerksspiegel"), wovon fünf Hefte anonym erschienen, und den andern zur Abfassung einer „Kulturgeschichte des Judentums", welche 1880 in die Öffentlichkeit trat. Das letztere Werk, in welchem ich mich nach Kräften bemühte, unparteiisch zu sein, jedoch nicht umhin konnte, wie die guten, so auch die schwachen Seiten des Judentums und die Fehler mancher seiner Angehörigen hervorzuheben, scheint viele Leidenschaft gegen mich wachgerufen zu haben. Mein nächstes literarisches Kind war die bei Wigand verlegte Geschichte der Vorstellungen vom Jenseits.

Meine Erfahrungen im Gebiete der Zeitungsschreiberei waren indessen nicht geeignet, dieses Feld fortan als meine Lebensaufgabe zu betrachten. Sie zeigten mir, daß ein Redakteur das willenlose Werkzeug des Unternehmers sein muß und zugleich ein Spielball der Launen des Publikums ist. Kurz, seit 1882 lebte ich in Zürich, nicht ohne gute Erfolge, ausschließlich der Schriftstellers, woraus die Schrift „das vorchristliche Rom", die Lebensgeschichte des mir befreundeten 1882 verstorbenen Dichters und Kunsthistorikers Gottfried Kinkel, meine „Kulturgeschichtlichen Vorträge für Freimaurer" und ein umfassendes Werk: „die Kreuzzüge und die Kultur ihrer Zeit" hervorgingen, – zu Anfang 1885 erhielt ich von der Groteschen Verlagsbuchhandlung in Berlin den Auftrag eine „Kulturgeschichte des deutschen Volkes" zu schreiben. In der Mitte desselben Jahres wählte mich die Regierung des Kantons St. Gallen zum zweiten Male als Staatsarchivar, und ich kehrte daher nach einer Abwesenheit von dreizehn Jahren in meine Vaterstadt zurück. Neben meinem Amte beschäftigte mich das zuletzt genannte (vom Verleger prachtvoll ausgestattete) Werk anhaltend. Meiner Loge Concordia trat ich wieder als Mitglied bei. Auf die Vollendung der deutschen Kulturgeschichte, die 1893 in umgearbeiteter neuer Auflage erschien, folgten mehrere kleinere Schriften, unter denen „die Jesuiten", „die Freimaurer" und „die Kultur der Vergangenheit, Gegenwart und Zukunft" zu erwähnen sind. Für die Bibliothek des „Vereins für deutsche Literatur" in Berlin schrieb ich „Kulturgeschichtliche Skizzen" und „die Frau in der Kulturgeschichte". Auf dem Gebiete der Freimaurerei ist zu erwähnen, daß ich im Jahre 1892 auf einer Reise zum Besuche meiner in Rumänien verheirateten Tochter von den Logen in Preßburg, Budapest und Bukarest freundlichst aufgenommen worden bin. Eine Umarbeitung des „Buches der Mysterien" ging seit 1892 einer Reihe teilweise aus diesem Buche hervorgewachsener Schriften voran. Es sind dies „das Christentum und der Fortschritt", „der Teufels und Hexenglaube", „Eine Reise durch das Reich des Aberglaubens" und „die Gebrechen und Sünden der Sittenpolizei", die „Geschichte des Rittertums" und die „Kulturgeschichte der Kreuzzüge" gehörten einer größeren Sammlung kulturhistorischer Werke an. Ein romanhaftes Zukunftsbild „Ana, das Reich des ewigen Friedens im 20. Jahrhundert" (1895) enthielt ein Programm des Fortschritts auf allen Gebieten der Kultur. Der „Geschichte des Kantons St. Gallen" folgte ein zweiter Band (die Zeit von 1862–1896, und der „Allgemeinen Kulturgeschichte" ein siebenter (die Zeit von 1871–1897 umfassend). Zu Anfang 1899 fand ich mich bewogen, gegen die nach meiner Ansicht verderbliche Lehre Friedrich Nietzsches meinen „Anti-Zarathustra" zu veröffentlichen, neben dem eine novellistische Einkleidung derselben Tendenz „Übermenschen und

Edelmenschen" einherging. Meine „Allgemeine Kulturgeschichte „faßte das „Handbuch der Kulturgeschichte" in einem Bande zusammen. Auf den schmerzlichen Verlust meiner geliebten Gattin (Ende 1899) folgte 1900 meine Erkrankung am grauen Star, die an dem einen Auge durch eine glückliche Operation gehoben wurde (das andere folgte später nach). Meine bisher letzte Arbeit ist das Buch „Prostitution und Mädchenhandel", eine Fortsetzung derjenigen über die Sittenpolizei. Das vorliegende Buch setzt gegen meine Erwartung, aber auf Wunsch des Verlegers,[1] meine schriftstellerische Tätigkeit auf allgemeinem und maurerischem Gebiet fort.

---

[1] Das Original erschien im Verlag von Franz Wunder, Berlin und Leipzig 1905. Anm d. Lekt.

Erste Abteilung

Aus der Loge

I. Die Freimaurerei und die Außenwelt

Vortrag, gehalten in der Loge Balduin zur Linde am 26. Okt. 1875

Geliebte Brüder!

Zum ersten Mal ist mir beschieden, in dieser altehrwürdigen Bauhütte, welche drei Generationen hat kommen und scheiden gesehen und beim nächsten Lächeln des Frühlings sich der Dauer eines Jahrhunderts wird rühmen können, von dieser geweihten Stelle aus das Wort zu ergreifen. Und was soll ich Ihnen, gel. Brr, von da aus sagen, Ihnen, die so lange Zeit hindurch von den besten und trefflichsten Meistern so viele ausgezeichnete Ansprachen vernommen. Ihnen, die Sie am Zentralsitze der deutschen Wissenschaft, am Sitze der*) größten deutschen Universität und am Hauptplatze des deutschen Buchhandels größtenteils geboren und auf gewachsen sind und hier das maur. Licht empfangen haben? Was soll ich Ihnen sagen, ein fremdgeborener, erst ein Drittel Jahrzehnt in Deutschland weilender Bruder, aus einem an Größen der Wissenschaft und Literatur weniger reichen, wenn auch an Natur desto schönern und an Volkstüchtigkeit desto hervorragenderen Lande, das nur eine geringe Rolle in der Politik spielt, aber darum doch die nämlichen Kämpfe gegen die Mächte der Finsternis durchgemacht hat, wie das mächtige Deutsche Reich, mit dem es, wie wir hoffen wollen, in fort dauernder Freundschaft leben wird? Was soll ich Ihnen endlich sagen, nachdem über unser Bund, aus seinem eigenen Schoße heraus, wie von Seite seiner Freunde und Feinde schon so Unzähliges geschrieben, geredet, behauptet, geglaubt, geirrt und leider auch – geschwindelt worden ist und noch wird? Kann darüber etwas Neues gesagt werden? Ihnen, l. neuaufgenommene Brüder, wohl, aber Ihnen nicht, die schon längere Zeit sich freuen, Glieder der großen Bruderkette zu sein, die ihre Ringe von Ost nach West über die ganze Erde spannt.

Doch, ich tröste mich damit, daß auch ein schon öfter behandelter Gegenstand sich immer noch eine Seite abgewinnen läßt, die noch nicht zum Überdruß behandelt, die noch einigermaßen genießbar ist, über die sich noch dieses und jenes vernünftige Wort sprechen läßt. In dieser Meinung gestatten Sie mir denn heute über das Verhältnis unseres Bundes zur Außenwelt zu sprechen, und zwar will ich 1) fragen: was hält die Außenwelt von der Freimaurerei? 2) was halten die Freimaurer und was sollen sie von der Außenwelt halten? und 3) worin können der Freimaurerbund und die ihm einigermaßen sympathische und ähnlich gesinnte Außenwelt sich verständigen und zusammenwirken?

1. Was hält die Welt von der Freimaurerei?

Im vorigen (d. h. 18.) Jahrhundert, im ersten unseres Bundes in dessen heutiger Gestalt, bestand das Meiste, was man außerhalb desselben von ihm erfuhr und zu wissen glaubte, in den Verirrungen, in welche er gefallen war. Man hielt die Freimaurer, und zwar teilweise leider mit Grund, für Geisterseher, Goldmacher, Schatzgräber, Magier usw. oder für solche, die dies werden wollten. Die französische Revolution zerstörte sowohl diese Verirrungen, als das Interesse des Publikums für die Freimaurerei, und letzteres blieb längere Zeit so gut wie tot, während unser Bund sich ruhig entwickelte und in bessere Bahnen einlenkte, als die früheren gewesen waren und helleren Sternen zusteuerte, als die Brüder des vorigen Jahrhunderts. Dies dauerte bis etwa zur Mitte des jetzigen; da waren es Angriffe von verschiedenen Seiten auf die Freimaurerei, welche von Neuem die allgemeine Aufmerksamkeit auf sie lenkten. Dieses neu erwachte Interesse hat bis heute fortgedauert und wird voraussichtlich nicht so bald wieder abnehmen. Die bedeutendsten Zeitschriften beschäftigen sich von Zeit zu Zeit mit unserem Bunde; die Verlagskataloge widmen ihm eine besondere Rubrik, die wissenschaftlichen Werke beschäftigen sich mit ihm, Romane und Schauspiele gedenken seiner, freilich alles oft mit bedeutendem Grade von Unwissenheit und Irrtum bezüglich unserer Verhältnisse. Es ist nämlich merkwürdig, wie vielfach Veröffentlichungen über Geschichte und Zweck unseres Bundes von Seite hervorragender Mitglieder desselben vom Publikum mißachtet, mißverstanden und falsch ausgelegt werden. Ich glaube nicht fehlzugehen, wenn ich diesen umstand einem sehr großen Mißtrauen gegen die Freimaurerei zuschreibe. Man glaubt, und ist in dieser Hinsicht großenteils schlechterdings nicht zu belehren, daß die Freimaurer tatsächliche Geheimnisse haben, mit denen sie hinter dem Berge halten und welche sie sorgfältig umgehen, wenn sie über den Bund schreiben. Alle Versicherungen, daß die uneigennützige und harmlose Humanität das eigentliche Wesen unseres Bundes sei, sind fruchtlos; man antwortet uns: ja das gebt ihr uns nur an, ihr hintergeht uns, ihr habt ganz andere Geheimnisse, treibt ganz andere und wich tigere Dinge. Es ist vorgekommen, wovon ich selbst Zeuge war, daß Leute, welche die Schrift „*Adhuc stat*" u. a. gewissenhafte Arbeiten von Brüdern gelesen hatten, sich an eine Loge mit der Bitte wandten, ihnen zum Auffinden von Schätzen behilflich zu sein, oder ihnen zur Errichtung eines Geschäftes mit einem Sümmchen beizuspringen, oder ihnen zu einem bescheidenen Ämtchen zu verhelfen oder gar ihnen in einem Stübchen mit Kost ein Asyl zu gewähren, alles vermischt mit Deklamationen von Menschenrecht und Bruderliebe, etwa wie jener Volksführer, der sich in die Brust warf und rief: ich kämpfe für Freiheit, Recht, Licht, Kost und Logis. Ebenso sonderbare Ansichten kommen aber bei solchen vor, welche nicht Lust haben, in den Bund aufgenommen zu werden ohne von demselben Vorteil zu ziehen. Ich habe ganz bedeutende und gebildete Männer derlei Reden führen gehört. So z. B. sagte mir einer der ersten deutschen

Verleger, der Freimaurerbund wäre lediglich eine Anstalt für Schauspieler und Weinreisende, welche auf ihrer Wanderschaft Verbindungen anzuknüpfen suchen. Ein berühmter deutscher Gelehrter wollte wissen, daß diese und jene Leute nur dadurch zu Ämtern, Stellungen und Einfluß gekommen, weil sie Freimaurer seien. Doch diese Ansichten sind wahrlich harmlos gegenüber denjenigen, welche die Erbfeinde der Freimaurerei, die Ultramontanen, in der Welt verbreiten. Natürlich wissen die Häupter dieser Partei, die Jesuiten, ganz genau, wie sich die Sache verhält: denn sie haben überall ihre Spione, die ihnen hinterbringen, was sie zu wissen notwendig haben. Aber sie finden für gut, aus Saß gegen unseren Bund, dessen Duldsamkeit ihnen ein Dorn im Auge ist, ihrer frommen und dummen Herde ein Lügengemälde vorzuzeichnen, welches aus der Freimaurerei etwas nie Dagewesenes und niemals Kommendes macht. Sie behaupten, der Bund sei eine fortwährende Verschwörung gegen alle gesellschaftliche, staatliche und kirchliche Ordnung. Sie erdichten geheime Wühlereien der Freimaurer. Alle Revolutionen, ja alle Agitationen gegen die Kirche und deren Anmaßungen sollen aus dem Schoße der Loge her vorgehen. Die Urheber aller Maßregeln des Staates, unter welchen der Hochmut und die Tyrannei der Kirchenfürsten leiden, sollen Häupter des Bundes sein. Es ist nun zwar nicht zu leugnen, daß zu derartigen Ansichten und Meinungen die pompösen Redensarten und fürchterlichen Schwüre, welche noch in gewissen Systemen der Freimaurerei höchst harmlose Dinge decken, Anlaß geboten haben; allein wie unverantwortlich ist es von Leuten, die sich Seelenhirten, Seelenärzte, Väter des Volkes, Diener des Glaubens, Knechte Gottes nennen, ohne allen Beweis, ja ohne auch nur eine Spur von Grund und Berechtigung aus Redensarten, welche sie nicht verstehen, solche unqualifizierbare Schlüsse zu ziehen und sie mit Bewußtsein ihrer Unwahrheit dem Volke einzutränken! Und auf solchen falschen Schlüssen beruhen auch die Flüche und Bannbullen jener unfehlbaren Oberhäupter des römischen Kirchenreiches, welche die Schlüssel zum Himmel gepachtet zu haben glauben.

So wird aus unserem Bunde ein Zerrbild gemacht, das mit ihm keine Spur von Ähnlichkeit hat, und zwar durch Leute, welche im Namen der Wahrheit zu sprechen behaupten und das Gewissen ihrer Mitmenschen knebeln zu wollen die Stirne haben. – Indessen gibt es aber auch Menschen von Einsicht und Verstand, welche in ihren Ansichten von unserem Bunde der Wahrheit ziemlich nahe kommen, ja sie bisweilen auch erreichen und demselben alle Achtung zollen, wie sie einer Vereinigung von Ehrenmännern gebührt. Aber sie leben dafür in dem andern Irrtum, die Freimaurerei sei ein überwundener Standpunkt, ein veraltetes Institut, das in unsere Zeit nicht mehr passe, wie überhaupt alles Geheimnisvolle und Rätselhafte in einem Zeitalter der schrankenlosesten Öffentlichkeit keine Berechtigung mehr habe. Der Beweis von der Unrichtigkeit dieser Ansicht liegt in der einfachen Tatsache, daß der Bund noch gegenwärtig täglich wächst und zunimmt, nach Personen, wie nach Logen und selbst nach Kreisen seiner Verbreitung. So oft ein Land von den Fesseln frei wird, welche ihm früher weltlicher oder geistlicher Despotismus angelegt, so oft gewinnt auch der Freimaurerbund in demselben ein neues Gebiet für seine rein menschlichen Lehren und Bestrebungen. Was aber den Vorwurf der Geheimnissucht betrifft, so beruht er auf einer vorgefaßten Meinung. Es wäre Gegenstand eines eigenen ausführlichen Vortrages und war es auch schon oft, was in unserem Bunde geheim sei. Nur das ist es, was ihn zusammenhält, die Form; alles andere darf ohne Scheu an das Licht des Tages treten. Damit wäre so ziemlich alles gesagt, was die Außenwelt vom Freimaurerbunde hält und welche Berechtigung es hat. Fragen wir nun:

2. Was halten die Freimaurer von der Außenwelt?

Im vorigen (18.) Jahrhundert, als die Freimaurer selbst leider zum großen Teile von dem traurigen Wahne beseelt waren, daß sie höhere Geheimnisse besäßen oder wenigstens solche zu besitzen bestimmt wären, welcher die übrige Welt niemals teilhaftig werden könne, da hielten sie sich für eine Art höherer Wesen und nannten die dem Bunde nicht Angehörenden Profane. Der aristokratische Dichter Horaz durfte noch schreiben: *Odi profanum vulgus et arceo* (ich hasse den gemeinen Pöbel und halte mich von ihm fern); denn er lebte in einer Zeit, in welcher das Evangelium der Gleichberechtigung und Menschenliebe noch nicht unter die Völker gedrungen war. Jetzt aber, wo dasselbe in uns Fleisch und Blut geworden ist, sollte eher der Spruch eines anderen, über seine Zeit hinaus blickenden alten Römers maßgebend sein: *nil humani a me alienum puto* (nichts Menschliches soll mir fremd sein). Wir jetzigen Maurer, die wir keine unerreichbaren Geheimnisse mehr suchen, die wir nicht mehr nach Kenntnissen streben, die allen übrigen Menschen verschlossen sein sollen, die wir nicht mehr im Wahne stehen, eine privilegierte Menschenkaste zu sein, – wir sollten das häßliche Wort „profan" nicht mehr kennen. Wie? Schiller, Kant, Alexander von Humboldt, Schlosser, Stein, Moltke, Bismarck wären Profane, weil sie nicht an die Pforte einer Loge geklopft haben? Profan, d. h. unheilig, gemein, verächtlich, von höherem Streben ausgeschlossen, sollen Alle sein, welche für die Menschenliebe nicht den Zirkel, für das Rechttun nicht das Winkelmaß als Sinnbild anwenden, welche Feste feiern ohne Schurz und Rand, – und wenn sie noch so eifrig für die Menschheit wirken, ihr wohl tun, zu ihrem Glücke beitragen, ihr Wissen erweitern, ihr Leben verschönern, Reiche aufbauen und befestigen und des Vaterlandes Ruhm gründen? Ja, m. gel. neuaufg. Brüder, es gibt vorzügliche Menschen auch außerhalb des Bundes wie innerhalb, Freunde und Wohltäter der Menschheit, große und edle Männer, Maurer im wahren Sinn, auch ohne die Formen des Bundes zu kennen und zu üben. Glauben Sie nicht, daß die Maurer als solche besser sind, als andere Menschen und glauben Sie noch weniger, daß die vernünftigen und wirklich human gesinnten Brüder sich für besser halten als andere Menschen, oder des Wortes „profan", wenn sie es überhaupt brauchen, sich anders bedienen, als aus Gewohnheit. Jeder wahre Maurer weiß, daß in allen Lagen des Lebens das Gute sowohl von Nichtmaurern, als von Maurern befördert wird, daß an dem Baue des Menschenglückes und der Menschenwohlfahrt, an der Veredlung und Vervollkommnung der Menschheit, an der Verbreitung von Bildung und gutem Geschmack sowohl Brüder mitwirken, als solche, welche man mit Anrecht noch bisweilen Profane nennt, aber hoffentlich bald nicht mehr so nennen wird. Freilich gibt es Menschen genug, welche es verdienen, profan genannt zu werden, und leider befinden sich solche auch im Maurerbunde; allein wir sollen nicht richten, auf daß wir nicht selbst gerichtet werden; wir sollen die Fehlbaren und Unbesonnenen aufrichten und bessern und ihnen mit einem guten Beispiel voranleuchten. Wenn wir sie schlechthin verachten und verurteilen, so richten wir nichts Gutes aus, sondern schaden der edlen Sache, der wir dienen sollen. Der wahrhaft edle Mann ist nicht hoch, sondern demütig, er erkennt seine Unvollkommenheit an, er schätzt das Gute und Verdienstvolle in allen Mitmenschen mit und ohne Kelle und Kammer, er sagt nicht wie jener Pharisäer: Herr, ich danke dir, daß ich nicht bin, wie jener Zöllner, sondern er geht in sich und denkt: wie werde ich besser? Der wahre Maurer sieht auf keinen Nichtmaurer vornehm herab, er lernt von bewährten Menschen außerhalb wie innerhalb des Bundes, – kurz, er ist stets ein Lehrling in der Weisheit, ein Geselle in der Bruderliebe, und ein Meister in der Selbstbeherrschung. Wenn aber die Maurer nicht besser sind, als andere Menschen, werden Sie vielleicht fragen, gel. neuaufg. Brüder, warum wird man denn Maurer? Die Antwort darauf ist einfach: Die Gelehrten sind z. B. auch nicht besser und oft sogar nicht einmal gelehrter als andere Menschen, und dennoch wird so Mancher ein Gelehrter. Die Kaufleute sind als solche auch nicht reicher, als andere Menschen, und dennoch wird man Kaufmann. Die Ehemänner sind nicht durchweg glücklicher, als die Ledigen, und dennoch heiratet man. Nun, das Studium ist ein Versuch, gelehrt, der Handelsstand ist ein Versuch, reich, die Ehe ist ein Versuch, glücklich zu werden. Und so ist der Maurerbund ein Versuch, ein edler Mensch zu werden, und die Menschheit glücklich machen zu helfen. Jeder Mensch und jeder Menschenkreis hat seine Art und Weise, seinen eignen Weg, zum allgemeinen Besten beizutragen, und eine solche Art und Weise, ein solcher Weg ist auch die Freimaurerei, und dies führt mich auf meine

3. Frage: Wie können wir Freimaurer mit gleichgesinnten Auswärtigen zusammenwirken?

Soll es nun erreicht werden, das hohe Ziel, daß die gutgesinnten Menschen außerhalb des Bundes eine bessere und zuverlässigere Meinung von diesem und die Freimaurer eine bessere von den Nichtmaurern erhalten und sie nicht mehr als Profane behandeln, so ist das beste Mittel hierzu, daß wir Freimaurer uns an allen Bestrebungen von Nichtmaurern, welche einen ähnlichen Zweck haben, wie jene der Maurer, eifrig beteiligen. Offen bekennend, daß wir Freimaurer sind, sollen wir mitwirken, damit die Nichtmaurer sehen, welches Geistes Kinder wir sind. Jeder tue dies nach seinem Stande und Berufe. Der maur. Schriftsteller trete als Maurer auf, wirke als solcher an Organen der Presse mit, welche humane Bildung verbreiten; er gedenke des Bundes, wo es sich tun läßt, und stelle ihn ungeschminkt im Lichte der Wahrheit dar; er lasse auch in anderweitigen Abhandlungen und Ausführungen die maur. Grundsätze und den maur. Standpunkt hervorleuchten, daß die Welt erkenne und urteile: so denken und fühlen die Freimaurer, das ist ihr wahrer Charakter. Der maur. Geschäftsmann aber beteilige sich an allen gemeinnützigen Unternehmungen und Vereinen, die ihm zu erreichen möglich ist und suche in deren Erreichung, Verfassung und Verwaltung maur. Grundsätze einzuführen und zur Geltung zu bringen. Er bekenne es auch offen, daß und warum er es tue, und die Leute werden sagen: das ist freimaurerisch, und werden es gut und edel finden und so auch ihrerseits an den Zielen der Freimaurer mitarbeiten. Die Logen selbst aber können ihr Streben mit demjenigen der Edeln außerhalb des Bundes vereinigen durch Bekanntwerden ihrer wohltätigen Anstalten und Einrichtungen und des Wirkens und der Erfolge derselben. Bereits mehrere Logen sind in neuester Zeit Vereinen für Volksbildung und Volkserziehung beige treten und zwar offen als Logen, und sind mit Freuden empfangen worden. Die Früchte werden nicht ausbleiben und man wird zur Erkenntnis dessen kommen, was die Freimaurer sind und was sie wollen, und der Geist unseres Bundes wird immer weiter und tiefer dringen und alle Schichten der menschlichen Gesellschaft ergreifen und zum Bessern ermuntern und führen. Auf diese Weise werden auch die Maurer immer mehr finden, daß bei den Nichtmaurern lebendiger Sinn für maur. Grundsätze gepflegt werden und zur Herrschaft kommen kann, und es wird gründlich aller Selbstüberhebung gegenüber der Außenwelt entgegengearbeitet. Hinwieder werden die Nichtmaurer von ihren Vorurteilen zurückkommen. Sie werden sehen, daß bei uns keinen unfruchtbaren und haltlosen Phantomen nachgejagt, keine Verschwörungen gegen Staat und Kirche gebraut, nicht bloß humanistische Phrasen gedrechselt werden, daß der Bund der Maurer nicht veraltet, nicht überwunden, sondern lebensfrisch und unverwelklich ist. Sie werden es einsehen und eingestehen. Geschieht aber dem so, so werden auch die Einwirkungen so einträchtigen Zusammenwirkens zwischen den Maurern und ihren Gesinnungs- und Bestrebungsgenossen nicht ausbleiben und der kühne und erhabene Gedanke seiner Verwirklichung näher geführt werden, daß die gesamte Menschheit werde eine einzige und große Loge unter der Leitung des allmächtigen Meisters der Welten.

II. Die Freimaurerei und der Fortschritt

Vortrag aus der Ferne, gewidmet der Loge Verschwiegenheit im
Orient Preßburg (im Febr. 1876)

Geliebte Brüder!

Lassen Sie mich vor allem Ihnen meine Freude darüber ausdrücken, daß es mir vergönnt ist, mich an dieselben treuen und gel. Brüder, welche mich vor zwei und ein halb Jahren in ihrem Orient so ehrenvoll begrüßten und herzlich aufnahmen, heute auf Ihren Wunsch besonders wenden zu können. Es ist ein erhebendes Gefühl für einen Brüder, wenn seine schwachen Leistungen und Anstrengungen bei räumlich entfernten Brüdern eine Anerkennung finden, die er zu hoffen nicht gewagt hatte, und dies ist umsomehr der Fall, als es eine schwierige und undankbare Aufgabe ist, im Gebiete der Maurerei literarisch tätig zu sein, sofern man sich dabei über die Grenzen des gewöhnlichen Gebietes der Logenvorträge hinaus auf das Feld der Polemik begibt. Dem letztern aber fern zu bleiben ist eine schwere Aufgabe tatsächlichen Verhältnissen in unserem Bunde gegenüber, welche eine Bekämpfung geradezu herausfordern. Wie Sie alle wissen, bin ich die Antwort auf diese Herausforderung nicht schuldig geblieben. Es sind nun gerade zehn Jahre seit dem Erscheinen der Schrift „*Fiat lux*" verflossen, und diese Zeit ist gerade lange genug gewesen, um mich von der voll ständigen Fruchtlosigkeit derartiger Bestrebungen zu überzeugen, daher ich sie auch definitiv aufgegeben habe Warum aber sind diese Bestrebungen fruchtlos? Sollte denn die Freimaurerei nicht gleich allen übrigen menschlichen Unternehmungen dem Gesetze des Fortschrittes unterworfen sein? Diese Frage etwas näher zu prüfen habe ich mir für heute vorgenommen.

Was ist Fortschritt? Die Weiterentwickelung einer lebensfähigen Äußerung oder Unternehmung des menschlichen Geistes zu einem Standpunkte, auf welchem sie zum Wohle der

Menschheit mehr beiträgt als vorher, sei es nun zum intellektuellen, moralischen oder ästhetischen oder auch nur zum materiellen Wohlbefinden. In materieller Beziehung sind z. B. derartige Fort schritte die verschiedenartigen Versicherungsanstalten, die Spar und Leihkassen, dann die Eisenbahnen, die Telegraphen, die Gasbeleuchtung, die Dampfmaschinen überhaupt und die vielfachen Maschinen anderer Art. In moralischer Beziehung sind es die Armen und Waisenhäuser, die Asyle verschiedener Gattung, die Ersetzung der Todesstrafe u. a. barbarischer Straf arten durch wohleingerichtete Strafanstalten, in welchen Besserung der Verbrecher ermöglicht wird, dann im Anschlüsse daran die Zwangsarbeitsanstalten und die Anstalten für verwahrloste Kinder. Wo sollen wir aber anfangen und wo aufhören, wenn wir von den Fortschritten der Wissenschaft sprechen? Es ist ein unendliches und unüberblickbares Gebiet, von der Erforschung der tiefsten Erdschichten bis zu jener der Millionen Sternweiten entfernten Nebelsterne, von jener der einfachsten und ursprünglichsten Lebensformen, der Moneren, bis zu jener der Bestandteile des menschlichen Gehirns, von jener der Steingeräte und Töpferscherben unbekannter Stämme der Urmenschheit bis zu jener des Lebens der modernsten Kulturkreise, von der Entdeckung verloren geglaubter Völkerwelten in Memphis und Theben, in Ninive und Babylon, in Olympia und Pompeji, bis zu jener verborgener Schönheiten in Werken der hervorragendsten Geister älterer und neuerer Zeit. Ist es nicht staunenswert, daß es dem Menschen gelungen ist, Lebensformen zu entdecken, welche weder dem Pflanzen noch dem Tierreiche bestimmt angehören, sondern einen Übergang zwischen beiden bilden, daß es ihm gelungen ist, eine ägyptische und eine babylonische Poesie zu entdecken, Dinge, von welchen man sich vorher nichts hatte träumen lassen? Und was hat die medizinische Wissenschaft in Vervollkommnung der Kranken und Irrenhäuser geleistet! Was sollen wir endlich von den Fortschritten der Kunst sagen? Geht hin in die Museen, in die Pinakotheken und Glyptotheken, vor die Werke der Architektur, in die Musikhallen und in die Theater; geht hin, sehet, höret und staunet!

Also materielles Wohlbefinden, moralische Anstalten, wissenschaftliche Forschungen und künstlerische Leistungen, alles hat seinen Fortschritt aufzuweisen. Warum? Weil alle diese Äußerungen und Unternehmungen des menschlichen Geistes von vorn herein ihre Unvollkommenheit und Verbesserungsbedürftigkeit eingestehen und ferne davon sind, sich für unfehlbar auszugeben. Indem sie Verbesserung, Weiterstreben und Fortschritt wollen, erzielen sie diese auch. Anders ist es z. B. mit der Religion. In der Religion gibt es keinen Fortschritt, weil sie sich gleich von vorn herein für unfehlbar hält und ihrem Wesen nach dies auch tun muß. Die Religion ist das Wissen vom Höchsten, vom Urgrund aller Dinge, oder vielmehr der Glaube daran im Gewande des Wissens. Soll dieses Wissen, welches Menschen niemals und unter keinen Umständen erreichen können, das allgemeine einer Menge sein, auf welchen Umstand die Religionen doch angewiesen sind, wenn sie bestehen wollen, so muh es unabänderlich sein und daher auch allen Fortschritt ausschließen. Die Kirche sagt deshalb ganz offen: es gibt keinen Fortschritt, außer zum Himmel, und damit ist sie auf ihrem Standpunkt in ihrem vollen Rechte. Jede Reform innerhalb einer Religion ist daher bis heute mißlungen. Buddha wollte den Brahmanismus, Jesus das Judentum, Luther und Zwingli den Katholizismus reformieren; allen blieb nichts anderes übrig, als auszutreten und eine neue Religion zu gründen. Ist nun auch allerdings im Verlaufe der Weltgeschichte eine spätere Religion in der Regel immer vollkommener als eine frühere, immerhin den Mohammedanismus, diese geistloseste aller Religionen ausgenommen, so ist das kein Fortschritt in der Religion, sondern in der Humanität. Der letztern allein, nicht der Religion, ist das Aufhören der Menschenopfer zu verdanken, und wenn einmal auch die Menschenzwinger, die Klöster, ihr Ende finden, so wird es nicht das Verdienst der päpstlichen Kirche sein. Und wenn gegenwärtig Reformbestrebungen vorwalten bei der kritischen Schule unter den protestantischen Theologen und Laien und bei einem Teile der sog. Altkatholiken, so sind das nicht Ergebnisse der Religion, sondern der Wissenschaft. Wenn die Religion äußere Zutaten und Formalitäten, die nicht ursprünglich zu ihrem Wesen gehören, z. B. die Transsubstantiation, die Beichte, das Zölibat usw. abschaffen würde, so wäre das kein Fortschritt, sondern nur eine Rückkehr zu sich selbst.

In der Religion ist daher auf der Erde kein Fortschritt möglich, und so verhält es sich leider auch mit der Freimaurerei. Die Freimaurerei hat das Ähnliche mit der Religion, daß sie sich von vorn herein als etwas Fertiges, unabänderliches betrachtet, und diese Anschauung hat ihre volle Berechtigung in ihrer geschichtlichen Entwicklung und sie darob zu tadeln, wäre ebenso ungerecht und zwecklos, wie wenn man die Religion ob ihrer angeblichen Unfehlbarkeit tadeln wollte. Wie die Religion das höchste Wissen, dasjenige vom Urgrund aller Dinge, zu besitzen die innere Überzeugung hat, so lebt die Freimaurerei in dem Bewußtsein, das höchste Wollen, dasjenige der allgemeinen und unumschränkten Menschenliebe zu pflegen, und wie über jenes Wissen, so gibt es auch über dieses Wollen hinaus absolut keinen Fortschritt. Eine andere Frage ist es freilich, ob das Bewußtsein solchen Wollens, beziehungsweise Wissens auch auf strenger Wahrheit und nicht auf Irrtum oder Selbsttäuschung beruhe? Hat die Religion wirklich das Wissen vom wahren Argrund der Dinge? Antwort darauf geben die einander widersprechenden Ansichten der verschiedenen Religionen. Sat die Freimaurerei wirklich als solche das Wollen der höchsten moralischen Aufgabe des Menschengeschlechtes? Es antworten darauf die verschiedenen Auswüchse im Bunde: die überaus starke Pflege des Formen und Zeremonienwesens, der Tand und Flitter der Hochgrade, die Ausschließung der Juden im schwedischen System, der Farbigen in Nordamerika, die Zersplitterung des Bundes, die Feindschaft zwischen manchen Teilen desselben, der Streit um das Sprengelrecht, die Untätigkeit der meisten Logen und die durchaus unklaren Anschauungen über den Zweck des Bundes. Es konnte auch nicht anders werden. Indem der Freimaurerbund, als er sich aus den Baukorporationen herausbildete, die Aufgabe übernahm, das Bauen auf den innern Menschen anzuwenden, erhob er, den Gründern selbst jedenfalls unbewußt, den Anspruch, das Höchste in moralischer Beziehung zu leisten; denn der Aufbau des innern Menschen und die Vollendung dieses Aufbaues schließt alles in sich, was in dieser Hinsicht von unserem Geschlechte jemals erreicht werden kann. Ein solcher Anspruch ist riesenhaft, kolossal, übermenschlich, unausführbar. Menschen können ihm nicht gerecht werden, weil ihre Fehler und Leidenschaften diesem Ziele stets im Wege stehen, und daher muß diese Arbeit stets eine unvollkommene bleiben. Weil sie aber von vorn herein zu hoch gegriffen ist, um von Menschen voll endet werden zu können, so ist auch ein sie überschreitendes und vervollkommnendes Stadium undenkbar und ein Fortschritt in dieser Tätigkeit daher unmöglich. Es ist dies um so mehr der Fall, als es einen eigentlichen Fortschritt in moralischer Beziehung überhaupt gar nicht gibt; denn schon vor vielen tausend Jahren hatten die gebildeten Menschen, wie die Beispiele von Moses, Zoroaster, Buddha, Laotse und Kongfutse beweisen, vollkommen ebenso hoch entwickelte moralische Begriffe wie heute, und heute sind die ungebildeten Menschen noch ebenso roh wie in älteren Zeiten. Sollte auch, was übrigens nicht erwiesen ist, die Zahl der moralisch besseren Menschen zunehmen, so ist das eine Ausbreitung der moralischen Grundsätze, aber kein Fortschritt derselben. Alle Moralität besteht in dem Spruche: was ihr wollt, daß euch die Menschen tun, das tut auch ihnen, oder: was du nicht willst, das man dir tu, das füg auch keinem Andern zu. Aber diesen goldenen Grundsatz sich weiter zu erheben, ist unmöglich; es gibt kein höheres Stadium, aber auch kein unerreichbareres. Selbst der tadelloseste Mensch wird in gewisser Hinsicht immer Egoist bleiben; denn sich aus seinem Ich herauszubegeben und in dem allgemeinen Abstraktum der Menschheit zu verschwimmen geht nun einmal nicht.

Die Geschichte der Freimaurerei bestätigt denn auch das Gesagte durchaus. Die Idee der Freimaurerei ist etwas so Vollkommenes, Unübertreffliches, daß schon der V er such, in der Pflege derselben einen höheren Stand Punkt zu erklimmen, sich als etwas Undenkbares erwies und daher, so oft die Freimaurer einen Schritt zu einer neuen Art der Auffassung der Bundesidee wagten, sie sich auf ein Gebiet begaben oder auf ein solches gerieten, welches der Freimaurerei ursprünglich ganz fremd war. In den ersten Jahren des neugeformten Bundes blieb derselbe wesentlich so, wie er sich aus den alten Baukorporationen entwickelt hatte, ohne neue Ziele zu suchen, breitete sich aber im stillen so ziemlich über alle zivilisierten Länder aus. Erst seit etwa 1740 trat durch die Bemühung der Agitatoren für Wiedereinsetzung des Hauses Stuart die Idee an das Tageslicht, den Bund nicht von den Handwerkern, welche entweder vergessen oder absichtlich ignoriert wurden, sondern von Ritterorden abzuleiten und wurden demzufolge die Schottengrade auf denselben gepfropft. Das war gewiß kein Fortschritt, sondern eine unselige Verirrung, unter welcher wir noch jetzt zu leiden haben. Diesen Schwindel verschlimmerten noch die Bestrebungen, welche seit etwa 1770 in der Freimaurerei einrissen, nämlich die Sucht der Goldmachern, Geisterseherei, Magie, Kabbala usw., genährt durch Gaukler und Jesuitenwerkzeuge wie Cagliostro, Schrepfer, Gugomos, Bischofswerder und Konsorten. Die französische Revolution machte diesen Verirrungen, ohne es zu wollen, ein Ende; das war aber kein Fortschritt der Freimaurerei, sondern eine Rückkehr zu sich selbst. Diese hat indessen noch nicht überall stattgefunden. Noch blüht das schwedische System im Norden Europas, das schottische im Süden und Westen und in Amerika; noch behaupten beide die geschichtliche Lüge, daß der Bund von Ritterorden herstamme, noch suchen beide ihren Ruhm und die Stärke des Bundes in pompösen Titulaturen, in phrasenreichen und nichtssagenden Ritualien und in bunten Anhängseln. Man hat diejenige Richtung als eine maurerische Reform und Fortschrittspartei bezeichnet, welche nach Abschaffung der Hochgrade, der Ausschließung von Juden und Farbigen u. a. Mißbräuche strebt. Es ist dies einfach die Partei der Maurer als solcher. Die Anhänger der Hochgrade sind nicht wahre Maurer, und zwar aus einem durchaus schlagenden Grunde: Bekanntlich huldigt die Freimaurerei der Wahrheit, und eine der ausgemachtesten, klar erwiesensten und unbestreitbarsten Wahrheiten auf der Welt ist es, daß die Freimaurerei von Handwerkskorporationen stammt, während die Pflege von Kochgraben nicht anders als auf der Annahme beruhen kann, daß die Freimaurerei aus Ritterorden entstanden sei. Nehmen dies letztere die Mitglieder der Hochgrade als wahr an, so sind sie beispiellos unwissend in der Geschichte; nehmen sie es sticht als wahr an und spielen dennoch Ritter, so machen sie sich einer A n Wahrheit und einer Entwürdigung der Maurer ei schuldig. Einen andern Ausweg gibt es nicht. Ebensowenig wie die Anhänger der Hochgrade sind diejenigen als wahre Maurer zu betrachten, welche die Juden oder Farbigen vom Bunde ausschließen; denn dies widerspricht sowohl der Idee des Bundes, als dessen feierlicher Gründungsurkunde, den alten Landmarken, welche weder von einem positiv christlichen, noch von einem exklusiv weißen Charakter des Bundes etwas wissen.

Auch das ist nicht ein Streben nach Fortschritt in der Maurerei, wenn auf die Abschaffung veralteter Zutaten, wie z. B. Eide, Zeremonien u. dgl. gedrungen wird, sondern bloß ein Streben nach Reinigung. Handelt es sich dagegen um Abschaffung der Zeremonien und Symbole überhaupt, so handelt es sich wieder nicht um Fortschritt, sondern um Auflösung des Bundes. Der Freimaurerbund ist seinem Namen und seiner Entwicklung nach ein Bund, welcher unter den der alten Maurergenossenschaft entlehnten Formen die Humanität im höchsten Sinne pflegt. Werden die maurerischen Formen weggenommen, so fällt auch der Name und die Bedeutung des Bundes weg und es müßte erst ein neuer Name und ein neues Programm gefunden, daher auch ein vollkommen neuer Bund gegründet werden. Darüber weiter etwas zu sagen wäre überflüssig; denn es ist rein undenkbar und unmöglich, daß sämtliche Teile des Bundes sich über eine derartige Umwandlung desselben verständigen würden.

Ähnlich verhält es sich nun aber auch mit den Bestrebungen vieler hervorragender und gerade der begeistertsten und tätigsten Brüder. Dieselben wünschen dem Bunde irgendeine besondere Tätigkeit, sei es für Volksbildung, Aufklärung, gesellschaftliche Reformen, Wohltätigkeit und Ähnliches, und diese Bestrebungen gelten als solche des Fortschrittes. Die betreffenden verdienstvollen Brüder vergessen jedoch dabei Zweierlei. Erstens vergessen sie, daß der in eminenter Weise allgemeine Charakter des Bundes durch Annahme besonderer Zwecke eine Einbuße erleiden würde und diese Änderung daher nicht nur kein Fortschritt, sondern vielmehr ein Rückschritt wäre. Zweitens aber lassen sie außer acht, daß der Bund keine gemeinsame festgegliederte Organisation, also auch keinen gemeinsamen Willen hat. Denkt sich wohl jemals ein Bruder so recht lebhaft, daß, mit Einschluß der Supremes Conseils und der farbigen Großlogen es weit über hundert von einander durchaus unabhängige Großoriente gibt? Ist es im Geringsten wahrscheinlich, daß über irgend einen besonderen Zweck sich die Großloge zu den 3 Weltkugeln in Berlin, der franz. Großorient, das Supreme Conseil von Charlestown in Amerika, die Großloge von Michigan, die farbige Großloge Prince Hall in Boston usw. usw. sämtlich vereinigen könnten und möchten? Das könnte nur ein mit Blindheit Geschlagener glauben. Nehmen wir z. B. an, es handelte sich um die vorzugsweise Richtung des Bundes auf Bekämpfung des Aberglaubens. Ist es da denkbar, daß die Große Landesloge von Deutschland schwedischen Systems beitreten würde, in deren höheren Graden der Aberglaube sich so breit macht, – ebenso das Supreme Conseil von Frankreich usw.? Man kann nicht den Aberglauben bekämpfen, wenn man ihm selber huldigt, ebensowenig wie man auf den Namen eines Gebildeten Anspruch erheben kann, wenn man Geschichten glaubt, welche längst mit vollgültigen Beweisen als Fabeln nachgewiesen sind, wie z. B. das Fortbestehen der

Templer nach ihrer Unterdrückung oder ihr Zusammen hang mit den Maurern, der absolut niemals bestanden hat.

Ist nun also unmöglich, daß die Freimaurerei, wie sie besteht, irgend welchen Fortschritt mache, und ist ihr doch zugleich eine Erreichung ihres ungeheuer, über menschlichen Zieles unmöglich, so wird man sich mit Recht fragen, wozu denn die Freimaurerei überhaupt diene? Darauf antworten wir: Es ist überhaupt notwendig, daß der Mensch strebe; damit aber dies geschehe, muß ihm mehr aufgegeben werden, als er erreichen kann. Der Mensch ist von Natur träge; nur die Not treibt ihn zur Arbeit; wo er von der Natur ohne Mühe erhält, was er braucht, da tut er nichts. Nur indem ein Bund da ist, welcher der Menschheit mehr zumutet, als sie jemals erfüllen kann, verleiht er ihr Anregungen zu allem Schönen, Wahren und Guten. Der Freimaurerbund ist da, um anzuregen, anzutreiben, anzufeuern. Er erzieht sich Jünger, damit sie in allen Lagen des Lebens, jeder in seinem Kreise, dasjenige befördern, was zum Wohle der Menschheit dient. Was der Bund als solcher vermöge seiner Allgemeinheit und weltumfassenden Bedeutung nicht tun kann und nicht tun darf, das sollen seine einzelnen Logen und einzelnen Mitglieder tun, wo sie nur können. Die Logen, soweit sie wirklich maurerisch, d. h. strebsam und tätig sind, sollen ebensoviel Vereine für Volksbildung und Wohltätigkeit sein. Die faulen Logen kann man ihrem Schicksal überlassen und ignorieren. Alle einzelnen Maurer, soweit sie Sinn und Geist haben, der sie befähigt, den Bund zu begreifen, dem sie angehören, sollen ebensoviel Apostel für wahre Aufklärung und Menschenliebe sein. Nur dadurch können wir noch etwas bewirken, was unser würdig ist. Der Gesamtbund als solcher ist zu weitläufig, zersplittert und unbeholfen, um etwas unternehmen zu können, daher müssen seine strebsamen Logen und Mitglieder auf eigene Faust für ihn arbeiten. Tun sie dieses, wobei ich besonders die deutschen, schweizerischen und ungarischen Logen im Auge habe, so können sie Fortschritte erzielen, die dem zerfahrenen Gesamtbunde nicht möglich sind. Solche sind in zwei Punkten ausführbar. Der eine ist die Vereinfachung der Ritualien, d. h. ihre Beschränkung auf das Notwendige, historisch Berechtigte und ästhetisch Ansprechende (z. B. größere Übereinstimmung des einen besonderen Charakter tragenden III. Grades mit dem I. und II.) Wichtiger noch ist der zweite Punkt, der nach meiner Ansicht darin besteht, daß sich die Logen, was auch bereits mehrfach geschieht, mit den lebendigen Interessen und den weltbewegenden Fragen der Gegenwart beschäftigen, sowohl durch Vorträge in den Versammlungen, als durch eigenes Studium.*) Versuchen wir dies, so gut es uns möglich ist; dann nur können wir uns mit gutem Gewissen Freimaurer nennen!

III. Die Geheimhaltung der Mitgliederverzeichnisse

Es ist bekannt, daß in unserm Bunde mit den Mitgliederverzeichnissen großes Geheimnis getrieben wird. Warum, wissen wir nicht; denn diese Geheimniskrämerei steht geradezu in krassem Widerspruche sowohl mit dem Drucke dieser Verzeichnisse selbst, indem man doch weiß, daß schlechterdings nichts Gedrucktes in der Welt geheim bleibt (wer will z. B. die Setzer zur Geheimhaltung verpflichten?), – als mit der täglich gehörten Behauptung, der Freimaurerbund sei kein Geheimbund mehr. Ist derselbe kein Geheimbund, so kann auch sein Mitgliederbestand kein Geheimnis sein. Man ist zwar darüber noch keineswegs einig und wird es wohl auch niemals sein, was in unserem Bunde geheim gehalten werden soll; das ist aber, soviel wir wissen, allen Systemen gemein, daß auf Geheimhaltung des Mitgliederbestandes kein Eid oder Gelübde abgelegt wird.

Wie schon angedeutet, strengen wir vergeblich unsere Denkkraft an, um einen Grund, aus welchem, oder einen Zweck, zu welchem die Mitgliederverzeichnisse geheim gehalten werden sollen, ausfindig zu machen. Tun denn die Freimaurer etwas Schlechtes? Das wird kein Vernünftiger Mensch behaupten wollen. Oder werden sie polizeilich verfolgt? Wo das der Fall ist, dürfen ja nach den Grundsätzen des Bundes ohnehin keine Logen existieren. Oder werden Mitglieder, deren Eigenschaft als solche bekannt wird, angefeindet? Das ist es. Sie werden von den Ultramontanen angefeindet, und aus Furcht vor dieser Partei wollen die Brüder an vielen, namentlich also an katholischen, vielleicht auch aus Furcht vor Pietisten oder Orthodoxen an protestantischen Orten nicht als Freimaurer bekannt sein. Ist das aber ein ehrenhafter Standpunkt? Das ist es, was wir hier untersuchen wollen. Ohne Zweifel halten die betreffenden Brüder den angegebenen Standpunkt für einen ehrenhaften; wir erlauben uns aber anderer Ansicht zu sein. Was man nicht frei und offen vor aller Welt bekennen darf zu fein, das darf man auch unter keiner Bedingung sein. Wer sich vor irgend Jemandem, sei es, wer es wolle, vor seinem Pfarrer oder vor Beamten oder vor Kunden oder gar vor Familiengliedern scheut, zu bekennen daß er Freimaurer ist, der darf sich, wenn er ein in jeder Beziehung tadellos moralischer Mensch sein will, schlechterdings nicht in den Bund aufnehmen lassen; einen solchen Mann darf auch eine Loge, wenn sie die wahre Moralität und nicht bloß ihre numerische Stärke im Auge hat, nicht aufnehmen.

Diese Ansicht mag hart scheinen; aber sie ist lediglich gerecht. Wenn die Freimaurerei wirklich die Erziehung zur höchsten Tugend, zur Veredlung und Vervollkommnung des Menschen sein soll, so muß sie dies auch in jeder Beziehung sein, d. h. sie darf nicht dulden, daß irgend eines ihrer Mitglieder in irgend einer Lage seine Mitgliedschaft zu verleugnen in den Fall kommen kann. Wenn aber ein Bruder, der sich vor irgend Jemanden fürchtet, Freimaurer zu sein, von einem solchen Jemand gefragt wird, ob er Freimaurer sei, so muß er ja lügen, also eine unsittliche Handlung begehen. Darf aber eine Loge dulden, daß ein Mitglied sie, seine geistige Mutter, verleugne? Solcher moderner Petrusse, die ihren Herrn verleugnen, gibt es aber, namentlich in katholischen Gegenden, viele; ja wir wissen, daß es sogar Brüder gibt, welche ihre Mitgliedschaft vor ihrer eigenen Gattin geheim halten! Daß sie im Falle des Bekanntwerdens ihrer Eigenschaft verfolgt würden, im Geschäft

Schaden litten usw., ist keine Entschuldigung. Entweder muß ein Ehrenmann diesen Eventualitäten trotzen, oder er darf sich nicht in den Bund aufnehmen lassen. Wer aber schon aufgenommen ist und in eine Gegend zieht, wo er es geraten findet, sich nicht als Maurer zu bekennen, soll vorher in aller Form decken. Das allein ist manneswürdig. Wir sehen auch durchaus nicht ein, was Jemand, der sich nicht offen als Freimaurer bekennen darf, überhaupt in unserm Bunde zu suchen hat. Wer sich nicht überall als Maurer zu bekennen den Mut hat, der hat jedenfalls auch nicht die Fähigkeit, als Maurer zu wirken, ist also ein unnützes Mitglied des Bundes und seiner Loge. Denn er muß sich in tausend Widersprüche verwickeln. Will er nämlich etwas wirken im Geiste des Bundes, zu dem er sich zu bekennen nicht getraut, so muß er ein anderes Motiv, einen andern Zweck usw. vorschützen. Damit bekennt er aber, daß die Ziele des Freimaurerbundes, wenn auch unter anderem Namen, außerhalb desselben ebenfalls erreichbar sind, daß also seine Mitgliedschaft, die er so sorgfältig verheimlicht, geradezu überflüssig ist, und er sich für nichts und wieder nichts in die Gefahr begeben hat, mit Heuchelei und Lüge umgehen zu müssen.

Der Freimaurer muß sich in allen Systemen als Licht und Wahrheitsuchender bekennen. Wir schließen daher mit der Bitte an alle Brüder, welchen es mit dem Streben nach Vervollkommnung Ernst und denen solches nicht eine bloße Phrase ist, – jeden Suchenden, der sich nicht verpflichtet, unter allen Umständen sich als Maurer zu bekennen, schwarz zu ballotieren. Dann gibt es auch keinen Grund mehr zu der mit soviel unnützen Unannehmlichkeiten und Widerwärtigkeiten verbundenen Geheimhaltung der Mitgliederverzeichnisse.

IV. Die neuesten Angriffe gegen die Freimaurerei (1896)

Beinahe so alt wie der Freimaurerbund sind die gegen ihn gerichteten Angriffe und feindlichen Maßregeln. Jener entstand im Jahre 1717, diese nahmen ihren Anfang nicht viel über 20

Jahre später. Denn abgesehen von einem völlig erfolglosen Verbote in den Niederlanden (1735) war die erste gegen den Bund gerichtete Maßregel die Bulle Clemens XII. von 1738, welche ihn verurteilte und den Veitritt zu ihm allen gläubigen Christen verbot. Als Grund dieser Maßregel war lediglich angegeben, daß die Freimaurer jeder Religion und Sekte angehören und daß sie im geheimen arbeiten; es ist daher anzunehmen, daß von Seite der Freimaurer dazu kein besonderer Anlaß gegeben war. Die seitherigen Päpste haben beinahe sämtlich denselben Schritt getan, zuletzt der gegenwärtige, Leo XIII., durch die Enzyklika *„humanum genus"*, vom 20. April 1884. Immer mehr, besonders seit Pius IX., häuften sich in diesen Bullen die heftigsten Anklagen gegen den Bund, welcher, freilich ohne alle Beweise, des Trachtens beschuldigt wurde, „die ganze Einrichtung der Religion und des öffentlichen Lebens, wie sie das Christentum hervorgebracht, von Grund aus zu zerstören und eine neue nach ihrem Sinn zu schaffen, auf einer Grundlage und mit Gesetzen, die vollständig im Naturalismus wurzeln." Namentlich wurde dem Bunde vorgeworfen, daß er nach Verrichtung des Papsttums trachte.

Aber nicht alle Angriffe gegen die Freimaurerei gingen vom Papsttum und seinem Anhange aus, sondern viele auch von protestantisch-orthodoxer und von radikal-demokratischer Seite. Und was ist der Grund davon? Es ist nicht zu leugnen, daß in dem ursprünglich rein philanthropischen Bunde, welcher zur Zeit seiner Entstehung zu Anfang des 18. Jahrhunderts in den damaligen Zeitverhältnissen durchaus keinen Anlaß hatte, eine politische oder religiöse Parteistellung einzunehmen, ja eine solche durch Statuten seiner Logen wiederholt ausgeschlossen hat, parallel mit den zunehmenden Beschuldigungen und Verboten von seiten der Päpste mit der Zeit immer mehr eine antiklerikale Richtung sich geltend gemacht hat, namentlich in den katholischen Ländern, während in den protestantischen eine solche nicht nur nicht hervortrat, sondern die Logen vielfach einen orthodoxchristlichen Charakter doch ohne besondere Parteischattierung annahmen, der aber den extremen

Orthodoxen immer noch zu frei war. Was dagegen die radikal demokratische Richtung ärgerte, war teils der immerhin christliche, oder doch deistische, teils namentlich der aristokratische Nimbus des Bundes der aus dessen Geheimtuerei hervorzublicken schien.

In jüngster Zeit war von der Freimaurerei in der Öffentlichkeit wenig die Rede, bis (am 10. Juni 1896) Prinz Friedrich Leopold von Preußen, welcher 1894 die seit dem Tode des Kaisers Friedrich verwaiste Protektion der drei preußischen Großlogen übernommen hat, an den gegenwärtigen Kaiser, mit dessen Genehmigung jene Übernahme geschah, eine Beschwerdeschrift richtete, welche allseitiges Aufsehen erregte. Dieses Aktenstück beklagte sich über Angriffe von zwei Seiten gegen den Freimaurerbund, und zwar von Seite der Zentrumspartei und ihrer Organe und von Seite des „Deutschen Adelsblattes", Organ der deutschen Adelsgenossenschaft, namentlich in dessen Nummer vom 18. Mai d. J., worin gegen den Bund dieselben falschen Beschuldigungen geschleudert wurden, wie man sie von Seite der ultramontanen Presse gewohnt ist, nämlich diejenigen des Strebens nach Ausrottung des Christentums und nach geheimer Herrschaft über die Völker. Der Prinz-Protektor betonte dabei, daß die deutschen Logen besondere Pflegestätten der Religiosität und des Patriotismus seien, daher er sie dem Schuhe des Kaisers empfehle.

Auf diese Beschwerdeschrift antwortete der Kaiser durch den Chef seines Zivilkabinetts, Herrn v. Lucanus, aus Kiel unterm 22. Juni, daß er jene „ungerechten Angriffe und Verdächtigungen" des „Adelsblattes" bedauere und befohlen habe, sich deshalb mit dem Protektor der Adelsgenossenschaft, dem Herzog Ernst Günther von Schleswig-Holstein, ins Vernehmen zu setzen, der bereits mit dem Vorsitzenden der Genossenschaft, Grafen v. d. Schulenburg-Beetzendorff, wegen zu unternehmender geeigneter Schritte in Verbindung getreten sei.

Das erste, was nach dem Bekanntwerden der kaiserlichen Antwort auffiel, war, daß darin nur die Angriffe des „Adelsblattes", nicht aber die der Zentrumspresse gegen die Freimaurerei berührt waren, und man war schnell bereit, daraus zu folgern, daß die kaiserliche Regierung sich hüte, das Zentrum vor den Kopf zu stoßen, weil sie seiner Unterstützung bedürfe. Der Grund dieser Erscheinung kann aber auch darin liegen, daß die Beschwerdeschrift des Prinzen Protektors das Hauptgewicht auf die Angriffe des „Adelsblattes" legte und diejenigen der Zentrumspresse nur kurz erwähnte.

Höchst merkwürdig ist nun aber, was erfolgte. Der getadelte Teil verharrte in seinem Beginnen, – der nicht getadelte begann – wenigstens teilweise – abzuwiegeln. Das „Adelsblatt" nämlich fuhr, wahrscheinlich zum Beweise seiner „Königstreue", fort, die Freimaurerei anzugreifen, und war sogar naiv genug, zu diesem Zwecke die Beihilfe „tief eingeweihter Freimaurer" anzurufen. Es versicherte dabei, nicht aus ultramontaner, sondern aus gut protestantischer Quelle zu schöpfen und schloß, „wenn es auch gelingen sollte, alle anderen Anklagen gegen den Bund zu widerlegen, so bliebe doch die Tatsache bestehen, daß die von den Freimaurern gepflegte Religion nicht die geoffenbarte positive christliche und kirchliche ist, sondern die Religion einer interkonfessionellen Humanität, der sogenannten reinen Ehrfurcht gegen das höchste Wesen, in der wir als gläubige und positive Christen nur eine, wenn auch noch so edel gemeinte Verirrung erblicken können."

Dagegen ist nun zu erwidern, daß die Pflege einer bestimmten Religion so wenig Aufgabe des Freimaurerbundes, als diejenige einer Adelsgenossenschaft oder irgend eines andern, nicht speziell religiöse Zwecke verfolgenden Vereins sein kann. Die Angriffe des „Adelsblattes" sind indessen um so merkwürdiger, als es Tatfache ist, daß die deutschen Logen unter ihren Mitgliedern einen Fürsten, 4 Prinzen, 16 Grafen und 55 Freiherren zählen, ohne den einfachen Adel mitzurechnen. Sie sind aber weniger merkwürdig, seitdem die „Nationalzeitung" vom 26. August nachgewiesen hat, daß das „Adelsblatt" unter jesuitisch-ultramontanem Einflusse steht.

„Und da trifft es", sagt die „Freimaurerzeitung" vom 1. September, „merkwürdig zusammen, daß man jetzt gerade auf ultramontaner Seite zum Rückzuge bläst." Es ist geradezu erstaunlich, ultramontane Blätter gegen Angriffe auf die Freimaurerei in Ausdrücken losziehen zu sehen, wie sie von freimaurerischer Seite nicht schärfer gebraucht werden könnten. Man traut seinen Augen kaum, wenn die sonst so streitbare „Kölnische Volkszeitung" vom 15. und 25. August die angeblichen Enthüllungen von Taxil, Sacks, Margiotta und der angeblichen Miß Vaughan über ein freimaurerisches Papsttum, über einen Teufelskult und über Hostienschändungen in den Logen als „Schwindel", „gefälscht", „erfunden", „böswillige Verdächtigungen", ihre Verfasser als „bewußte Schwindler" oder „geistesgestörte Menschen" und die Geschichte der Lucie Clavat zu Freiburg in der Schweiz (welche von ultramontaner Seite jenes Teufelskultus beschuldigt, aber glänzend gerechtfertigt wurde) vollends als „infamen Schurkenstreich eines publizistischen Strolches, der aus dem Dunkel den vergifteten Pfeil abschoß", bezeichnet und es als eine Ehrenpflicht katholischer Blätter erklärt, ihre Leser vor solchen Schriften zu warnen, deren Verbreitung eine Versündigung am katholischen Volke und am katholischen Glauben sei, der damit vor der Öffentlichkeit lächerlich gemacht werde. In derselben Weise äußerten sich die in Bonn erscheinende „Deutsche Reichszeitung" vom 23. August und mehrere andere Blätter derselben Richtung, auch in der Schweiz und in Frankreich. Ja es soll nächstens im Verlage der „Germania" (!) eine Broschüre gegen jene „Enthüllungsschriften" erscheinen.

Um so bedauerlicher aber ist es, daß ein anderer Bruchteil der ultramontanen Partei nicht nur bei den erwähnten „Enthüllungen" verharrt, sondern sie geradezu als Quellen zu neuen Angriffen gegen die Freimaurerei benutzt! Dies tun die von einem gewissen Franz Ewald im Verlage von Rudolf Abt in München und in der „Nationalen" (!?) Verlagsanstalt (früher J. J. Manz) in Regensburg erschienenen Schriften, die man getrost als ein freches Lügengewebe von vorn bis hinten betrachten darf.

Der Verfasser beginnt (in „Ziele und Wesen der Freimaurerei") damit, die von den Logen geübte Wohltätigkeit zu leugnen und entblödet sich nicht, die in freimaurerischen Blättern vorkommenden Klagen über das Ungenügende dieser Wohltätigkeit als Beweis für deren Nichtdasein zu benutzen. Daran knüpft er, ohne alle Nachweise, die an Niedertracht alles denkbare übersteigende Infamie: „Allbekannt ist die rührige Tätigkeit der Brüderschaft, wo es sich um die Gründung von Bordellen handelt." Damit kennzeichnet er von vorn herein seinen geistigen und sittlichen Standpunkt.[2] Die von ihm angeführten Stellen freimaurerischer Blätter sind entweder gefälscht, entstellt oder aus dem Zusammenhange gerissen und nur solchen Blättern entnommen, die Privatunternehmungen und keineswegs offizielle Organe des Bundes sind. Es würde uns zu weit führen, alle seine Behauptungen zu berühren und auch keineswegs die Gegner des Bundes belehren. Wir geben ja zu, daß manche Freimaurer auf eigene Faust unberechtigte oder extravagante Ansichten aufgestellt und vermöge der im Bunde herrschenden unbedingten Pressefreiheit veröffentlicht haben. Diese keineswegs im Geiste der Freimaurerei begründeten Ansichten zu vertreten fällt uns und jedem ruhig denkenden Bruder nicht ein. Dagegen verlohnt es sich, über die von der billiger denkenden katholischen Presse selbst verurteilten Verleumdungen einige Worte zu sagen, weil dann zu hoffen ist, daß der heutige Standpunkt jener Presse sich nach und nach auch dem noch widerstrebenden Teile der ultramontanen Partei (Franz Ewald etwa ausgenommen) mitteilen werde.

Es handelt sich um die grundlosen Irrtümer:

1) des Bestehens einer Zentralleitung des Bundes,
2) der angeblichen Oberherrschaft der sog. höheren über die niederen Grade,
3) eines sog. Teufelskultus in Logen.

---

[2] Niemand ist bisher so entschieden gegen jede Form der Prostitution aufgetreten, wie der freimaurerische Verfasser dieses Urtitels in den „Gebrechen und Sünden der Sittenpolizei", Leipzig 1893

Die ganze geschichtliche Entwicklung des Bundes, die man freilich kennen muß, wenn man über ihn schreiben will, schließt eine Zentralleitung aus. Diese müßte irgendwo und irgendwann eingesetzt worden sein, wovon die Geschichte des Bundes aber nichts weiß. Ein allgemeiner Großmeister oder „Freimaurerpapst" müßte irgendwann und irgendwo gewählt werden, wovon man aber in allen freimaurerischen Schriften keine Spur findet. Jedesmal, wenn der Freimaurerbund in irgendeinem Lande Fuß faßte, nahm er sofort einen diesem entsprechenden nationalen Charakter an. Jede Landesgroßloge ist durchaus unabhängig und bewahrt diese Unabhängigkeit mit der größten Eifersucht. Niemals würden sich die amerikanischen Logen einer europäischen Oberleitung, niemals die nichtitalienischen Großlogen dem Oberbefehle des (ehemaligen) italienischen Großmeisters Lemmi gefügt haben, welchem die „Enthüllungsschriften" die Würde eines „Freimaurerpapstes" andichten. Tatsächlich hat ihm außerhalb Italiens kein Freimaurer irgend etwas nachgefragt. Die sog. Zentralleitung ist eine bloße Erfindung, für welche niemals Jemand, auch bei emsigstem Nachsuchen, einen Beweis finden würde. Es ist daher auch eine bloße Fabel, was von unbekannten Oberen und von unbedingtem Gehorsam im Bunde gefaselt wird. Diese Einrichtungen überlassen wir gerne den Jesuiten. Bestände eine Zentralleitung, so wäre ja der vollständige Abbruch aller Verbindungen zwischen der französischen und der deutschen Freimaurerei seit 1870, sowie zwischen der französischen und der englischen seit dem Beschlusse des französischen Großorients, den Glauben an Gott nicht als verbindlich zu betrachten – undenkbar. Undenkbar wäre die Anmaßung einiger Pariser Logen (1871) gewesen, den Kaiser Wilhelm I. wegen des Krieges gegen Frankreich vor ein (nicht existierendes) maurerisches Tribunal zu laden, was der hierin allein kompetente französische Großorient natürlich ignorierte. Und wie wären die deutschen Großlogen dazu gekommen, einen Großlogenbund zu schließen, wenn sie bereits einem allgemeinen Bunde angehörten? Denn der Freimaurerbund ist dies nur dem Namen nach; in Wirklichkeit besteht er aus so vielen Bünden, als es Großlogen gibt. Wenn jemals in maurerischen Schriften die Phrase vorkommt, daß die Maurerei nur eine Loge bilde, so ist das ein frommer Wunsch, eine bloße Theorie, welcher jede praktische Bedeutung abgeht. Ewald mag schnüffeln so viel er mag, nach Beweisen dafür, daß die Freimaurer keine Patrioten, sondern Kosmopoliten seien. Das gerade Gegenteil ist die Wahrheit. Wir haben in 35 jähriger Mitgliedschaft noch keinen Freimaurer kennen gelernt und von keinem gehört, der nicht ein guter Patriot in seinem Vaterlande wäre. Die Freimaurerei ist hierin der völlige Gegensatz zur römischkatholischen Kirche. Beide suchen zwar Patriotismus und Kosmopolitismus zu verbinden; aber der römische Katholik ist großer Kosmopolit und nur kleiner Patriot, der Freimaurer realer Patriot, Abbruch aller Verbindungen zwischen der französischen und der deutschen Freimaurerei seit 1870, sowie zwischen der französischen und der englischen seit dem Beschlusse des französischen Großorients, den Glauben an Gott nicht als verbindlich zu betrachten – undenkbar. Undenkbar wäre die Anmaßung einiger Pariser Logen (1871) gewesen, den Kaiser Wilhelm I. wegen des Krieges gegen Frankreich vor ein (nicht existierendes) maurerisches Tribunal zu laden, was der hierin allein kompetente französische Großorient natürlich ignorierte. Und wie wären die deutschen Großlogen dazu gekommen, einen Großlogenbund zu schließen, wenn sie bereits einem allgemeinen Bunde angehörten? Denn der Freimaurerbund ist dies nur dem Namen nach; in Wirklichkeit besteht er aus so vielen Bünden, als es Großlogen gibt. Wenn jemals in maurerischen Schriften die Phrase vorkommt, daß die Maurerei nur eine Loge bilde, so ist das ein frommer Wunsch, eine bloße Theorie, welcher jede praktische Bedeutung abgeht. Ewald mag schnüffeln so viel er mag, nach Beweisen dafür, daß die Freimaurer keine Patrioten, sondern Kosmopoliten seien. Das gerade Gegenteil ist die Wahrheit. Wir haben in 35 jähriger Mitgliedschaft noch keinen Freimaurer kennen gelernt und von keinem gehört, der nicht ein guter Patriot in seinem Vaterlande wäre.

Die Freimaurerei ist hierin der völlige Gegensatz zur römisch-katholischen Kirche. Beide suchen zwar Patriotismus und Kosmopolitismus zu verbinden; aber der römische Katholik ist großer Kosmopolit und nur kleiner Patriot, der Freimaurer realer Patriot und nur idealer Kosmopolit. Die Ultramontanen sollten lieber acht geben, daß man ihren Patriotismus nicht so genau untersucht! Ihre Organisation ist eine straffe und allgemeine, die der Freimaurerei nur eine lockere. Wäre sie wirklich zentral organisiert, so wäre durchaus nicht einzusehen, warum dies geleugnet oder verheimlicht werden sollte!

Wie die Freimaurer überhaupt, so sind auch die höheren Grade in jedem Lande besonders organisiert, tragen besonderen Namen und haben abweichende Zahlen von 4 bis auf 30. In den meisten Ländern sind sie entweder von den drei alten Graden vollständig getrennt oder – existieren überhaupt nicht. Kein Gegner kann einen einzigen Erlaß „höherer" Grade erfahren, der für die Johannismaurer verbindlich wäre oder (in wenigen Ländern) andere als bloße Verwaltungsangelegenheiten beträfe. Der Inhalt der höheren Grade besteht aus phantastischen Ideen und Phrasenwerk, und wer ihre Mitglieder kennt, kann über die ihnen zugeschriebenen revolutionären Pläne nur lachen. Die Urheber solcher Pläne stehen überall außerhalb des Freimaurerbundes.

Ganz kurz kann der Teufelskult abgefertigt werden. Entweder glaubt man an einen Teufel, womit man sich offenbar der Kirche unterwirft, die allein einen solchen Glauben lehrt – oder man glaubt nicht an Satans Existenz – dann kann man ihn auch nicht verehren. Ob der Dichter Carducci, der den Satan besang, Freimaurer ist, wissen wir nicht, wohl aber, daß diese seine Ode eine Satire auf die Bezeichnung der Aufklärung als Teufelswerk durch die Finsterlinge enthält, und daß Dichter schon oft aus toller Laune etwas Nichtexistierendes besungen haben. –

Franz Ewald ist Berichterstatter aus Deutschland für den „Internationalen Anti-Freimaurer-Kongreß", welcher demnächst in Trient abgehalten werden soll, und hat seinem Berichte anmaßenderweise den Titel „kleines Handbuch der Freimaurerei" gegeben. Es schließt mit der Aufforderung zu einem „allumfassenden Gebetssturm" um Verrichtung des Freimaurerbundes und Bekehrung seiner Mitglieder. Erst lügen – dann beten! Die Heuchelei kann wohl nicht weiter getrieben werden. Es ist indessen kaum zu erwarten, daß jener Kongreß bei der heutigen Spaltung in den Ansichten der ultramontanen Partei über die Freimaurerei einen Erfolg haben werde.[3]

V. Freimaurerei, Jesuiten, Aberglaube und Teufelsdienst (1904)

Graf Paul von Koensbroech, der ehemalige Jesuit und jetzige geharnischte Kämpfer gegen das gesamte römische System, darum auch bei allen Dunkelmännern bestgehaßt, zeiht in seinem Werke „Das Papsttum in seiner sozialkulturellen Wirksamkeit" (I. Bd. S. 307 ff.) den Jesuitenorden der hauptsächlichen Beförderung des Aberglaubens. In den Jahresberichten der „Häuser" und „Missionen" der Gesellschaft Jesu wird stets über angeblich vorkommende wunderbare Erscheinungen gewissenhaft Buch geführt; ebenso sind die den angehenden Jesuiten (Novizen und Scholastikern) zur Ausbildung und Erbauung dienenden Schriften älterer Jesuiten von Aberglauben „durchsäuert". Diese jungen Leute sind gehalten, täglich eine halbe Stunde in des Jesuiten Alfons Rodrigunz „Übung der christlichen Vollkommenheit" zu lesen. In diesem Buche wird erzählt, wie Mönchen Engel und Teufel erschienen, letztere oft in Gestalt von Raubtieren aller Arten und anderen gefährlichen oder ekelhaften Tieren, die sich durch Brüllen, Keulen usw. bemerkbar machten. Auch an Drachen fehlte es nicht. Gleicher Art sind die Schriften des Jesuiten Ludwig da Pente und weitere, in denen der Ordensstifter Ignatius Loyola als einzig wirksamer Kämpfer gegen Belästigungen von Nonnen durch Teufel, gegen welche Gebete, Weihwasser, Reliquien

---

[3] Siehe darüber den nächsten Aufsatz

und Exorzismen nichts ausrichteten, erscheint. Sogar in dem auf wissenschaftliche Geltung Anspruch machenden jesuitischen Organ der „Stimmen aus Maria Laach" spukt der Aberglaube häufig genug, besonders in den Artikeln des P. Meschler über Visionen, Erscheinungen und sonstigen mystischen Kram. Eine Masse weiterer Beispiele gibt das oben erwähnte Werk aus Schriften von Jesuiten. Wir gehen indessen zu den für uns interessantesten Erscheinungen dieser Art über, nämlich zu dem abergläubigen und lügenhaften Geschwätz von Jesuiten über die Freimaurerei. Darin zeichnet sich der Jesuit A. M. Pachtler, Hauptmitarbeiter an den „Stimmen aus M. L." aus. In seinem Machwerke „Der stille Krieg gegen Thron und Altar oder das Negative der Freimaurerei" (Amberg 1876) sind die Freimaurer der Sündenbock für alles mögliche Unheil in der Welt. Ihnen wird die Besetzung Noms durch die italienischen Truppen, die Verbannung der Jesuiten aus Deutschland, ja es werden ihnen Versuche schuld gegeben, einen Freimaurer zum Papst wählen zu lassen. Pachtler bringt haarsträubende Berichte über den Einfluß der Freimaurer in den Armeen (!), wirft den maurerischen Offizieren Hochverrat vor, beschuldigt sie der Schonung von Feinden, die als Freimaurer in Kämpfen zu Land und zur See das Notzeichen gaben. Er kramt auch eine Menge Unsinn aus den Einweihungen in höhere Grade aus, woran es leider im sog. schottischen System nicht fehlt, deren Harmlosigkeit er aber keck leugnet, indem er diese Grade zu Verschwörungen gegen die Fürsten stempelt und vom Zusammenhang der Loge mit Sozialismus, Kommunismus und Anarchismus schwindelt. Und dieses verrückte Zeug nehmen die ultramontanen Blätter als bare Münze hin, verbreiten es mit Wohlgefallen und geben es als „Enthüllungen" aus. Unter anderen abgeschmackten Märchen läßt Pater Pachtler einen Mönch in der Umgegend von New York erzählen, wie er einen sterbenden Freimaurer mühevoll dem Teufel abgezwungen und ihm einen mit Blut geschriebenen Schein entlockt habe, durch den sich der Sterbende f. Zt. verpflichtet habe, einen Krieg auf Leben und Tod gegen Kirche, Papsttum und Fürsten zu führen!

Jeder Frei maurer weiß, daß dies erlogen ist, – der fromme Pater müßte denn einen anarchistischen Klub zu frommen Zwecken als eine freimaurerische Loge bezeichnet haben. An die Lügen Pachtlers reihen sich würdig die schauerlichen Romane des italienischen Jesuiten Anton Bresciani, die in den Bibliotheken der Jesuiten-Institute aufbewahrt und von den Schülern eifrigst gelesen werden. Darin kommen Geheimbünde (in Rom) vor, in deren Lokalen ein Altar des Teufels steht, an dem dieser angebetet wird und um den Nachts Dirnen tanzen und in der Kirche heuchlerisch empfangene Hostien bringen, die von den Geheimbündlern durchstochen und dem Teufel als Opfer gebracht werden. Zwar wird hier der Name der Freimaurer nicht gebraucht, die Frevler werden an einer anderen Stelle Carbonari genannt; aber es ist überall die gleiche boshafte Dummheit, den Feinden die Anbetung dessen, an den sie gar nicht glauben, anzudichten. Daß aber auch die Freimaurer mit diesem Lügengewebe nicht verschont blieben, zeigte in jüngster Zeit der Taxil-Vaughan-Schwindel.

Die Beschuldigung des Teufelskultus, gegen alle Jene geschleudert, die dem Papsttum nicht unbedingt unterworfen waren oder sind, gehört zu den beliebtesten Überlieferungen der römischen Kirche. Ein Papst selbst, freilich kein Heiliger, Johann XII. (10. Jahrhundert), wurde von der römischen Synode des Teufelsdienstes beschuldigt. Gregor IX. (13. Jahrhundert) warf ihn den unglücklichen Stedingern (bei Bremen) vor, Innocenz III. den Albigensern, Clemens V. (1312) den Tempelrittern, Johann XXII. seinen Zeitgenossen, Innocenz VIII. (1484) den angeblichen Hexen, Pius IX. (1873) endlich den Freimaurern, und sein Nachfolger Leo XIII. erklärte wenigstens in seiner Enzyklika „*Humanum genus*" vom 10. April 1884 alle seiner Kirche nicht Angehörigen als „Reich des Satans" und als dessen Lenker die Freimaurer, genauer alle geheimen Gesellschaften, die er unter diesem Namen zusammenfaßte, des Meuchelmordes an Verrätern ihrer Geheimnisse beschuldigte und schließlich gleich seinen Vorgängern Clemens XII. (1738), Benedikt XIV. (1751), Pius VII. (1821), Leo

XII. (1825), Pius VIII. (1829), Gregor XVI. (1832) und Pius IX. (1848 und 1865) exkommunizierte.

Ein charakterloser Literat, Gabriel Jogand, genannt Leo Taxil (geboren 1854) aus Marseille, war von den Jesuiten erzogen, wandte sich (wie uns Dr. J. Riets in seinem ausführlichen Werke „Leo XIII. und der Satanskult", Berlin 1897, erzählt) schon früh von seinen Lehrern ab, wurde antiklerikaler Journalist, schrieb giftige Artikel für Rochefort und Cie., wurde öfter verurteilt, trat 1881 in eine Loge, aber bald, noch als Lehrling, wieder aus, verlegte sich dann auf das Handwerk der Mystifikationen und setzte diesen, nachdem er die Verdammungsbulle Leos XIII. gelesen, die Krone auf, indem er, angeblich durch Garibaldi angeregt, sich 1885 entschloß, die Rolle eines zerknirschten Katholiken zu spielen. Er unterwarf sich scheinbar der Kirche, ließ sich von der Antiklerikalen Liga, die er gegründet hatte, ausschließen und begann 1886 seine „Enthüllungen über die Freimaurerei", deren zwei erste Teile unter dem Titel „Die Drei-Punkte-Brüder" bekannt sind, natürlich lauter Lügen und Fälschungen. Der Jesuit Gruber hatte nichts eiligeres zu tun, als diesen Schwindel ins Deutsche zu übersetzen und in Paderborn erscheinen zu lassen. Die ultramontanen Blätter Deutschlands waren entzückt über das Werk und priesen dessen – Zuverlässigkeit! Auch die Stimmen aus M. L. blieben nicht zurück und stimmten eine Lobeshymne über den Schund an. Schon in diesem Buche dichtete Taxil den Brüdern eine Verherrlichung des Satans und dessen Einwirkung auf sie an und gab ebenso frech erfundene, als schauerliche Ritualien der Logen als Wahrheit aus; ja er erfand sogar eine Anrufung des Teufels in einer nicht existierenden Sprache, die in der Loge des Grades „Radosch" üblich sein sollte. Taxil erdichtete auch Frauenlogen, wozu er den sog. Mopsorden des 18. Jahrh. Benutzte. Ja, er schuete sich nicht, das Symbol des „Flammenden Sterns" in unanständigster Weise auszulegen. Durch seine Erfolge ermutigt, setzte er das begonnene schändliche Treiben fort und ließ weitere Lügenbücher folgen, die der Jesuit Gruber mit Behagen übersetzte und die ultramontane Presse mit Triumphgeschrei begrüßte. Der Schwindel stieg bis zu förmlicher Anbetung des Teufels. Schließlich fand Taxil Spießgesellen in dem atheistischen, aber eine katholische Rolle spielenden Dr. Karl Hacks aus Köln, der unter dem Namen Dr. Bataille (1892) mit Taxil zusammen das Buch „le Diable au 19 siècle" schrieb, eine Art Reisebeschreibung um die Erde nach dem Vorbilde Jules Vernes, auf der der Verfasser überall mit Teufelskult zusammentrifft, und in dem Italiener Margiotta, der (1894) den Großmeister seines Landes, Lemmi als den Freimaurerpapst ausgab und ihm Teufelsdienst, Christusbeschimpfung, Hostienschändung und schamlose Orgien zuschrieb, womit der Verfasser 50.000 Fr. „verdient" haben soll. Dann spielte Taxil (1895) seinen höchsten Trumpf aus; er erfand eine angebliche Miß Diana Vaughan, in deren Namen er mit Hacks Memoiren herausgab, worin sie sich als die Tochter des Teufels Bitru vorstellte und die scheußlichsten Teufelskulte in sog. Palladistenlogen in Amerika und in Paris mitgemacht zu haben versicherte. Die Schwindler erfanden auch eine Halbschwester und Nebenbuhlerin der Diana Vaughan, Namens Sophie Walder, die mit ihrem Vater Bitru Verkehr gehabt habe und von ihm Mutter der Großmutter des – Antichrists geworden sei!

Und aller dieser blutige Schund war der ultramontanen Presse aller Länder nicht zu dumm und zu toll, als daß sie ihn nicht geglaubt hätte. Ihr „deutsches" Zentralorgan, die sogen. Germania erhob das elende Zeug zum Himmel. Sogar nachdem Hacks im Aug. 1896 durch die „Köln. Volkszeitung", Organ seiner Verwandten (s.o.), die Vaughangeschichte, und im Nov. gl. Z. seinen *Diable* öffentlich als Schwindel erklärt hatte, glaubten die Römlinge in ihrer bodenlosen Verbohrtheit immer noch daran. Ja, es kam noch besser, die Mystifikation stieg immer höher. Schon 1887 war Taxil vom Papst empfangen worden, der alle seine Lügenbücher besaß und mit Wohlgefallen gelesen hatte, wie Taxil die Vaughan erzählen läßt. Im J. 1895 durfte er sein verrücktes Buch „*le Diable et la Revolution*" dem Papste zur zehnjährigen Feier seiner „Bekehrung" widmen. Kirchliche Würdenträger jedes Ranges, Mönche aller

Orden, sogar Professoren der Theologie reihten sich unter die Gläubigen des Schwindels ein! Der freche Bube Taxil ließ sogar die nicht existierende Diana Vaughan mit dem Kardinal Parocchi korrespondieren, der sie seine liebe Tochter in unserm Herrn nannte, ihr den päpstlichen Segen schickte und ihre Bekehrung als einen der herrlichsten Triumphe der Gnade bezeichnete. In die nämliche Falle gerieten der päpstliche Geheimschreiber Rod. Verzichi, der ihr auf Befehl des Papstes schrieb, und sein Kollege Vincenzo Sardi, der sie ermunterte, mit Entlarvung der gottlosen Sekte fortzufahren.

Der Gipfel des Skandals aber wurde erreicht, als sich in Trient der sog. Antifreimaurerkongreß versammelte und öffentlich für die Schandschriften Taxils eintrat. Zu dieser Zeit stand der Lügner Taxil tatsächlich im Zenith der römischen Kirche und beherrschte die Kundgebungen der jene Versammlung vorbereitenden Ausschüsse in allen katholischen Ländern! 22 Kardinale, 23 Erzbischöfe und 116 Bischöfe sandten ihre Zustimmung zu den Beschlüssen des Kongresses, dem der irregeführte Papst seinen Segen gab und durch ein Breve auf seinen Erfolg hoffte. Die Generalversammlung der deutschen Katholiken in Dortmund unter dem Vorsitze des Fürsten Karl von Löwenstein drückte ihre Sympathie mit dem Unternehmen aus, und das von Taxil gegründete Zentral-Exekutiv-Komitee erließ einen ans Rom datierten und von 22 kirchlichen Notabilitäten unterzeichneten Aufruf an die Katholiken, in dem der Kongreß mit den Kreuzzügen verglichen wurde! Dieser versammelte sich am 26. Sept. 1896 und wurde durch den Fürstbischof Valussi von Trient eröffnet, der ihn unter den Schutz Jesu und der Maria stellte! Fürst Löwenstein nahm auch hier den Vorsitz ein neben dem Fürstbischof von Salzburg. Anwesend waren 36 Bischöfe und die Vertreter 50 weiterer. Der Schwindler Taxil aber spielte die Hauptrolle bei seinem Werke, und sein Bild hing unter Heiligenbildern. Man feierte ihn überschwenglich. Den ersten Mißklang in dieser großartigen Feier rief der Pfarrer Dr. Gratzfeld, Sekretär des Erzbischofs von Köln hervor, der den Mut hatte, gegen den Schwindel aufzutreten, die Existenz der Diana Vaughan zu bestreiten und Taxil als das zu bezeichnen, was er war, aber auch die Schwäche, neun Zehntel der „Enthüllungen" als wahr zuzugeben. Man griff ihn an und nannte die Vaughan eine Heilige! Taxil behielt sein Ansehen. Vergebens fragte der geistliche Archivar Dr. Baumgarten nach den Personalien der Vaughan; aber Taxil beschwor ihre Existenz und log Tatsachen aus ihrem Leben, das verborgen bleiben mußte aus Furcht vor den Dolchen der Freimaurer! Es wurde förmlich anerkannt, daß die Freimaurerei unter der Leitung des Teufels stehe!

Der Kongreß ging am 1. Oktober auseinander, nachdem er eine Kommission aufgestellt hatte, bestehend aus hervorragenden italienischen Geistlichen, die aber am 22. Jan. 1897 erklärte, sie habe weder für, noch gegen die Existenz der Vaughan einen Beweis gefunden.

Damit endete die Posse aber noch nicht. Sie wurde in ihr wahres Licht erst gerückt, als Miß Vaughan (d. h. Taxil in ihrem Namen) in der Fortsetzung ihrer Memoiren ihr Erscheinen in mehreren Städten Europas und Nordamerikas ankündete und die Versammlungen, in denen dies stattfinden sollte, mit Lichtbildern zu erfreuen versprach. Die erste Versammlung fand am Ostermontag, den 19. April 1897 im Saale der geographischen Gesellschaft in Paris statt. Aber was geschah? Taxil trat feierlich vor das zahlreich anwesende Publikum und erklärte kurzweg frech, er habe zwölf Jahre lang eine Komödie gespielt und sowohl den Papst und die Kirche, als die Freimaurer zum Besten gehabt. Der Palladismus und Diana seien nichts als Schwindel. Die Zuhörer aller Parteien tobten, schimpften und hätten den Lumpen durchgeprügelt, wenn er nicht vorher dafür gesorgt hätte, daß Stöcke und Schirme abgegeben wurden und nicht von der Polizei hinaus begleitet worden wäre.

Das war das Ende eines beispiellosen Gaunerstreichs, von dem dessen Urheber einen tiefen Fall der römischen Kirche erwarteten, der aber nicht eingetreten ist. Ihr System, das der rücksichtslosesten Reaktion, ist dasselbe geblieben. Alle ihre Gegnerschaft dem Teufel zuzuschreiben, war ja von jeher ihr

Grundsatz. Sie hat sich nur in Taxil und im Glauben an Miß Vaughan geirrt, und das kann, wie ihre Anhänger sich trösten, Jedem passieren. Das Treiben Satans ist nach ihrer Lehre kein Irrtum; denn es ist ja sogar vom Evangelium anerkannt (in der Versuchung Jesu). Sie bedarf der Hölle zur Abschreckung vom Unglauben, und alle Ungläubigen, als Gefolge des Satans, unter dem Namen der Freimaurer zusammenfassen, gleichviel ob dies auf die wirklichen Freimaurer trifft oder nicht, ist und bleibt ihre geheiligte Tradition seit dem Bestande des Bundes. Daß es ein Unsinn ist, Leuten, die an keinen Teufel glauben, dessen Verehrung, und Solchen, für welche die Hostie keine Bedeutung hat, deren Schändung vorzuwerfen, daran stößt sich die römische Kurie nicht. Die Wissenschaft, soweit sie sich ihr nicht unbedingt beugt, muß als atheistisch gebrandmarkt werden, damit die katholischen Schäflein sich von ihr fern halten und nicht über die innere Hohlheit des römischen Systems aufgeklärt werden. Ob aber nicht trotzdem einmal dem katholischen Volke die Augen aufgehen, wird die Zukunft lehren.

Erste Abteilung

Aus der Welt

I. Babel und Bibel

Der Buchstabe tötet; der Geist aber belebet.
2. Kor. 3, 6

1. Aus dem Alten Testament

„Im Anfang schuf Gott Himmel und Erde."

Diese Worte und die ihnen folgenden konnten nur von einem Manne geschrieben werden, der die Erde für den Hauptteil der geschaffenen Welt und für das Gegenstück des Himmels hielt und die übrigen Weltkörper, Sonne, Mond und Sterne, nur dazu geschaffen glaubte, der Erde zu leuchten. Denn sie entstehen nach der Ansicht jenes Schriftstellers erst nach der Erde, an einem (dem vierten) der Schöpfungstage, deren sechs der kleinen Erde und ihren Geschöpfen gewidmet sind. Diese Auffassung hat sich im Laufe der Zeiten gewaltige Änderungen gefallen lassen müssen. Die Erde ist zu einem winzigen Planeten geworden, und die Sonne, um die sie sich mit mehreren hundert anderen dreht, ist nur eine unter ungezählten Millionen weiterer, großen teils unzweifelhaft viel mächtigerer Sonnen, die wieder unbekannte Planeten durch ihre Anziehungskraft zum Umkreisen um sich zwingen. Was ist also die Erde gegenüber dem Himmel, d. h. dem unbegrenzten, schrankenlosen Weltraum, der sich rings um sie und ihr Sonnensystem in Entfernungen von unberechenbaren Lichtjahren ausbreitet?

Und wer lenkt dieses überriesenhafte Weltall in geordneten Bahnen? Kann das ein die kleine Erde so auffallend auszeichnender Gott sein, wie ihn die Religion annimmt, für den nach deren Auffassung die Wesen anderer Weltkörper, an deren

Dasein nicht gezweifelt werden kann, nicht existieren, – und muß es nicht viel mehr eine unfaßbare, ja furchtbare Macht und Kraft sein, auf die menschliche Eigenschaften zu übertragen, geradezu eine Vermessenheit, wenn nicht eine Naivität ist? Der Glaube macht freilich selig; wir aber verhüllen unser Angesicht vor dieser unbegreiflichen Macht! Einer Macht, die auf zahllosen Weltkörpern nicht nur wachsen, grünen, blühen und Früchte tragen läßt, nicht nur Erzeugung mannigfacher Wesen, vom kriechenden bis zum denkenden, sondern auch zerstörende, Erdbeben, Überflutungen und Verschüttungen, ja vernichtende Weltbrände hervorruft. Es ist gewiß ein rührender und reizender Zug kindlicher Seelen, zu einem liebenden Vater im Himmel aufzublicken und ihm jene Vorzüge zu geben, die den edeln Menschen schmücken; den stärkern, nüchternem Mann aber, der die entsetzlichen Verheerungen in der Natur und Massenuntergänge im Menschenleben mit Schmerz und Grauen, aber auch mit Fassung betrachtet, kann die anthropomorphische (die Gottheit menschlich bildende) Auffassung nicht mehr befriedigen. Er steht der unerforschlichen Welturache stumm staunend gegenüber, verzichtet darauf, ihr Eigenschaften beizulegen und nennt sie nicht mit persönlichem Namen, sondern in demütigem Bekenntnis seiner Unwissenheit den allmächtigen Baumeister des Weltalls (Demiurgos).

Ohne den frommen Bekennern überlieferter Lehren irgendwie nahe treten zu wollen, fragen wir hier lediglich: Ist es bei ruhigem, nüchternem und vorurteilslosem Denken wahrscheinlich, daß Gott nicht nur diese unsere geliebte Erde in großartigster und geheimnisreichster Weise vor allen übrigen Weltkörpern bevorzugt, sondern sogar Gliedern eines kleinen Volkes dieses Planeten und nachher solchen einer noch kleinern Gemeinde Bücher in das Schreibrohr diktiert oder wie man sich lieber ausdrückt, geoffenbart habe, Bücher, welche absolute Wahrheit enthalten und alle Welträtsel gelöst haben sollen, obschon jede Religionsgesellschaft sie anders versteht und anders auslegt? Diese Ansicht nun ist von niemand geringerem, als von Priestern einer dieser Religionen kritisch untersucht und zunichte gemacht worden. Sehen wir nun nach, wie es sich damit verhält.

Den Anfang unter diesen „heiligen" Büchern (eigentlich Büchlein, *Biblia*) machen und den ersten Rang unter ihnen nehmen jene fünf ein, welche die Juden „Thora" (*hattora*, die Lehre), die Griechen zur Zeit der Ptolemäer in Ägypten „Pentateuchos" (das Buch mit fünf Teilen) nannten. Dieses Werk ist wie Professor Stade in Gießen sagt, „aus Quellenschriften ganz verschiedenen Charakters zusammengefügt worden." Die zwei ersten Bücher sind erzählend, d. h. sie enthalten (wie Professor Gunkel in Berlin nachweist) die ältesten Sagen der Israeliten (nicht Geschichte, wie die Orthodoxie haben will), die zwei folgenden enthalten Gesetze, wie sie Mose gegeben haben soll, das fünfte ist eine Zusammenfassung der vier ersten. Dieses letzte Buch (Teuteronomion, d. h. das zweite Gesetzbuch genannt) wurde zur Zeit seiner Auffindung (d. h. wohl seiner Abfassung) unter König Josia von Juda (621 vor Christi Geburt) schlechtweg Tora, nach der Rückkehr aus der babylonischen Verbannung aber das Buch der Lehre des Mose (*Sepher torat Mosche*) genannt, was sich nach und nach auf alle 5 Bücher übertrug. Erst durch den jüdischen Geschichtschreiber Flaums Josephos, der zur Zeit der Zerstörung Jerusalems lebte, erhielt das ganze Werk den Titel: Die fünf Bücher Moses. Sie sind aber Jahrhunderte jünger als Mose. Unter den Verfassern, deren Arbeiten in der jetzt geltenden Anordnung durchaus in einander verschoben sind, werden die beiden ältesten, nach den Namen Gottes, deren sie sich bedienen (Jahve, später Jehova und Elohim) als Jahvist und Elohist unterschieden. Jener zeichnet sich durch frischere, Volkstümlichere und natürlichere Darstellung aus und verherrlicht die ältere Gottesverehrung in menschenähnlicher Auffassung Gottes. Von ihm rühren daher alle Erzählungen her, in denen Jahve den Menschen erscheint und mit ihnen spricht. Seine Arbeit beginnt 1. Mos. 2, 4 bis 7 mit einer kurzen Erzählung der Schöpfung, endet mit Moses Tod und Bestattung und fällt wahrscheinlich in die Zeit von 850-800 vor Chr. Geb., benutzte aber ältere Schriften, die verloren sind. Der wohl ein Jahrhundert jüngere Elohist verrät sich überall durch ausführlichere, theologisch gefärbte Darstellung; von ihm ist die heutige Fassung des Dekalogs, der „zehn Gebote". Bei ihm erscheint Gott den Menschen nicht im Wachen, sondern im Traume, bei ihm erscheinen auch erst die Engel. Er hat die Tendenz, was die heiligen Stätten betrifft, die des Nordens von Palästina zu bevorzugen, wie der Jahvist diejenigen des Südens. Beide Erzählungen arbeitete ein dritter Schriftsteller ineinander, ohne auf Wiederholungen und Widersprüche zu achten. Weitere Erzähler traten nachher noch zu den älteren. Wohl gehen die Ansichten der Bibelforscher in Einzelheiten auseinander, aber keineswegs derart, daß es heute noch möglich wäre, das Werk der „fünf Bücher" für ein einheitliches oder zusammenhängendes auszugeben oder gar es dem Mose zuzuschreiben, zu dessen Zeit die Israeliten noch keine Buchstabenschrift kannten. Zum Überfluß enthält das Werk noch zahlreiche Anspielungen auf spätere Zeiten, sogar auf die der Könige von Israel. Daß die jüngsten Teile des Pentateuch erst nach der Rückkehr der Juden aus Babylonien entstanden, der sog. Priesterkodex, ist hinlänglich nachgewiesen worden.

Ähnlich verhält es sich mit den übrigen erzählenden Büchern des Alten Testaments, die uns hier zu weit führen würden. Die Bücher der Bibel müssen daher als reines Menschenwerk, als Bücher wie andere betrachtet werden, die zwar stellenweise durch hohe Schönheit und göttliche Erhabenheit hervorleuchten, stellenweise aber auch an Schwächen, Irrtümern und selbst an sittlichen Ungeheuerlichkeiten oder Mängeln leiden. (Man denke an die Sagen von Sodoms Ende, von den Betrügereien Jakobs, für den doch die Verehrung als Stammvater des Volkes Israel verlangt wird usw.)

Die ältesten Erzählungen des Alten Testaments haben neben dem sagenhaften auch einen allegorisch symbolischen Charakter. Die darin auftretenden Personen sind wie schon ihre hohen Alterszahlen zeigen, keine Einzelmenschen, sondern (wie Lic. Dr. Benzinger in seiner Geschichte Israels, nach dem Vorgange älterer Forscher zeigt) die Vertreter von Stämmen und Völkern, Städten und Ländern, deren Namen ja häufig wie solche einzelne Personen gebraucht werden. Die Söhne eines Vaters sind Teile des Stammes, den dieser vertritt. Haben einzelne Personen Erlebnisse die nicht von einer Gemeinschaft gelten können, so ist dies ein Werk der die Sage ausschmückenden Dichtung. Oft dienen diese Geschichten lediglich zur Verherrlichung des Volkes Israel. Sehr beliebt ist bei diesem das Spielen mit heiligen Zahlen, wie 3, 7, 12. Die zwölf Stämme des Volkes Israels treten nie geschichtlich gleichzeitig, sondern nur vereinzelt auf; sie werden auch verschieden aufgezählt (Levi weggelassen, Josef in Ephraim und Manasse geteilt). Die nach Söhnen der Kebsweiber Jakobs benannten Stämme verschwinden vor denen, die von Lea und Rahel stammen sollen.

Die ältesten Überlieferungen der Israeliten zeigen klar, daß ihr Gott der Gott einer Nomadenhorde war, der das Dasein der Götter anderer Völker nicht ausschloß. Verehrung von Gestirnen, Bergen, Steinen, Quellen, Flüssen, Tie-ren (Schlangen, Rindern) und den Geistern Verstorbener, selbst von Götzenbildern (Gideon) tritt deutlich hervor. Auch Menschenopfer fehlten nicht (Abraham, Jeftha).

Der Aufenthalt Israels in Ägypten und der Auszug von da schrumpfen, wenn die offenbaren Übertreibungen (600000 Kriegsleute) und die Wunder der sieben Plagen, von denen die Denkmäler des Nillandes nichts wissen, abgerechnet werden, dahin zusammen, daß sich zeitweise semitische Hirtenstämme (Chabiri Hebräer) in Ägypten aufhielten und wieder auswanderten.

Eine solche Auswanderung verband die Israeliten und Heniter in der Nähe des heiligen Berges Sinai (in Kadesch) zur Gründung einer Religionsgenossenschaft unter Mose zur Verehrung des Gottes Jahve, den die ganze Art und Weise seiner Erscheinung als einen ursprünglichen Gewittergott kennzeichnet, der nun aber zu einem geistigen Gotte erhoben wurde, vor der Hand allerdings zum speziellen Gotte seines Volkes, dem er Gesetze gab und das er zu Siegen führte. Freilich sind die

Siege, die das Volk Israel nach Palästina führten, durch das Heldengedicht Josia in blutigster Weise übertrieben; das ältere Buch der Richter bezeugt vielmehr eine allmähliche Einwanderung ohne bedeutende Kämpfe mit den Kanaanitern. Härteres Ringen folgte um die Festsetzung in den neuen Heimstätten, das aber durchaus sagenhaften Charakter trägt und sogar einen Sonnengott (Simson, in Babylon Samas) an die Spitze des Volkes stellt. Die wirkliche Geschichte Israels beginnt erst mit der Erhebung Sauls zum König.

Die Art der Zusammensetzung der biblischen Erzählungen ist indessen nicht der einzige Umstand, der sie als reines Menschenwerk kennzeichnet; es kommt viel mehr noch ein anderer hinzu, der dies noch schärfer nachweist, nämlich die Entlehnung des Stoffes gerade der wichtigsten Nachrichten aus fremder, ja aus heidnischer Quelle. Es ist eine Ironie des Schicksals, daß gerade das erste Kapitel der Bibel, dessen Inhalt die ausführliche Darstellung der Weltschöpfung bildet, fremder Herkunft, wenn auch verbessert und veredelt ist. Dieser Bericht, findet Professor Gunkel, ist nicht dichterischer Einbildungskraft entsprossen, sondern dem harten Bemühen, ein System aufzustellen. Er ist mehr ein Inhaltsverzeichnis als eine zusammenhängende Schilderung, die erst in sehr später Zeit dem ursprünglichen, in Kapitel 2, Vers 4[4] beginnenden, kürzern, einfachem und mehr dichterisch gehaltenen Schöpfungsberichte vorangestellt worden sein muß. Seinen Zweck verrät dieser Sechstagebericht in seiner Schlußzeile; dieser Zweck ist die Heiligung des siebenten Tages, des Sabbat, als Ruhetag. Außer dieser Schlußfolgerung kann der Bericht seinem ganzen Inhalte nach nicht in Israel entstanden sein; er konnte nur in einem wasserreichen Lande entstehen, und dieses Land ist Babylonien, das Gebiet des Tigris und Eufrat. Ebenso erfordert die Betonung der Erschaffung des Lichtes und der Gestirne ein Ursprungsland, das gleich Babylonien dem Dienste der Gestirne

---

[4] Die Einteilung der biblischen Bücher in Kapitel und Werke ist eine sehr späte und ganz willkürliche.

huldigte. Diese Umstände werden glänzend dadurch bestätigt, daß das allerdings von den Juden umgearbeitete und veredelte Original des ausführlichen Schöpfungsberichtes wirklich vor mehr als 30 Jahren (1873) auf Keilschriftziegeln in Ninive, von dem englischen Forscher George Smith entdeckt worden ist, wodurch die bereits zwei Jahrtausende alten (leider verstümmelten) Nachrichten des Tamaskios und Berossos über die babylonische Kosmogonie bestätigt wurden.

Es geschah denn auch großenteils zum Zwecke der Bibelforschung, daß in den Trümmern der Hauptstädte Assyriens und Babyloniens, Ninive und Babel (Babylon) jene mühevollen Ausgrabungen vorgenommen wurden, über die Professor Friedrich Telitzsch in Berlin in seinen so großes Aufsehen erregenden Vorträgen der Jahre 1902 und 1903 die unter dem Titel „Babel und Bibel" erschienen, die ersten allgemein verständlichen Mitteilungen gemacht hat (gelehrte Darlegungen von Eberhard Schrader und anderen waren allerdings längst vorausgegangen).

Schon ehe Palästina in den Besitz der Israeliten gelangt war (entnehmen wir diesen Vorträgen), war in dem „gelobten Lande" die babylonische Kultur die herrschende; die dortigen Statthalter der ägyptischen Pharaonen schrieben an ihre Oberherren am Nil in Babels Sprache und Keilschrift auf Ziegelsteinen, ebenso die Könige von Assyrien, Mesopotamien und Chaldäa an die ägyptischen Herrscher, in deren Archiv zu Tell-El-Amarna aus der Zeit der Könige Amen Kotep III und IV solche Steine, gegen 300 an der Zahl, im Jahre 1897 gefunden wurden. Es ist also sehr natürlich, daß die Verfasser der israelitischen Sagenbücher babylonische Vorbilder benutzten. Dahin gehört nun vor allem die bereits erwähnte Erzählung von der Weltschöpfung, nach der „im Urbeginn aller Dinge das finstere chaotische Urwasser (Tiamat) wallte und wogte", das, als Drache gedacht, sich gegen die zur geordneten Schöpfung schreitenden Götter zur Wehre setzte, aber von Marduk, dem Lichtgotte, in furchtbarem Kampfe gebändigt und getötet wurde, worauf er das Ungeheuer in zwei Hälften spaltete und aus ihnen den Himmel und die Erde schuf. Jenen schmückte er mit Sonne, Mond und Sternen, diese mit Pflanzen und Tieren, und schuf zuletzt aus Ton und göttlichem Blute den Menschen. So liegt es denn auf der Hand, daß die Israeliten an die Stelle Marduks ihren Elohim setzten. Den Drachen ließen sie weg, aber erwähnten ihn im Buche Hiob (26, 12) als den, welchen Gott zerhieb ähnlich bei dem Propheten Jesaia 51,9), ja sogar noch in der Offenbarung des Johannes, Kap. 12, 7-9, die wie Bischer und Gunkel nicht christlichen, sondern jüdischen Ursprungs und nur christlich überarbeitet ist. Die Schlange erscheint aber weit deutlicher in der Erzählung vom Sündenfall, als Feindin des Lichtes und Verführerin der Menschen. Auf einem uralten babylonischen Siegelzylinder steht zwischen einem Manne und einer Frau ein Baum, nach dem beide die Hände ausstrecken, während hinter dem Weibe eine Schlange ihre Wellenlinien zeigt. Es ist daher kaum anders zu denken, als daß die Babylonier ebenfalls eine Überlieferung vom Sündenfall hatten und auf die Israeliten vererbten. Himmel und Hülle, Engel und Teufel kannten die Babylonier ebenfalls.

An die Geschichte vom Sündenfalle schließt sich in der Bibel diejenige von der Sünd-, eigentlich Sintflut. Überflutungen hat es zu verschiedenen Zeiten und in verschiedenen Ländern gegeben, am allerwenigsten aber konnten solche ein so trockenes und gebirgiges Land wie Palästina heimsuchen und ebensowenig konnte dort eine Erzählung von einem solchen Ereignis entstehen. Was liegt also näher, als ihre Entstehung in dem wasserreichen, oft mit Sturmstuten vom Meere her überschwemmten Babylonien zu erblicken? Schon längst war bekannt, daß der schon erwähnte alte Berossos erzählte, der babylonische König Nsuthros (der zehnte in der Reihe, wie Noah der zehnte Patriarch ist) habe infolge der Warnung eines Gottes ein Schiff gebaut, mit Paaren von Tieren bevölkert und sei so von der das sündhafte Menschengeschlecht ersäufenden Flut gerettet worden. Auch der Zug von den ausgesandten Vögeln, um über das Sinken der Flut Gewißheit zu erhalten, fehlt nicht. Diese Erzählung konnte noch als eine junge betrachtet werden, bis 1872 der sündige George Smith sie in der zerstörten Bibliothek des assyrischen Königs Assurbanipal (7 Jahrhunderte vor Chr.) zu Ninive auf einer Keilschrifttafel fand. Diese Schrift wird auf ein Alter von 2000 Jahren vor Chr. geschätzt; sie faßt das Ereignis als einen furchtbaren Zyklon auf, der das Land überschwemmte, stimmt aber im übrigen genau nicht nur mit Berossos, sondern auch mit der biblischen Erzählung von Noah überein, nur daß sie hier allen möglichen Naturereignissen durchaus widerspricht.

Wir überlassen es den Lesern, nun selbst zu beurteilen, ob diese Erzählungen (es sind gerade die wichtigsten), welche die Verfasser der Genesis (des sogen, ersten Buches Mose) aus uralten babylonischen Quellen geschöpft haben, im Lichte der Wissenschaft als etwas anderes gelten können denn als Arbeiten einfacher Menschen mit längst überwundener Weltanschauung, ob es etwas anderes als höchst kindliche Naivität ist, wenn noch heutzutage orthodoxe Theologen sich abmühen, diese altbabylonische und von den Israeliten aufgenommene Weltanschauung mit den Tatsachen der Naturwissenschaft, mit denen sie rein nichts zu schaffen haben, in Einklang bringen zu wollen, und endlich, ob die Kirche berechtigt war, aus dem sogen. Sündenfalle das Dogma einer allen Menschen anhaftenden Erbsünde abzuleiten und davon (1854 durch Pius IX.) die Mutter Jesu von Nazareth willkürlich auszunehmen.

So hat denn die Erforschung der Altertümer Assyriens und Babyloniens Unermeßliches dazu beigetragen, nicht nur die Geschichte dieser Länder ebenso zu erhellen wie diejenige europäischer Staaten, sondern auch, diejenige der Israeliten und ihre sagenhaften Überlieferungen uns menschlich näher zu bringen und sie aus angeblich göttlichem Ursprung in reines und desto genießbareres Menschenwerk umzuwandeln.

Zahllos sind die weiteren von Telitzsch aufgezählten Züge biblischer Bücher, die ihr Gegenstück oder Vorbild in Babylon finden und damit den Glauben an die Bibel als „Gottes Wort" erschüttern. Es hat auch der orthodoxeste Theologe nicht vermocht, eine Erklärung zu geben, wie es bei der „Offenbarung" dieser Bücher an menschliche Schriftsteller zu- und hergegangen sein soll, und so bleibt diese Ansicht, und ist sie noch so ehrlich, gut gemeint und in erhabenster Absicht ausgesprochen, eben eine Ansicht, eine Weltanschauung von ehrwürdigem Alter, die aber mit der Wissenschaft unvereinbar ist. Delitzsch nennt es die größte Verirrung des Menschengeistes, „daß man die im Alten Testament gesammelten unschätzbaren Überreste des althebräischen Schrifttums in ihrer Gesamtheit Jahrhunderte lang für einen religiösen Kanon, ein offenbares Religionsbuch hielt, obwohl sich darunter Schriften befinden wie das Buch Hiob, welches mit Worten, die stellenweise an Blasphemie grenzen, überhaupt die Existenz eines gerechten Gottes bezweifelt, sowie recht weltliche Schriftstücke, wie z. B. Hochzeitsgesänge (das sogen. Hohe Lied und Stellen in den Psalmen wie 45, 11 ff)", die nur gewaltsam und willkürlich in christlichem Sinne ausgelegt werden konnten. Solcher Willkürlichkeiten gibt es die schwere Menge. Haben ja alle Kirchen und Sekten aus der Bibel gerade gemacht was sie wollten und was ihnen paßte, sie falsch verstanden, falsche Übersetzungen dem Original gleich geachtet, ohne sie zu prüfen, ignoriert, was ihnen nicht gefiel und hineininterpretiert, was ihnen gerade zugunsten ihrer Lehre zu sprechen schien! Und das nannten sie Offenbarung! Gibt es eine Offenbarung, so haben wir sie in der Natur, dem Werke des allmächtigen Baumeisters des Weltalls, in großen und edeln Geistern und in unserm eigenen Gewissen, aber nicht in willkürlich als geoffenbart ausgegebenen Worten, Sätzen und Büchern.

Die wörtliche Offenbarung heiliger Schriften ist übrigens nicht ursprünglicher Gedanke der Juden und Christen. Der altbabylonische König Hammurabi, dessen Werk das älteste Gesetzbuch der Erde, am Ende des Jahres 1901 in Susa, auf einem Stein eingegraben, gefunden wurde, erklärt im Eingange zu diesem Codex, daß er ihm von dem Sonnengotte Schamasch geoffenbart worden sei. „Nicht anders, sagt Delitzsch, verhält es sich mit der Gesetzgebung vom Sinai." Man hat sie wie die babylonische als von Gott herrührend erklärt und ihre Offenbarung dichterisch ausgeschmückt, damit ihr Inhalt gewissenhaft befolgt werde. Die Einzelheiten von Moses Gesetzen, die wir hier nicht anführen können, da sie zum größten Teile höchst kleinlich und unbedeutend, ja für uns Heutige zum Teile abstoßend sind, beweisen ihre Ungöttlichkeit von selbst und machen staunen, wie sie für Christen, denen ihre Befolgung durchaus fremd ist, jemals als von Gott gegeben e scheinen konnten. Was aber für uns heute noch Sinn hat, nämlich die Hauptteile der „zehn Gebote", steht dem wesentlichen Inhalte nach schon in den Gesetzen des Königs Hammurabi, der um 2267 bis 2213 vor Chr., also acht Jahrhunderte vor Mose regierte.

Über Delitzschs „Babel und Bibel" sind, mit Ausschluß des völlig Wertlosen, 28 Flugschriften, über 300 große und etwa 1350 kleinere Artikel in Zeitungen und Zeitschriften erschienen, – ein Zeugnis, wie tief zu ergreifen diese Vorträge verstanden haben. Sie wurden in die meisten europäischen Sprachen übersetzt, und die Briefe an den Verfasser aus allen Erdteilen laufen noch heute fort, darunter ein großer Teil Schmähbriefe, wahrscheinlich aus christlicher Nächstenliebe, gerade als ob Delitzsch die Opposition gegen den beschränkten Buchstabenglauben erfunden und nicht schon Tausende von Vorgängern gehabt hätte. Das wußten freilich jene, die dem Verfasser vorwarfen, er habe nichts Neues gebracht. Aber ist etwa das Eintreten für den Buchstabenglauben etwas Neues? Dessen ungeachtet enthalten die Vorträge allerdings Neues, wir erinnern nur an die Hinweisung auf Hammurabi. Ebenso ist der Mut öffentlich aufzutreten, ziemlich neu. Eine wichtige und zugleich bedauerliche Tatsache haben die Vorträge, wie namentlich Professor Gunkel betont, vor der Welt enthüllt, nämlich die, daß zwischen den Bibelgläubigen und der wissenschaftlichen Forschung über das Alte Testament eine ungeheure Kluft gähnt, daß die Masse der Gläubigen von diesen Wissenschaftlichen Ergebnissen nichts weiß, d. h. wohl: von ihren Predigern darüber absichtlich im Dunkel gelassen worden ist, soweit diese geistlichen Herren nicht selbst darüber im Dunkeln geblieben sind, d. h. sich nicht darum bekümmert haben!

Es ist aber eine unverantwortliche „Sünde gegen den heiligen Geist" (wie wir ihn verstehen), gleichviel, ob man den Forschungen der Wissenschaft nichts nachfragt, oder sie zu religiösen Parteizwecken denjenigen verheimlicht, zu denen zu sprechen man berufen ist.

Ebenso verhält es sich mit der Schule. Professor Dodel in Zürich (und Lugano) hat in seiner Schriftenreihe „Moses oder Darwin", in der er merkwürdigerweise noch daran festhält, daß der Pentateuch von Mose verfaßt sei (!!!), darauf aufmerksam gemacht, daß in der Volksschule noch immer der Buchstabe der Bibel, an der Hochschule aber dessen Kritik gelehrt werde. Es sollen also die Menschen in zwei Kasten geschieden werden; die mit her Volksschule Abschließenden sollen die Bibel für Gottes Wort, die Studierenden aber für Menschenwerk halten. Freilich sagt und erzählt man den Kindern vieles (z. B. das lächerliche Märchen vom Storch), was die Erwachsenen von selbst als falsch (und zugleich als dumm) erkennen lernen. Aber warum sollen die Leute, die nicht studieren, über die wissenschaftliche Bibelforschung niemals etwas erfahren? Gibt es denn zweierlei Wahrheit? Allerdings geraten diese Leute durch allerlei Umgang auf andere Wege, aber wie? Statt zu erfahren: Dies und jenes in der Bibel ist schön, wahr und gut, diese und jene Sage oder Dichtung aber irrtümlich, ungereimt, unanständig oder veraltet, sagt man ihnen: „Die Bibel ist ein altes dummes Buch, voll von Lügen und Unstat kümmere dich nicht drum." Ist das, und es kommt tausendfach vor, nicht geradezu haarsträubend? Also lieber Frivolität als Kritik? Da sollten die „Volkshochschulen" eingreifen und Kurse der Bibelkritik einrichten, und wo keine sind, sollten eben welche entstehen.

Es gibt viele protestantische und sogar katholische Theologen und Pfarrer, die manche Geschichten der Bibel verwerfen, wie z. B. daß alle Menschen von Adam und Eva stammen, daß Bileams Eselin gesprochen, daß Sonne und Mond auf Josuas Befehl stillgestanden, daß es Fische gebe, welche Menschen lebend verschlingen und lebend wieder ausspeien können (Jonas), daß die Mauern Jerichos durch Posaunenstöße einstürzten, daß Nebukadnezar Gras gefressen habe usw., aber an den überlieferten Sagen von Schöpfung und Sintflut festhalten. Ist das nicht die reinste Willkürlichkeit, ein despotisches „Bis hierher und nicht weiter?" Daß die Berneinung nicht zu weit gehe, dafür hat eben die Wissenschaft zu sorgen! Traurig ist es aber, wenn deren Vertreter ihre Forschungen für eine Gelehrtenkaste abschließen und vor dem Volke geheim zu halten suchen. Darum gebührt Delitzsch hohe Anerkennung!

Auf diesen Standpunkt der Abschließung stellte sich nun auch niemand Geringerer als der deutsche Kaiser und König von Preußen, der den Vorträgen Delitzschs selbst beiwohnte. In seinem Schreiben an den Admiral Sollmann, dessen Veröffentlichung er gestattete, vom 15. Febr. 1903 tadelt Wilhelm II., daß der Vortragende das Feld der Affyriologie verlassen und das religiöse Gebiet betreten, und daß er Ansichten, die er in Fachschriften und unter Gelehrten wohl vertreten durfte, vor die Öffentlichkeit gebracht und dadurch „manchen seiner Hörer an sein Innerstes und Heiligstes getastet" habe. Und doch ist Se. Majestät keineswegs streng orthodox; ja er ist es eigentlich nur in bezug auf die Person Jesu Christi. Sagt er z. B. in seinem dem Briefe angefügten Glaubensbekenntnis: „Ich glaube an Einen Einigen Gott", so gibt er damit die Dreieinigkeit preis. Er beschränkt den Begriff der Offenbarung nicht auf die biblischen Personen, sondern läßt daran auch die Heiden Hammurabi und Homer und moderne Geister wie Luther, Shakespeare, Goethe, Kant und seinen Großvater Wilhelm I. teilnehmen, er hält es für selbstverständlich, „daß das Alte Testament eine große Anzahl von Abschnitten enthält, welche rein menschlicher historischer (?) Natur sind und nicht Gottes geoffenbartes Wort." Das hinderte aber die konservativen und orthodoxen Blätter nicht, in serviler Kriecherei ein Triumphgeschrei über die Rettung des christlichen Bekenntnisses anzustimmen, – während freisinnige Zeitungen sich kühl oder ironisch verhielten. Am offensten und hoffnungsvollsten äußerten sich die Organe der von geistlichem Drucke Befreiung ersehnenden Lehrerschaft. Möchte ihre Hoffnung in Erfüllung gehen und künftighin in den Schulbüchern für Religions- (nicht bloß biblische) Geschichte Abschnitte stehen, die überschrieben sind: Die Sage von der Schöpfung, das Gedicht von der großen Flut, die Idyllen von Abraham, Isaak, Jakob und Joseph, die Legenden vom Auszug aus Ägypten, das Epos von Josua, die Abenteuer von Jeftha, Gideon, Debora und Simson, die Geschichte der Könige Israels von Saul an usw.

2. Aus dem Neuen Testament

Unterliegt das Alte Testament der wissenschaftlichen Kritik, so kann das Neue ihm gegenüber auf kein Vorrecht Anspruch erheben. Das Ansehen irgend eines Schriftwerkes als eines göttlichen beruht auf Ansichten einer Religionsgesellschaft, die die Wissenschaft nicht ohne weiteres anerkennen kann. Wie soll aber eine solche Ansicht geprüft werden? Dies ist einfach unmöglich, weil sie nur auf einem Glauben, einem Fürwahrhalten beruht. Die Wissenschaft kann aber nur Bewiesenes als wahr anerkennen. Sie kann also nicht die Göttlichkeit einer Schrift, sondern nur diese selbst prüfen, und sie kann nicht darüber entscheiden, ob die Schrift göttlich, aber sie kann beweisen, daß sie menschlich ist, d. h. daß sie ganz wie andere Bücher von Menschen und nach menschlichen Gepflogenheiten verfaßt ist, daß sie menschliche Fehler und Mängel und nur solche Vorzüge hat, die zu erreichen Menschen möglich ist.

Für die wissenschaftliche Kritik kann es sich, was das Neue Testament betrifft, nur um die vier Evangelien handeln. Die übrigen Teile dieser Sammlung bestehen aus Briefen und einem Traumgebilde, der sog. Apokalypse oder Offenbarung des Johannes, jedenfalls eines andern Johannes als des Evangelisten. Dieser unterscheidet sich von den drei anderen, den sog. Synoptikern, durch sein jüngeres Alter und das Vorwiegen griechisch-philosophischer Ideen. Von allen vier Evangelisten aber haben wir nicht eigene Arbeiten, sondern griechische Übertragungen nach ihren wahrscheinlich aramäischen Aufzeichnungen. Sie alle geben sich auch nicht als Werke von Matthäus, Markus, Lukas und Johannes, sondern als nach (κατα) ihnen bearbeitet aus. Sie sind also durchweg Überlieferungen mit allen Eigenschaften solcher: Begeisterung, Überschwenglichkeit, Wundersuche und kritiklosem Glauben.

Der Held der vier Biographien, die sich Evangelia, d. h. gute Botschaften nennen, ist der Weise Jesus von Nazareth, in der Folge nach der Verehrung seiner Jünger Christos (der Gesalbte) genannt. Die Überlieferung von seinem Leben ist so sehr von Wunderdingen erfüllt, daß es schwierig ist, sich über sein wirkliches, nach historischen Begriffen glaubwürdiges Leben klar zu werden. Nehmen wir indessen alles aus, was den Erfordernissen historischer Wirklichkeit nicht stand hält: übernatürliche Erzeugung, Versuchung durch Satan, Wundertaten, Verklärung, Auferstehung, Himmelfahrt, so muß man und darf auch willig gestehen, daß immerhin eine außerordentliche und erhabene Persönlichkeit übrig bleibt; denn von einer andern wäre es undenkbar, daß sie mit einer solchen überwältigenden Menge von Mythen umgeben worden wäre. Es ist nur beinahe unbegreiflich, daß der Ruf eines solchen wunderbaren Lehrers und Arztes sich nicht während seines Lebens und bald nach seinem Tode über die Grenzen seines Vaterlandes Palästina hinaus verbreitet hat. Eine solche Erscheinung läßt sich nur durch eine außergewöhnliche Bescheidenheit dieses merkwürdigen Mannes und seiner Jünger erklären, vielleicht auch durch die Mißgunst seiner Landsleute, die in ihrer großen Mehrheit nicht fähig waren, seinen hohen Geist zu würdigen.

Jesus ist bekanntlich mindestens vier Jahre (genauer kann es nicht angegeben werden) vor Beginn unserer (im 6. Jahrhundert durch den römischen Abt Dionysius Exiguus unrichtig festgesetzten) Zeitrechnung geboren und zwar aller Wahrscheinlichkeit nach in Nazareth, nach welchem Orte er immer benannt wurde. Seine Geburt in Bethlehem wurde nur deshalb angenommen, weil die Judenchristen Wert darauf legten, ihn als den Messias erscheinen zu lassen, der nach dem Propheten Micha (5, 1) in jenem Städtchen das Licht der Welt erblicken sollte. Daß seine Eltern zum Zwecke einer Steuereinschätzung aus Nazareth nach Bethlehem gekommen wären, ist nämlich falsch, weil jene finanzielle Maßregel (des Quirinius) erst elf Jahre später statt fand und Leute aus Galiläa ohnehin nicht berühren konnte, da sie nur Judäa betraf. Was nun den Messias betrifft, so lehnte Jesus stets sowohl diese Eigenschaft, als seine Abstammung vom König David, dessen Nachkomme der Messias sein sollte, entschieden ab (Matth. 22, 41-46). Nach Micha aber sollte der Messias König von Israel sein, welcher Ehrgeiz Jesus natürlich sehr fern lag. Ähnlich verhält es sich mit anderen Stellen der Propheten (und Psalmen), in denen guter Wille, aber mit schlechtem Gelingen, eine Hindeutung auf Jesus erblicken wollte. Diese Stellen enthalten entweder bloß Nebensächliches, das auch anders gedeutet werden konnte, oder sie beziehen sich deutlich auf ganz andere Verhältnisse, wie namentlich die berühmteste Stelle dieser Art: eine Jungfrau (es kann auch heißen: junge Frau, *almâ*) werde einen Sohn gebären und ihn Immanuel (Gott mit uns) nennen (Jesaia 7, 14). Wer die Stelle im Zusammenhang und nicht herausgerissen liest, überzeugt sich bald, daß sich diese Prophezeiung nicht auf eine ferne Zukunft, sondern nur auf die Zeit des Jesaia (8. Jahrh. vor Chr.) selbst beziehen kann.

Ungeachtet der Ablehnung Jesu haben ihm seine Biographien nach Matthäus und Lukas Stammbäume angedichtet, die ihn, jedoch auf ganz verschiedenen Wegen, von zwei Söhnen Davids, Salomo und Nathan, ableiten; beide aber gehen über seinen „Nährvater", den Zimmermann (richtiger Holzarbeiter) Joseph, den also die Genealogen offenbar für seinen wirklichen Vater hielten, und das war er auch; denn er war der rechtmäßige Gatte seiner Mutter Maria, und einen menschlichen Sohn ohne menschlichen Vater hat es nie gegeben. Daß die in beiden Stammbäumen eingefügte Zögerung, Joseph den wahren Vater Jesu zu nennen, unecht ist, zeigt eine auf dem Sinai um 1890 gefundene Handschrift aus dem 2. Jahrhundert, die mit nackten

Worten (bei Matth. 1,16) sagt: „Joseph, dem Maria verlobt war, zeugte Jesus, der genannt ist Christus.

Er hat sich in der Tat öfter und mit mehr Nachdruck „des Menschen Sohn" genannt als „Gottes Sohn", so daß es gestattet sein muß, letztere Bezeichnung geistig und nicht physisch zu verstehen.

Ist aber auch die Angabe jener Handschrift ein schlagender Beweis für die älteste Ansicht über den Ursprung Jesu, gab es ferner damals keine nachgewiesenen Nachkommen Davids und sind daher die beiden Stammbäume ebenso erdichtet wie unter sich widersprechend, so geht die Annahme, daß Jesus ohne menschlichen Vater erzeugt sei, schon deshalb den Weg aller Legenden, weil die Vorausverkündung jenes der Natur widersprechenden Ereignisses nach Matthäus durch einen Engel dem Joseph im Traume, nach Lukas aber der Maria im Wachen zuteil wurde. Daß es Engel gebe, ist ja eine hübsche poetische Vorstellung, die aber vor der Vernunft und Wissenschaft nie und nimmer bestehen kann und in das Gebiet der Mythologie oder in die Kinderstube verwiesen werden muß. Die Engelserscheinungen sind offenbar spätere Einschaltungen, lange nach dem Tode Jesu und Marias, zu der Zeit, da seine Vergöttlichung bereits beschlossene Sache und der Vollendung nahe war.

Wie die Verkündungs-, so sind auch die Geburtsgeschichten, so sehr sie einander bei beiden Evangelisten[5] widersprechen, liebliche Dichtungen, ganz dazu angetan, kindlich naive Seelen zu entzücken; daß sie aber irgendwelcher Kritik Stand halten sollten, ist für ruhig und nüchtern denkende Geister ausgeschlossen. Und doch sind Menschen verbrannt worden, die nicht daran glaubten!

Der Geburtstag Jesu ist ebenso unbekannt wie das Geburtsjahr, ja noch weniger nachzuweisen; denn daß Jesus in einem

---

[5] Matthäus (I.) weiß nichts von der Schatzung und den anbetenden Hirten, Lukas (II.) nichts von den Magiern, der Flucht nach Ägypten und dem Kindermorde! Markus und Johannes übergehen die Kindheitsgeschichte ganz, weiterer Abweichungen nicht zu gedenken. –

der letzten Lebensjahre des Königs Herodes zur Mett kam, scheint sicher zu sein. Aus Mangel an Kenntnis des Geburtstages setzte man ihn im 4. Jahrhundert zu Rom auf den heidnischen Geburtstag des Sonnengottes (*natales Solis invicti*), den 25. Dezember. – Es war eines der zahlreichen Zugeständnisse an das Heidentum, die eine lange Kette bilden und den Zweck hatten, den Stifter des Christentums (was er aber gar nicht zu werden ahnte) zum Gottessohne oder gar zum Gotte zu erheben. Zu diesem Zwecke allein mußte er Wunder tun, die wir um so mehr ruhig als sinnbildliche Darstellungen theologischer Anschauungen betrachten[6] dürfen, als sie auch nach den Evangelien selbst ohne Zweck und Folgen waren und daher so wenig als geschichtlich betrachtet werden können wie die später, als man jenes Zweckes nicht mehr bedurfte, von den Aposteln und Heiligen berichteten ganz ähnlichen Wunder. Übrigens vergessen Johannes übergehen die Kindheitsgeschichte ganz, weiterer Abweichungen nicht zu gedenken. – Siehe darüber des Verf. Buch Das Christentum und der Fortschritt" (Leipz. 1892) und .Buch der Mysterien (1890.) die Wundergläubigen, daß nach einer Stelle der Evangelien (Match. 16,4) Jesus sich ausdrücklich weigerte, Wunder zu tun. Schlimmer noch als mit den Wundern, steht es mit der abstoßenden Versuchung Jesu (des Gottes!) durch den Teufel, dessen bloßes Dasein anzunehmen schon an sich für jeden Gläubigen eine Gotteslästerung sein sollte, wie es für jeden frei Denkenden eine Absurdität ist. Als eine edlere Dichtung dagegen erscheint die Verklärung auf dem Tabor mit den Geistererscheinungen des Mose und Elia, so erhaben und ergreifend auch dieser Zug, als Legende genommen, auf das einfache Gemüt wirkt. Ganz ähnliche Versuchungen werden übrigens von Zarathustra durch Ahriman und von Buddha durch Mara erzählt,[7] sie durfte auch bei Jesus nicht fehlen, so wenig als die Verklärung.

---

[6] Siehe darüber des Verf. Buch „Das Christentum und der Fortschritt" (Leipz. 1892) und „Buch der Mysterien" (1890.)
[7] Siehe des Verf. Kulturgeschichtliche Skizzen (Berlin 1889), S. 253 und 274.

Von den „Wundern" Jesu nehmen wir die Krankenheilungen aus, die kaum zweifelhaft sein können, da Wanderlehrer des Altertums auch die Ärzte ihrer Zeit und ihres Landes waren. Diese Heilungen gaben indessen wohl Anlaß, dem großen Weisen auch die Erweckung Toter und leider auch die Austreibung böser Geister und die widerwärtige Verpflanzung solcher in eine – Schweineherde zuzuschreiben! Dies sind Anschauungen einer in Aberglauben versunkenen und unter dessen Einfluß freidichtenden Zeit, die heutzutage kein Vernünftiger mehr teilen sollte.

Ewig wahr und herrlich sind dagegen die von Jesus herrührenden Lehren, namentlich die unsterbliche und unübertreffliche Bergrede (Matth. Kap. 5 bis 7). Nur schade, daß sie bei ihrer Erhabenheit, die fortleben würde, auch wenn alle Dogmatik zugrunde ginge, – schwer, ja zum Teil gar nicht befolgt werden können und zu allen Zeiten von niemanden mehr mißachtet worden sind, als von dem größten Teile der – Christen! Sie hoffen von ihm erlöst zu werden und tun das gerade Gegenteil von dem was dazu erforderlich wäre! Wahrlich, die Namens und Scheinchristen, die Heuchler und getauften Pharisäer haben dem Christentum mehr geschadet, als alle Aufklärung und alle Kritik seiner Dogmen!

Die Kirche lehrt, Jesus habe die Menschheit erlöst. Jeder und Jede möge unter dieser Erlösung (die von jeder religiösen Richtung anders gedeutet wird) verstehen, was er oder sie will; wir lassen den Frommen gern ihren Glauben. Ans geht nur die kulturgeschichtliche Frage an, ob und was durch das Christentum besser geworden sei, ob dieses die Menschheit erlöst habe und von was? Nach der Meinung der Orthodoxie soll durch das Christentum vor allem die Sklaverei beseitigt worden sein. Leider ist dies aber nicht wahr. Das mit dem Dekrete Gratians von Bologna (1150) beginnende kanonische Rechtsbuch anerkennt die Sklaverei als ein legales Rechtsverhältnis. Die Kirche war Großgrundbesitzerin und besaß zahlreiche Sklaven, die bei Pachtungen und Schuldverschreibungen mit den kirchlichen Gütern die Herrschaft wechselten, keinen freien Willen hatten, verkauft und verschenkt wurden und ihren Stand auf ihre Kinder vererbten; sie durften auch nicht Priester werden. Kriegsgefangene Slaven wurden Sklaven (daher auch dieser Name). Mehrere Päpste verurteilten ganze Stände und Völkerschaften, die ihnen feindlich oder unbotmäßig waren, zur Sklaverei und hielten vom 16. bis 18. Jahrhundert gefangene Türken als Galeerensklaven.[8] Daß christliche Mächte im 16. Jahrhundert in Amerika die Negersklaverei neu einführten, ist bekannt genug. Aber auch die Sitten der freien Menschen sind seit Einführung des Christentums, um nicht zu sagen schlechter, doch nicht im mindesten besser geworden! Es ist als ob die Christen, mit wenig Ausnahmen, stets bestrebt gewesen wären, die Lehren ihres Erlösers Lügen zu strafen. Im Umkreise keiner Religion der Erde sind in deren Namen solche Greuel verübt worden, wie die Ermordung der Philosophin Kypatia durch Mönche (415), die Ketzergerichte, die Hexenprozesse und die Judenmorde im Namen des Christentums und die Religionskriege im Namen christlicher Konfessionen. Das Traurigste ist aber, daß die Urheber dieser Schändlichkeiten diese nicht nur für keine Sünden, sondern sogar für verdienstlich hielten. Sie fühlten also auch keine Reue; ohne Reue gibt es aber keine Sündenvergebung, und die entsetzlichsten Sünden der Weltgeschichte sind daher unvergeben geblieben, ja ihre Urheber würden sich sehr gewundert haben, wenn man sie ihnen hätte verzeihen wollen, – ja eher die Unterlassung! – Die Christenheit ist von ihren Seelsorgern selten über Gut und Böse im vollen Umfange dieser Begriffe belehrt worden Unglauben, Fastenbruch und Kirchenflucht galten stets für große Sünden, nicht aber Glaubenshaß und Verfolgung Andersgläubiger. Die Erziehung war eben so, daß sie nicht anders wirken konnte. Jetzt freilich ist manches, aber lange nicht genug, besser geworden.

    Wie tief unter sich glauben die frommen Christen den Islam und den Buddhismus! Wohl hatte jener in früheren Zeiten

---

[8] Das Nähere mit Nachweis in des Verf. „Handbuch der Kulturgeschichte" (Leipz. 1900) S. 478 ff.

Sektenkriege aufzuweisen, dieser aber niemals. Ketzer, Hexen und Judenblut haben beide niemals vergossen, der Islam freilich oft Christenblut. Trotzdem halten wir das Christentum für die vollkommenste Religion; denn immer noch pulsiert in ihr, ungeachtet der Schandtaten ihrer Organe, etwas von dem Herzschlage ihres Stifters. Sie ist auch die reichste an Ideen und die erste, die eine Fürsorge für Arme und Kranke ins Leben rief.

Die Orthodoxie behauptet, Jesus habe sich für die Menschheit geopfert. Wir können dies nur als eine dogmatische Ansicht anerkennen, sonst hätten die Folgen dieses Opfers doch irgendwie wahrnehmbar sein müssen. Historisch aufgefaßt, kann sein Kreuzestod lediglich als der empörende Justizmord an einem Unschuldigen betrachtet werden. Alles was die Orthodoxie zugunsten ihrer Ansicht sagen kann, spielt im Jenseits. Von diesem wissen wir aber nichts, und die Formen des Glaubens davon sind himmel- und höllenweit voneinander verschieden. Die Kirche ist darüber ganz im Unklaren, ob die Menschen sofort nach dem Tode an ihren Bestimmungsort kommen oder nicht. Die katholische scheint alle, mit Ausnahme der Heiligen in das Fegefeuer zu senden und dort bis zum Weltgerichte oder bis zu ihrer Erlösung durch Seelenmessen verharren zu lassen, während die orthodoxen Protestanten sie an einem unbekannten Orte und in unbekanntem Zustande bis dahin warten lassen. Doch das nur im allgemeinen. Tatsächlich hat Jedermann seine besondere Ansicht vom Zustande seiner toten Angehörigen.

Für die Geschichte endet die Biographie Jesu wie jede andere mit seinem Ausatmen. Was nach diesem vorgekommen sein soll: Auferstehung, wiederholtes Erscheinen und Himmelfahrt, hat durchaus den Charakter von Mythen. Die Auferstehung ist ein in eine Erzählung gekleideter Glaubenssatz und hat keine Augenzeugen, sondern nur widersprechende Berichte für sich. Die Erscheinungen Jesu nach der Auferstehung sind Visionen. Kommen solche schon im gewöhnlichen Leben, ohne religiöse Erregung, vor, wie ich aus eigener Erfahrung bezeugen kann, so verbindet sich in Fällen, wo eine hochverehrte Person hingeschieden ist, bei ihren Angehörigen mit der Vision die Suggestion, ja die Massensuggestion. Man glaubt, daß etwas geschehen müsse, und ist man religiös erregt, so sieht man es auch – mit dem inneren Auge. Auch die Himmelfahrt muß, wenn nicht auf bloßem Daranglauben, höchstens auf einer Vision beruhen. Ja der religiöse Eifer kann noch weiter gehen. Hat ja die katholische Kirche eine Himmelfahrt der Maria geradezu erdichtet. Neu ist der Zug ja nicht. Ließen doch die Israeliten den Elia und die heidnischen Römer den Romulus in den Himmel fahren! Diese Idee war aber nur bei Menschen möglich, die die Erde für eine Scheibe und den Himmel für ein darüber gespanntes Gewölbe hielten. Mit der Planetenhaftigkeit der Erde fällt alles dieses, ja eigentlich die gesamte Dogmatik weg. Denn wie sollte ein nach christlichem Glauben doch gewiß gerechter Gott dem gesamten Weltall mit einziger Ausnahme der Erde die Wahrheit vorenthalten? Wie sollte er einen Mann, der einzig und allein die Erde angeht, zum Sohn und Mitregenten des gesamten Weltalls haben können? Woher nehmen die auf die Erde beschränkten Christen das Recht, ihre besonderen Angelegenheiten als verbindlich für Millionen Sonnensysteme und ihre zahllosen Planeten zu erklären? Für Weltkörper, die wahrscheinlich zu großem Teile denkende Wesen beherbergen, mit denen verglichen wir Würmer sind? Wesen, für welche leicht möglicherweise Religion, Politik und unsere Art von Wissenschaft längst überwundene Kinderkrankheiten sind und für welche vieles, was für uns Welträtsel ist, gelöst erscheint? Ach, wie klein und wie anmaßend sind wir Erdenmenschlein![9]

Der große Weise von Nazareth, wohl ohne Zweifel der reinste Mensch, den es je auf der Erde gab, ist, wie die Kirchengeschichte bezeugt, lediglich durch das Urteil von Erdenmen-

---

[9] Wenn Ultramontane und protestantische Orthodoxe meinen, wir missen ja nichts von fremden Weltkörpern und ihren Bewohnern, und was man nicht wisse, existiere auch nicht (aber was man glaubt, wohl?), so ist das einfach Vogelstrauß-Methode: Daß in andern Sonnensystemen auch Wesen leben, ist ganz unzweifelhaft, wozu würden sie sonst da sein?

schen zum Gottessohne oder gar zum Gotte erhoben worden. Der ehrwürdige Kirchenhistoriker Karl von Hase führt in seinem Werke (12. Aufl. Leipzig 1900) aus: „Auf dem Grunde paulinischer wie johanneischer Überlieferung entwickelten sich seit der Mitte des zweiten Jahrh. zwei Richtungen, die beide sich nicht bedachten, den Heiland auf hellenische Weise einen Gottessohn und Gott zu nennen; denn die Zuversicht auf die welthistorische Bestimmung des Christentums stellte sich persönlich dar im Glauben an die Weltherrschaft Christi." Damals galt eben die Erde als die Welt, wie noch jetzt der Sprachgebrauch es liebt. Die eine jener Richtungen, hielt Jesum aber den Logos (das Wort) für Gott untergeordnet, aber, wie die Gnostiker, als aus Gott hervorgegangen, oder, wie die Alexandriner, als von Ewigkeit her durch den Willen Gottes vorhanden. Nach dieser Ansicht wurde auch der Heilige Geist (im Evangelium lediglich eine Eigenschaft Gottes) als Person angesehen, aber nur als Nebenperson. Diese drei Wesen nannte man seit Tertullian Trinität, Dreifaltigkeit. Die andere Richtung dagegen erklärte Christum für einen bloßen Menschen (diese „Ketzerei" ist also sehr alt!), aber war doch so in der Mystik befangen, daß sie ihn durch den heiligen Geist von der Jungfrau geboren glaubte. Ein anderer Zweig dieser Richtung, der Monarchianer, hielt ihn für eine Offenbarung und Erscheinung Gottes auf Erden. Tertullian bezeugte zu seinem Mißvergnügen, daß in seiner Umgebung das Volk Jesum für einen bloßen Menschen halte. Die erste Art des Monarchianismus, die ebionitische genannt, wurde von der Kirche als ketzerisch verworfen, wogegen die zweite monarchianische Richtung als rechtgläubig galt, aber endlich von der subordinatianischen verdrängt wurde. Man sieht leicht, es waren lediglich willkürliche Ansichten, die sich heftig bekämpften, und es kam nur auf zufällige Umstände und auf keine notwendig auf einer Wahrheit beruhende Erfolge an, welche dieser rein menschlichen Auffassungen am Ende siegte. Diese Ansichten aber vermehrten sich fortwährend, jede wollte die richtige sein, und jede wurde von irgend einem Bischof verworfen oder begünstigt. Eine dieser Parteien, die des ersten Theodotos (es gab deren zwei), in weltlicher Wissenschaft sehr bewandert, behandelte die Bibel als reines Menschenwerk, wurde in Rom sehr einflußreich, aber von der Kirche ausgeschlossen. Im dritten Jahrhundert erklärte Sabellius in Ptolemais die drei Personen als eine Einheit dreier Offenbarungen, was mehrfach modifiziert wurde. Endlich behauptete Paulus von Samosata, daß Jesus durch den heiligen Geist als Mensch erzeugt sei, mit dem sich der nur in Gott persönliche Logos verbunden habe, sodaß eine allmähliche „Vergottung" (Theopoiesis) eingetreten sei; er wurde aber von seinen syrischen Bischöfen 269 als Erzbischof von Antiochia entsetzt. Damit waren die Sabellianer verurteilt. Es gab noch immer keine allgemein anerkannte Kirchenlehre über das Verhältnis des Heilands zur Gottheit. „Der Widerspruch eines Gottes neben Gott (sagt Hase) mußte ausgesprochen und überwunden werden." Eine neue Lehre stellte Presbyter (Priester) Arius in Alexandria auf, indem er behauptete, „daß der Sohn einst durch den göttliches Willen aus nichts geschaffen, vorzeitliches Geschöpf und Weltschöpfer, von der höchsten Naturbegabung zur höchsten Entwicklung gelangt, also nicht wahrhaft Gott, obwohl Gott zu nennen und anzubeten sei." Ihm gegen lehrte sein Bischof Alexander (seit 318), „Logos von Ewigkeit her, aus dem Wesen des Vaters gezeugt, daher ihm gleich sei." Der Bischof siegte und ließ den Arius durch eine Synode entsetzen und ausstoßen. Seine Lehre wuchs trotzdem immer mehr Am den Streit über die beiden gleich willkürlichen und gleich wenig beweisbaren Parteiansichten entscheiden lassen, berief der noch heidnische Kaiser Constantin 325 ein Konzil nach Nikäa, dem 250 Bischöfe, beinahe lauter Morgenländer, beiwohnten. Die Mehrheit hielt beide Ansichten für Zweigöttertum (Titheismus), zeigte sich aber schwach und stimmte mit Mehrheit auf Verlangen des Alexander gewonnenen Kaisers der Wesensgleichheit Gottes und Christi bei. – Arius wurde verurteilt und verbannt; aber seine Anhänger waren weit entfernt, sich zu unterwerfen. Seine Schriften wurden verbrannt, und so hatte die siegende Partei es leicht, bei der Nachwelt als die gebildetere zur Geltung zu kommen. An ihre Spitze stellte sich Athanasius (seit 326 Metropolit von Alexandria) und nahm den Kampf mit den sich wieder erhebenden Arianern auf. Selbst der Kaiser wandte sich ihnen zu; Athanasius wurde entsetzt und verbannt; Arius starb 336 plötzlich; Eusebius, Bischof von Konstantinopel, folgte ihm als Haupt der Partei, die der Wesensgleichheit (Homousie) die Wesensähnlichkeit (Homoiusie) gegenüberstellte. Das Morgenland und später sämtliche Germanen bekannten sich als Arianer, das romanische Abendland stand zu Athanasius. Beide Parteien hielten besondere Synoden ab, und ihre Ansichten entzweiten auch die einander bekämpfenden Söhne Constantins. Ja, Constantius zwang die Abendländer zum Arianismus; sogar der Papst Liberius wandte sich ihm zu. Dies war aber nur vorübergehend, während im Morgenlande Kaiser Valens am Arianismus fest hielt und dessen Gegner verfolgte, ja sogar die gemäßigten Eusebianer zugunsten der entschiedener arianischen Richtung, die zuletzt Christum aller Göttlichkeit entkleidete. Athanasius starb 373 mitten im Kampfe, der mit Schrift und Waffen wütete, nachdem er noch den neuen Lehrsatz aufgestellt hatte, daß der Heilige Geist, den man bisher stets mit dem Logos verwechselt hatte, dem Sohne gleich stehe. Doch blieb es vorläufig streitig, ob diese dritte Person ein Gott oder bloß ein Geschöpf oder eine Wirkung Gottes sei.

Endlich machte Theodosius I. durch ein Machtwort dem Streite ein Ende, indem er nur die Nikäner als Katholiken erklärte, die anderen aber als Ketzer vertrieb. Das von ihm 381 nach Konstantinopel berufene Konzil, das zweite als ökumenisch (allgemein) anerkannte, zu dem indessen nur willkürlich ausgewählte Bischöfe zugelassen wurden, bestätigte den Beschluß von Nikäa, stellte den Heiligen Geist dem Sohne gleich und verband beide mit dem Vater zum „spekulativen Begriff" (Hase) der Trinität als „der Dreiheit der göttlichen Personen in der Einheit des göttlichen Wesens." Die noch zahlreich vorhandenen Heiden spotteten über den „arithmetischen Gott"! Eine Einheit hat aber dieser Beschluß nicht erzielt. Die morgenländische Kirche blieb bis heute bei der Ansicht, daß der Heilige Geist bloß vom Vater ausgehe, während ihn die abendländische Kirche auch vom Sohne ausgehen ließ. Woher die einen und anderen das wußten, ist unbekannt geblieben. Die, 187 entstandenen Altkatholiken scheinen sich der morgenländischen Ansicht zuzuneigen, wie aus der Schrift ihres deutschen Bischofs Theodor Weber (Trinität und Wettschöpfung, Gotha 1904) hervorgeht.

Die Arianer, im römischen Reiche durch Theodosius unterdrückt, feierten nach dessen Auflösung in den Reichen der Ost- und Westgoten, Vandalen und Langobarden eine Auferstehung, fanden aber ihr Ende, seit der blutige Franke Chlodwig sich dem Katholizismus zuwandte, worin ihm der Westgote Nekkared später nachfolgte.

Wir haben diese unerquicklichen Streitigkeiten um nicht nur unerforschliche Dinge, sondern geradezu, um willkürlich aufgestellte Ansichten einläßlicher dargestellt, um zu zeigen, auf wie verschiedene Arten das als Wort Gottes betrachtete Neue Testament ausgelegt werden kann, und wie sonach das stolze Gebäude der katholischen Kirche, dem sich auch die evangelische Orthodoxie in Glaubenssachen angeschlossen hat, in seinem ganzen Bau durchweg auf menschlichen Ansichten beruht. Dabei lag uns ein Angriff auf die Freiheit, diese Ansichten für höhere Eingebungen zu halten, durchaus fern, desto näher aber die Verteidigung der Freiheit vom Dogmenzwange gegen die sich heute maßlos häufenden Verdächtigungen und Verketzerungen von ultramontaner und pietistisch orthodoxer Seite. Wir hoffen damit innerhalb des Freimaurerbundes, selbst da, wo abweichende Überzeugung waltet, und außerhalb desselben wenigstens bei der freisinnigen Richtung verstanden zu werden.

Fragt man uns aber, was wir den Gläubigen für den Glauben geben, den wir ihnen (vorgeblich) nehmen, so antworten wir: Wir nehmen ihn ihnen durchaus nicht, sondern bitten sie sogar, dabei zu bleiben. Die wissenschaftliche Kritik, durch welche die Dogmen als bloße Ansichten gekennzeichnet werden, rührt ja nicht von uns her, sondern ist mehr als hundert Jahre alt. Sie ist auch nicht für kindlich naive Seelen bestimmt, sondern für starke Geister, die der Aufgabe gewachsen sind, auch ohne Glaubenssätze, die den Mitgliedern einer Konfession auferlegt werden, das Rechte zu finden und zu tun und sich selbst zu erlösen, wohlverstanden nicht in der Weise der trägen und sich nach dem Nichts sehnenden Buddhisten, sondern in echt germanischer Tatkraft, im unablässigen Kampfe gegen das Laster und im redlichen Ringen nach dem möglichsten Glücke der Menschheit. Das ist unser Wunsch und unsere felsenfeste Überzeugung bis zum Ende. –

II. Römische Bahnen

1. Immer die Gleichen

Wer sind sie? Die Ultramontanen, d. h. die Anhänger des Papsttums, besonders seiner außergeistlichen oder außerkirchlichen Ansprüche. Warum sprechen wir hier von ihnen? Sind den Freimaurern nicht politische und religiöse Streitfragen zu behandeln untersagt? In der Loge gewiß, wenn dies auch nicht immer und überall beobachtet wird. Die Loge ist ein Tempel des Friedens. Daraus folgt aber keineswegs, daß die Freimaurer persönlich sich gar nicht um solche Streitfragen bekümmern sollen. Die schriftstellerische Tätigkeit steht jedem Bruder frei und ist unabhängig von der Loge. Im vorliegenden Falle aber haben die Freimaurer ein besonderes Interesse, die Tendenzen des Ultramontanismus, die man leider zu wenig kennt, sogar im deutschen Reichstage zu wenig kennt, sich näher anzusehen, weil er der bitterste Feind und zugleich der ärgste Verleumder der Freimaurerei ist.

Den Ultramontanismus definiert in seinem diesen Titel tragenden Büchlein Graf Paul v. Hoensbroech, der gründlichste Renner dieses Systems unter dessen Gegnern, folgendermaßen: „Er ist ein weltlich-politisches System, das unter dem Deckmantel von Religion und unter Verquickung mit Religion weltlich-politische Herrschaft und Machtbestrebungen verfolgt, das dem geistlichen Haupte der katholischen Kirche, dem Papste, die Stellung eines politischen Großkönigs zuspricht."

Bekanntlich sagte einst Ludwig XIV.: „*l'etat c'est moi.*" Pius IX. tat es ihm gleich, indem er erklärte: „*la tradizione son'io.*" Ebenso gut hätte er sagen können: *la religione* oder *la chiesa*, oder auch *l'ultramontanismo*. Dafür stehen auch alle Ultramontanen wie Ein Mann ein; sie sagen: „Wenn wir von der Kirche sprechen, so meinen wir den Papst." Schon im Mittelalter nannte Zenzelinus den Papst geradezu einen Gott!

Das Vatikanische Konzil hat 1870 bekanntlich als verbindliche Glaubenslehre festgesetzt, daß der Papst eine Gerichtsgewalt über alle Hirten und Gläubigen des ganzen Erdkreises besitze und diese ihm Unterordnung und Gehorsam schuldig seien. Die Geschichte des Papsttums ist auch die Entwickelungsgeschichte des Ultramontanismus, die wir daher hier, als zu weit führend, kurz fassen. Am das Ziel der Weltherrschaft zu erreichen, wurden selbst Fälschungen nicht gescheut. Man erfand die Vergabung des Abendlandes durch Kaiser Konstantin an den Papst Silvester I., auf deren Grund Päpste Länder verschenkten, die allerdings erst durch blutige Kriege erobert werden mußten, wie England durch Wilhelm von der Normandie, Sizilien und Neapel durch Karl von Anjou. Eine andere Fälschung waren die nach Isidor von Sevilla benannten Tekretalen im 9. Jahrhundert, welche Beschlüsse von Konzilien erfanden, durch die dem Papste die Obergewalt über alle Bischöfe zugesprochen wurde, worauf Bonifaz VIII. (1294–1303) noch weiter ging, sein Amt als von Gott über Kaiser und Könige gesetzt erklärte und den Anspruch erhob, daß dem Papste zwei Schwerter, das geistliche und weltliche, übergeben seien. Seine Bulle „*Unam sanctam*" erklärte 1871 der Jesuit Liberatore als heute noch gültige Glaubensvorschrift, und 1890 behauptete der Jesuit Palmieri, der Papst könne den Fürsten befehlen, Gesetze zu erlassen oder zu unterlassen. Ultramontane Theologen aller Länder unserer Zeit erklärten sich zu demselben

Grundsatze. So hat denn auch Alexander VI., ein so arges sittliches Scheusal er war, es gewagt, die neu entdeckten und noch zu entdeckenden Länder des Erdkreises 1493 durch eine Linie vom Nord zum Südpol zwischen Spanien und Portugal zu verteilen, was auch von beiden Mächten befolgt wurde.

Im Prinzip sind diese Ansprüche des Papsttums heute noch aufrecht erhalten; nur verzichtet man notgedrungen, im Gefühle der politischen Ohnmacht, auf ihre Geltendmachung.

Der Jesuit und Kardinal Nobert Bellarmin (1542–1621) behauptete, der Papst könne alle Fürsten, welche die Ketzerei begünstigen, ihrer Gewalt berauben, ihre Untertanen vom Treueide entbinden, die weltlich-politische Macht leiten und zurechtweisen, sie einem Fürsten nehmen und einem andern geben, ja er habe die höchste Verfügungsgewalt über die weltlichen Güter aller Christen. Sein Zeit- und Ordensgenosse Franz Suarez lehrte sogar, der Papst könne die Könige, wie andere Gläubige, zu Leibesstrafen und zu den Galeeren verurteilen und sie bei todeswürdigen Vergehen (d. h. besonders Ketzerei!) dem Gerichte zur Bestrafung überweisen. Unser Zeitgenosse Hergenröther erklärte diese Lehren als solche der Kirche in allen Jahrhunderten bis auf unsere Zeit, und mit ihm stimmen alle Jesuiten und ultramontanen Theologen des 19. Jahrhunderts überein und sprechen dem Papste das Recht zu, die bürgerlichen Gesetze, die (nach seiner Ansicht) gegen Moral oder Religion verstoßen, zu korrigieren oder außer Kraft zu setzen. – Jeder Getaufte ist nach diesen Lehren dem Papste unterworfen, und zwar mehr als weltlichen Regierungen. Es ist namentlich der schon genannte Jesuit Liberatore, der diese Ansichten in ein System gebracht hat (in seinem Buche: *la Chiesa e lo Stato*), das sogar von deutschen und englischen Zeitschriften ultramontaner Richtung unterstützt wird. In Deutschland wirkte für denselben Standpunkt der Jesuit, von Kammerstein in seinem Buche „Kirche und Staat". Es werden dem Staate zwar gewisse rein weltliche Gebiete gnädigst überlassen, aber überall zeigt sich eine Hintertüre, durch welche die Kirche „im Interesse der Moral und Religion" soll eingreifen dürfen. Sie soll das Recht haben, ihre Angehörigen, unabhängig vom Staate, zu besteuern, für Kirchenbauten Boden zu enteignen, den Gläubigen Gehorsam gegen Staatsgesetze zu gestatten oder zu verbieten, ebenso den Regierungen die Kriegserklärung, – sogar die Feuerversicherungsgesellschaften umzugestalten! – Nur schade, daß sich die Staaten um diese Ansprüche nicht bekümmern!

Es geht aus den soeben mitgeteilten Auffassungen des Ultramontanismus mit Notwendigkeit hervor, daß diese Richtung alle nicht römisch-katholischen Christen als Ketzer und die Freidenker unter ihnen als Rebellen gegen die Kirche betrachten muß, die rechtlich zu ihr gehören, aber frevelhafterweise ihr „sanftes Joch" (so lautet ihr Lieblingsausdruck) aus Bosheit nicht auf sich nehmen wollen; daher auch der Strafgewalt des Papstes unterstehen. Das vierte Laterankonzil (1215) forderte die Ausrottung aller Ketzer. Kaiser Friedrich II. mußte, um Frieden mit dem Papste zu haben, obschon selbst ungläubig, furchtbare Gesetze zur Verbrennung der Ketzer erlassen, die Innocenz IV. in seine Bulle *Cum adversus* (1243) aufnahm. Leo X. verurteilte (1520) in der Bulle *Exsurge Domine* Luthers Ausspruch, es sei gegen den Willen des heiligen Geistes, Ketzer zu verbrennen. Paul IV, erneuerte (1555) in seiner Bulle *Cum querundam* die ketzerfeindlichen Verfügungen seiner Vorgänger. Pius V. verlangte in seinen Briefen die Verrichtung der Ketzer, die schlimmer seien als hundertfache Mörder. Noch zu Anfang des 19. Jahrhunderts anerkannte Pius VII. diese Grundsätze und bedauerte seine Machtlosigkeit, sie zu verwirklichen. Noch 1875 verherrlichte der Jesuit Wenig, Professor der Theologie in Innsbruck, die Inquisition und verteidigte die Todesstrafe gegen Ketzer, und 1895 rief die vom Papste begünstigte römische Zeitschrift „*Analecta ecclesiastica*" unter zynischem Spott auf die Weichherzigkeit der „Söhne der Finsternis" wörtlich: „Seid gesegnet, ihr lodernden Scheiterhaufen." Mit bezug auf diese Dinge sagte 1870 der Bischof Hefele von Rottenburg: „Es fehlt nicht am Willen der Hierarchie, wenn nicht die Scheiterhaufen im 19. Jahrhundert wieder aufgerichtet werden."

Aber nicht alle Ultramontanen sind so aufrichtig; es ist indessen möglich, daß die heute vielfach übliche Verleugnung der mörderischen Arbeit der Inquisition auch aus Unkenntnis ihrer Geschichte hervorgeht.

Professor Pastor, der Fortsetzer des ultramontanen Geschichtsforschers Janssen, verschweigt in seiner „Geschichte der Päpste im Zeitalter der Renaissance" (Freiburg 1891–99) alle Inquisition mit Ausnahme der spanischen, die er aber nur flüchtig berührt, deren kirchlichen Charakter er aber doch zugibt. Dagegen behauptet der Belgier Claessens, Geheimkämmerer des Papstes, in seiner „Geschichte der Inquisition in den Niederlanden" (Turnhout 1886), die spanische Inquisition sei ein ausschließlich königlicher Gerichtshof gewesen, der aber nie (!) ein Todesurteil ausgesprochen habe. Dasselbe behauptet er von der römischen Inquisition und leugnet frechweg, daß Giordano Bruno 1600 in Rom verbrannt worden sei! Im ultramontanen „Staatslexikon" der Görres-Gesellschaft steht ein Artikel des Jesuiten Blötzeres über Inquisition, worin deren Todesurteile einfach verschwiegen werden, deren vorherrschend kirchlichen Charakter er aber zugibt. In Hergenröthers und Kaulens „Kirchenlexikon" stellt Dr. Brück, Bischof von Mainz, die Inquisition als eine milde Einrichtung zur Bekehrung der Ketzer und die Todesstrafe als eine Seltenheit dar. In seiner Kirchengeschichte sagt Hergenröther, die Todesstrafe sei nur durch die weltliche Obrigkeit vollzogen worden, und verschweigt die Ketzermorde unter Innocenz III. und Gregor IX.

Im deutschen Reichstag durfte der Zentrums-Abgeordnete Freiherr von Lobe 1896 behaupten, die spanische Inquisition sei von der katholischen Kirche nie gebilligt, sondern mißbilligt worden. Niemand trat dagegen auf. Warum? Weil sich niemand um die Geschichte der Kirche bekümmert! Wir fragen einfach: 1. Ist es irgendwie denkbar, daß die römische Kirche ein Wüten der Inquisition, wie es tatsächlich stattfand, nicht entschieden verurteilt hätte, wenn sie nicht damit einverstanden gewesen wäre? 2. Wie wären weltliche Obrigkeiten ohne das Einverständnis der Kirche dazu gekommen, Ansichten zu verfolgen, die doch nicht gegen sie, sondern eben gegen die Kirche gerichtet waren? 3. Wer war denn im Kirchenstaate die weltliche Obrigkeit? Der Papst!

In Wahrheit haben die Päpste Gregor IX., Innocenz IV., Urban IV., Clemens IV. und V. den Dominikanerorden zum Einschreiten gegen die Ketzer beauftragt. Wie diese „Sunde Gottes" (*Domini canes*) hausten, ist mit blutigen und brandigen Zügen in die Geschichte eingegraben. Sixtus IV. war es, der auf Verlangen des „katholischen" Königs Ferdinand und seiner Gattin Isabella 1478 die Einführung der Inquisition, die in Aragonien bereits von den Dominikanern ausgeübt wurde, auch in Kastilien bewilligte und Inquisitoren zu ernennen erlaubte. Im Jahre 1481 begannen (in Sevilla) die Ketzerverbrennungen. Gegen Klagen über die Grausamkeit dieses Tribunals blieb jener Papst taub und dehnte die Vollmachten der Inquisition weiter aus. Zahllos sind die Tatsachen, welche beweisen, daß die spanische Inquisition fortwährend von den Päpsten beaufsichtigt und gebilligt und stets als eine ihnen untergeordnete Anstalt behandelt wurde. Sixtus IV. war es auch, der 1483 das Amt eines Großinquisitors für Spanien einführte, es dem entsetzlichen Torquemada übertrug und dessen Vollmachten über Aragonien erweiterte, was Innocenz VIII. erneuerte. Auch alle späteren Päpste bestätigten stets bereitwillig die spanischen Großinquisitoren. Der Jesuit Grisar anerkannte offen, daß die spanische Inquisition unter dem Papste stand. Auch die spanischen Könige anerkannten dieses Verhältnis. Warum wußte dies der Freiherr von nicht? Bischof Hefele mußte es wissen, und doch leugnete er in seiner Geschichte des Kardinals Ximenes den Einfluß der Päpste auf die spanische Inquisition, – alle Bullen und Breven frischweg ignorierend. Auffallender ist es, daß der Protestant Ranke, der doch in der Geschichte der Päpste forschte, deren Stellung zu jenem geistlichen Gerichtshofe nicht kannte. Dessen „Wirken" im einzelnen und seine mörderische Laufbahn gehört nicht hierher; wir verweisen auf das größere Werk von Hoensbroech (das Papsttum I. Band).

Weniger bekannt ist die römische Inquisition, deren päpstlicher Ursprung doch unmöglich geleugnet werden kann. Urban IV. schuf sie 1262 durch Aufstellung des Großinquisitors Kajetan Orsini (Bulle (*Cupientes ut negotium*), der jedoch nur Berater des Papstes war, dem das Richteramt vorbehalten blieb. Großartiger wurde diese Einrichtung, als Paul III. durch die Konstitution „*Licet ab initio*" (1542) seine Inquisitionsgerichtsbarkeit einer Behörde von 6 Kardinälen übertrug, deren Rechte Pius IV. (Konst. *Romanus pontifex*, 1563) noch erweiterte, so auch Pius V., Sixtus V. (1585–90) erhob jenes Kollegium zur „Heiligen allgemeinen und römischen Kongregation der Inquisition", die auch „Heiliges Officium" heißt. Der Papst führte den Vorsitz in dieser Behörde von Kardinalen, die wöchentlich zweimal tagte. Der Jesuit Petra Santa sagte über deren Befugnisse: Einfache Ketzer werden, wenn sie ihre Ketzerei abschwören, nur gezüchtigt, Rückfällige aber Reuige erdrosselt und dann verbrannt, hartnäckige Ketzer aber lebendig verbrannt, jedoch nicht aus Karte, sondern nur, um ihnen die Hartnäckigkeit auszukochen, Unter den in Rom und im Kirchenstaat teils nach Erdrosselung oder Enthauptung, teils lebendig Verbrannten werden genannt: der Karmeliter Connole 1432, der Minorit Mollio 1533, der Waldenserprediger Pasquali 1558, Don Pompeo de Monti 1566, der Protonotar Carnesecchi 1567, Llonio Paleario 1570, Bartolommeo Bartoccio zwischen 1585 und 90 und Giordano Bruno 1600. Viele andere, zum Teil ungenannte und bisweilen mehrere zugleich Verbrannte übergehen wir, sowie die zahlreichen Arteile der römischen Inquisition auf Verbannung, ewigen Kerker, Galeeren usw. Diese Tatsachen hinderten aber den Bischof Martin von Paderborn nicht, zu behaupten, die Inquisition in Rom habe niemals ein Todesurteil vollzogen! Nach dem von Gregor XVI. unterstützten Lexikon von Moroni war jene Anstalt eine süße und väterliche! Von dem „wilden Walten" der Inquisition in anderen Ländern müssen wir hier absehen. Das Obige möge genügen. Zu erwähnen ist aber noch folgendes Beispiel von Heuchelei: War ein Ketzer von der Inquisition verurteilt, so übergab man ihn dem „Weltlichen Arm" (der aber im Kirchenstaat ein Werkzeug des Papstes war) zur Vollstreckung und bat ihn um Schonung des Lebens. Dies geschah, um die Kirche gegen „Irregularität" zu bewahren, die eine Folge von Tötung war. Nahm aber der Richter dies wörtlich und ließ den Verurteilten am Leben, so war er sicher, der Exkommunikation und dem Interdikt zu verfallen!

Was der Ultramontanismus unter Toleranz versteht, mögen folgende Beispiele drastisch zeigen: Benedikt XIV. beklagte es, daß in konfessionell gemischten Gegenden Katholiken genötigt seien mit Ketzern gesellschaftlich und freundschaftlich zu verkehren. Er und Pius VI. erklärten in Bullen und Breven, die Ketzer müßten gezwungen werden, den katholischen Glauben anzunehmen. Pius VII. tadelte es, daß in Bayern 1819 die Protestanten gleiche Rechte mit den Katholiken erhielten. Pius IX. beschwerte sich, daß in Österreich die „Ketzers auf katholischen Friedhöfen beerdigt werden müssen, wenn sie keine eigenen haben. In der dem Ultramontanismus verschriebenen Republik Ecuador wird die römische Religion allein geduldet. Es ist klar, daß nach streng ultramontanen Grundsätzen Katholiken nicht mit Protestanten oder gar mit Juden in einer Behörde sitzen oder an einer Versammlung teilnehmen dürften. Daß dies in Deutschland und in der Schweiz unvermeidlich ist, muß echten Ultramontanen ein Pfahl im Fleische sein; wo nicht, so sind sie eben keine gehorsamen Schafe des römischen Hirten.

Wie sich der Ultramontanismus zur Schule und Wissenschaft verhält, darüber äußert sich der Jesuit von Hammerstein, indem er in seiner Schrift „Das preußische Schulmonopol" sagt: das gesamte Schulwesen des Staates von der Volksschule bis zur Universität, die Kadettenhäuser nicht ausgenommen, untersteht der Kirche, und zwar in religiöser und sittlicher

Hinsicht direkt, im übrigen soweit als Religion und Sittlichkeit in Frage kommen; die Kirche habe das Recht, unabhängig vom Staate Schulen jeder Art zu gründen. Das sind in diesem Umfange allerdings noch fromme Wünsche; allein die seit dem Rücktritte des wackern Fall im Amte befindlichen preußischen Kultusminister haben sich redlich bemüht, ihnen möglichst entgegenzukommen und auf die Ära Mühler-Stiehl seligen Andenkens zurückzuweichen.

Nach ultramontanen Grundsätzen darf die Wissenschaft nur lehren, was der Papst gestattet. Die Jesuiten in *corpore* und alle echt ultramontanen Professoren und Schriftsteller schließen sich dieser Lehre unbedingt an. Die Universitäten zu Löwen in Belgien und zu Freiburg in der Schweiz richten sich danach, und wo immer „katholische" Universitäten entstehen, werden sie es ebenfalls tun. An päpstlichen Dekreten, die wissenschaftliche Lehrsätze verbieten, ist auch im 19. Jahrhundert kein Mangel.

Dagegen gestattet der Ultramontanismus sehr gern Lehren, die, wenn römisch geaicht, unter der Form der Wissenschaft den reinsten Wahnsinn oder Blödsinn verquanten. Der heilige Alfons Maria Liguori, Stifter des jesuitenähnlichen Redeemptoristenordens (1696–1787), von Pius IX. zum Kirchenlehrer ernannt, lehrte in seinem Hauptwerke, der Moraltheologie: zur Bestialität gehöre u. a. das geschlechtliche Vergehen mit dem Teufel als Succubus oder Incubus, was er weitläufig erörtert. Auch anerkennt er mit mehreren berühmten Jesuiten, daß es Hexen gebe, die mit Hilfe des Teufels von Ort zu Ort getragen werden. Diese „Lehren" belegte er in seinem angeblich wissenschaftlichen Erbauungsbuche „Die Herrlichkeiten Maria" mit verrückten Erzählungen vom Umgang mit dem Teufel und vom Besessensein durch ihn. Aber auch das 19. Jahrhundert ist nicht frei von solcher Tollheit. Der bei den Ultramontanen als wissenschaftliche Autorität geltende Josef von Görres (1776 bis 1848), s. Z. Professor der Geschichte in München, scheute sich nicht, in seinem vierbändigen Werke „Die christliche Mystik" (Regensburg 1836–1839), den krassesten Aberglauben zu verbreiten. Ja, diese traurige Erscheinung reicht bis in unsere Tage. Im Sommer 1897 noch las Professor Jos. Bautz an der philos. theolog. Akademie zu Münster in Westfalen über „die Lehre von den letzten Dingen", worüber schon 1881–83 „Werke" von ihm erschienen waren, und behauptete dabei u. a., daß die Hölle im Innern der Erde liege, daß die Vulkane ihre Kamine und die Erdbeben Wirkungen der Wogen ihres ewigen Feuermeeres seien. Er gab auch Auskunft über die Tiergestalten, unter denen der Teufel erscheine, und über die chemische Zusammensetzung der Engel sowohl als des höllischen Feuers! Ähnlicher Unsinn findet sich noch mehr auf ultramontanem Gebiete. Kann man sich da noch wundern, wie es möglich war, daß der Taxil-Schwindel so viele Gläubige und so hoch hinauf fand?

Aber nicht nur vom Aberglauben läßt sich ein Teil der ultramontanen sog. Wissenschaft leiten, sondern auch von Bosheit und Verleumdungssucht. Der Jesuit Perrone in Rom nennt in seiner „Dogmatik" den Protestantismus eine Pest, die jeder Katholik mehr scheuen müsse, als einen Mordversuch auf sein Leben. Er lügt, Calvin sei unter Anrufung des Teufels an einer schändlichen Krankheit gestorben. Pius IX. ernannte 1852 den Franzosen August Nicolas wegen einer Schmähschrift auf den Protestantismus zum Ritter des Pius-Ordens. Paul Majunke und sein Schüler J. U. Kleis logen 1896, Luther habe sein „satanisches Leben" durch Selbstmord beendet und sei zum Teufel gefahren, was selbst von Katholiken wie Nikol. Paulus widerlegt wurde. Doch umsonst,– die Schmähungen der Gegner[10] in der ultramontanen Presse und sogar in wissenschaftlichen Werken (z. B. den literaturhistorischen des Jesuiten Alexander Baumgartner) dauerten fort und werden fortdauern, so lange es einen Ultramontanismus gibt.

---

[10] Bekannt ist die ebenso ekelhafte wie erlogene Mythe über Voltaire's Tod, die bei den ultramontanen Pamphletisten zum Dogma geworden ist.

2. Verbotene Früchte

Um sein System aufrecht zu erhalten und womöglich zu stärken, bedarf der Ultramontanismus gewisser Zwangsmaßregeln. Für diejenigen, die er in früheren Zeiten mit Vorliebe in Anwendung brachte, die Inquisition mit ihren Kerkern, Schafotten und Scheiterhaufen, und den Bannstrahl, soweit er empfindliche Folgen hatte, ist die Zeit Gott sei Dank vorbei. Besteht auch noch die Kongregation der Inquisition, so besteht sie nur noch der Form nach und hat keine Strafgewalt mehr. Wird auch das Anathema noch angewendet, so hat es wenig Wirkung mehr, und die nicht ultramontane Welt lacht darüber. Die römische Kurie ist gezwungen, sich neben dem Pomp ihres Auftretens der Feder zu bedienen. Wie sie diese angreifend führt, haben wir bereits gesehen: sie führt sie aber auch abwehrend. Welcher Art diese Abwehr ist und welchen Wert sie hat, wollen wir nun sehen, indem wir ihre hauptsächlichen Mittel näher betrachten. Es sind dies: der Index der verbotenen Bücher und der Syllabus.

Der Jesuit Josef Hilgers hat, was bisher noch fehlte, eine ausführliche und wirklich schätzbare Geschichte des Index geschrieben und beginnt sie mit dem ersten geschichtlich nachgewiesenen Bücherverbot. Dieses erfolgte auf dem Konzil von Nikäa und richtete sich gegen ein Werk (Thalia) des Arius, jenes kühnen kirchlichen Parteiführers, der sich nach seinem Unterliegen (oben S. 98) allerdings mit dem Titel eines Ketzers begnügen mußte. Der noch ungetaufte aber gleichwohl in der Kirche das Machtwort übende Kaiser Konstantin befahl die Verbrennung der Bücher des Arius und bedrohte jeden sie verbergenden mit der Todesstrafe. Diesem schönen Beispiele folgten in der nächsten Zeit alle Kaiser, Könige, Bischöfe, Päpste und Konzilien, die der Meinung huldigten, daß der Geist durch Feuer vernichtet werden könne. Das Jahr 496 sah unter dem römischen Bischöfe Gelasius den ersten Katalog verbotener Bücher erscheinen. Weitere erließen die folgenden Päpste oder Konzilien, und das Feuer verzehrte namentlich für falsch erklärte Märtyrergeschichten, Apokryphen, Buß-Bücher und häretische Schriften. Strenge Strafen bedrohten deren Besitzer. Die Kirche scheint schon damals wenig Vertrauen auf die Festigkeit des Glaubens ihrer Schäflein gehabt zu haben. Die Verbote wurden mit der Zeit immer häufiger und umfangreicher. Unter ihren Opfern erscheinen die Werke eines Berengar von Tours, Abälard, Scotus Erigena, Marsilius von Padua, Johannes von Jandun, namentlich aber des Johannes Wiclif (seit 1387) und Johann Hus (1415), der bekanntlich seinen Büchern in die Flammen nachfolgen mußte. Die Verbote jener Zeiten trafen namentlich solche Bücher, die einem andern Aberglauben, als dem in Rom begünstigten, huldigten, ferner Bibelübersetzungen in die Volkssprachen, wovon nur die Psalmen ausgenommen wurden. Merkwürdig ist, daß Papst Pius II. (1458–64) die ketzerischen und erotischen Bücher, die er selbst als Aneas Silvius de Piccolomini geschrieben hatte, verurteilte.

Die Erfindung des Typendrucks führte seit Beginn des 16. Jahrhunderts zu der Maßregel, die Buchdrucker zur Prüfung der zu druckenden Bücher durch die kirchlichen Behörden zu verpflichten. Seit der Reformation wurde diese Maßregel immer schwieriger, da die Flut der Druckschriften immer höher anschwoll. Sowohl geistliche als weltliche Obrigkeiten fanden sich veranlaßt, gegen die ihnen mißliebigen Schriften mit Verzeichnissen verbotener Bücher einzuschreiten. Der erste von der römischen Inquisition ausgehende Index erschien 1559 und enthielt erst 82 Nummern. Eine Behörde zur Prüfung der Bücher stellte zuerst 1570 Pius V. auf, und schon im nächsten Jahre wurde die Kongregation des Index errichtet. Gregor XIII. bedrohte in der Bulle *Coena Domini* das Drucken, Lesen und Besitzen häretischer Schriften mit der Exkommunikation, und Sixtus V. ließ 1587 einen neuen Index ausarbeiten. Weitere folgten, bis 1900 Leo XIII. die bisherige letzte Ausgabe veranstaltete.

Dem eigentlichen Index sind die „Allgemeinen Dekrete" über Verbot und Prüfung von Büchern vorangestellt, diese setzen folgende Vorschriften fest. Verboten sind:

1. Alle vor 1600 von den Päpsten oder Konzilien verurteilten Bücher.

2. Bücher von Apostaten, Irrgläubigen, Schismatikern oder ähnlichen Schriftstellern.

3. Die Bücher von Nichtkatholiken, die von Religion handeln, ausgenommen wenn sie nichts gegen den katholischen Glauben enthalten.

4. Bücher solcher Schriftsteller, die durch besondere Dekrete verboten sind.

5. Die Bibeln in der Ursprache und in Übersetzungen, die von Nichtkatholiken verfaßt sind, werden nur Theologen vom Fach gestattet, vorausgesetzt, daß in der Vorrede und in Anmerkungen der katholische Glaube nicht angegriffen ist.

6. Ebenso Bibelübersetzungen von Nichtkatholiken in toten Sprachen.

7. Bibelübersetzungen in Volkssprachen sind nur gestattet, wenn sie vom apostolischen Stuhle gutgeheißen sind.

8. Bibelübersetzungen von Nichtkatholiken in Volkssprachen sind verboten. Besonders alle Ausgaben der von den Päpsten verurteilten Bibelgesellschaften, ausgenommen zum Zwecke theologischer Studien.

9. Verboten sind alle unsittlichen Bücher.

10. Bücher von Klassikern, die aber von „Schmutz" nicht frei sind, werden nur Erwachsenen gestattet, die ihr Amt oder Lehrberuf dazu berechtigt, Unerwachsenen aber nur, wenn sie vom „Schmutz" gereinigt sind.

11. Verboten sind Bücher, in denen Gott, die heilige Jungfrau oder die Heiligen oder die Kirche und ihr Kult, die Sakramente oder das Papsttum „entehrt" sind, ferner solche, welche die Offenbarung der Bibel „verkehren" oder zu sehr einschränken oder die Hierarchie, den Klerus oder Ordensstand schmähen.

12. Verboten ist die Herausgabe von Büchern über Zauberei, Wahrsagerei, Spiritismus oder andern Aber glauben.

13. Ebenso Bücher über Erscheinungen, Wunder und dergl., die nicht von der kirchlichen Obrigkeit erlaubt sind.

14. Ebenso Bücher, die das Duell, den Selbstmord oder die Ehescheidung für erlaubt erklären, über Freimaurerei oder andere geheime Gesellschaften handeln und sie als erlaubt hinstellen oder vom Apostolischen Stuhl verurteilte Irrtümer verteidigen.

15. Heiligenbilder aller Art sind ohne kirchliche Erlaubnis zu drucken untersagt.

16. und 17. Ebenso unrechte Ablässe und Ähnliches.

18. bis 20. Ebenso nicht von den geistlichen Obern genehmigte Andachtsbücher.

21. und 22. Die Haltung von Zeitungen und Zeitschriften, die die Religion oder gute Sitten angreifen und jede Beteiligung an solchen.

Die in diesen Regeln untersagten Bücher oder Schriften dürfen nur von Solchen gelesen und aufbewahrt werden, denen es vom Papste oder dem dazu Bevollmächtigten oder von der Index-Kongregation erlaubt wird. In dringenden Fällen können die Bischöfe diese Erlaubnis erteilen.

Es ist Sache aller, besonders der gebildeten Katholiken, namentlich aber der Nuntien, apostolischen Delegaten und Rektoren katholischer Universitäten, bei den Bischöfen oder beim apostolischen Stuhl gefährliche Bücher anzuzeigen, aber auch den Grund anzugeben, aus dem sie der Verurteilung „würdig" erscheinen. Die Namen der Denunzianten sollen geheim gehalten werden. Die Bischöfe sollen schädliche Schriften, die in ihren Sprengeln erscheinen oder verbreitet werden, verbieten oder den Künden der Gläubigen entreißen.

Wer verbotene Bücher oder Schriften liest, zurückbehält, druckt, oder verteidigt, verfällt ohne weiteres der dem Papste vorbehaltenen Exkommunikation!

Die Veranstalter verbotener Bibelausgaben aber verfallen der niemandem vorbehaltenen (d. h. unbedingten) Exkommunikation.

Unter den Druckern begreift Pater Hilgers auch die Verleger, Herausgeber und Verfasser. Natürlich sind diese Leute alle nur strafbar, wenn sie der katholischen Kirche angehören. Nichtkatholiken sind für diese ja nicht zu erreichen! Von den fehlbaren Katholiken aber wird natürlich erwartet, daß sie sich „löblicherweise unterwerfen". Unaufgeklärt aber ist es, wie die Seelenhirten bei solchen Katholiken, die ihnen nicht ohne weiteres Ordre parieren auf das Vorhandensein verbotener Bücher kommen sollen, und noch unbegreiflicher, woher denn die Katholiken, die doch nicht verpflichtet sein können, den Index anzuschaffen, wissen können, welche Bücher verboten sind. Das Verbot hat also eine Wirkung nur, wenn die unterwürfigen Seelen in jedem Falle bei ihren Hirten anfragen, oder wenn diese die Büchereien ihrer Beichtkinder untersuchen. Katholiken, die soviel Charakter haben, sich dies nicht gefallen zu lassen, können natürlich Alles lesen. Ein Glaube, der durch beliebige Bücher erschüttert werden kann, ist ohne Wert.

Der Index in seiner neuesten Form (im Buche von Hilgers 60 zweispaltige Seiten umfassend) zählt gegen 4000 Nummern oder, wenn man die einzelnen Bücher jener 108 Schriftsteller, deren sämtliche Werke verboten sind, rechnet, etwa fünftausend Bücher auf, wovon ungefähr 1300 im 19. Jahrhundert verboten wurden. Dieses Verbot, nicht das Erscheinen, ist maßgebend, und danach sind die einzelnen Verbote Jahr für Jahr und unter jeder Jahreszahl alphabetisch (bald nach den Verfassern, bald nach dem Titel) aufgeführt. Welches kolossale Gedächtnis müßten Pfarrer und Kapläne haben, um zu beurteilen, welche im Besitze ihrer Beichtkinder befindlichen Bücher auf dem Index stehen! Sie werden ihnen aber einfach jene Bücher absprechen, die nach ihrer eigenen Meinung gefährlich sind; so wäre dann jeder Geistliche, der sich soweit versteigt, ein eigener lebendiger Index und der römische gedruckte für den Kleinverkehr überflüssig!

Der römische Index enthält in überwiegender nach unserer Schätzung etwa 90 Prozent gänzlich bedeutende Bücher, die gewiß selten oder nie gelesen werden (im 19. Jahrhundert finden wir nämlich auf 20 Seiten von je 70 Nummern nur etwa 130 Bücher von Ruf und Bedeutung).

Folgende sind die (nach unserer Ansicht) wichtigsten der im 19. Jahrhundert verbotenen Bücher:

Deutsche (unter 107 Verfassern und 182 Werken): die meisten Werke Heinrich Heines, Lenaus Albigenser, Rantes Papstgeschichte, die Geschichte der Stadt Rom und 4 andere Werke von Ferd. Gregorovius, die Biographie Wessenbergs von Beck, Eduard Zellers „Sage von Petrus als römischem Bischof", Friedrichs Geschichte des vatikanischen Konzils und sein Tagebuch während desselben, Kants Kritik der reinen Vernunft (!), die deutsche Übersetzung der Hauptwerke Spinozas, Frohschammers philosophische Werke, die Geschichten der Philosophie von Buhle, Tennemann und Schwegler,[11] die religiösen Reden und Betrachtungen von Moritz Carriere, Burdachs Physiologie (diese Wissenschaft scheint für Rom unanständig zu sein), – die kritischen Bücher von Edgar und Bruno Bauer, natürlich das Leben Jesu von Strauß, die theologischen Werke von Hermes, Günther und Ronge, die Stunden der Andacht von Zschokke, die Schriften von Theiner, Carové und Schulte gegen den Zölibat, alle dem Josephinismus und Altkatholizismus günstigen Bücher usw. Als Kuriosum sei genannt das verrückte Buch „Geheimnisse des christlichen Altertums" von Daumer, der zuletzt zu Kreuze kroch und katholisch wurde.

Englische: die Philosophie der Engländer ist im Index vollständig verpönt. Es figurieren darin Baco von Verulam, Collins, Berkeley, Hobbes, Locke, Hume und andere weniger bekannte Denker. Seltsamerweise steht darin die „Zoonomia" von Erasmus Darwin, dem Großvater des berühmten Charles Darwin,

---

[11] Merkwürdigerweise stehen Schopenhauer, Feuerbach, Moleschott, Büchner, Karl Vogt, Stirner und Nietzsche nicht im Index!

dessen grundlegende Werke doch dem Katholizismus offenbar gefährlicher sind, als jenes rein naturgeschichtliche Werk, dennoch aber nicht im Index stehen. Verpönt sind dagegen die Rechtsphilosophen Jeremy Bentham und John Stuart Mill, während Herbert Spencer auffallenderweise fehlt, die Historiker Goldsmith, Roscoe, Blunt, Hume, Hallam und Gibbon, sowie der Amerikaner Draper (während Buckle und Lecky fehlen). Unter den Dichtern ist allein der harmlose Lawrence Sterne geächtet!

Französische: Auf diese Literatur ist der Index ganz besonders schlecht zu sprechen. Voran stehen die (französisch geschriebenen) Werke Friedrichs des Großen. Den Reigen der Franzosen selbst eröffnen die Verbote von Voltaire, Rousseau, Diderot, d'Alembert, La Mettrie, Helvetius, Holbach usw. Ihnen folgen ein „gottlos blasphemisches" Buch von Mirabeau (*Erotika biblion*) und die Fabeln (!) von Lafontaine.

Es wurden weiter die Bücher von Condillac, Condorcet, Comte, Cabanis, Cousin, Fourier, Considérant, Proudhon, Esquiros und vieler anderer geächtet. Das Schicksal des Saint-Simonismus teilte die Literatur über Magnetismus, Chiliasmus und Spiritismus. Die kirchenpolitischen Streitschriften von Lamennais durften so wenig fehlen, wie die Schriften der „*petite église*". Was gegen die unbefleckte Empfängnis, die päpstliche Unfehlbarkeit, das vatikanische Konzil und den Zölibat erschien, wurde alles verurteilt. Ebenso die Schriften der französischen Protestanten Archinard und Coquerel. Von Historikern kamen in den Index Beugnot, Sainte-Beuve, Aubé, Sismondi, Ségur, Taine u. A. Renan figuriert mit 16 Werken unter den „unsittlichen Büchern" (Hilgers S. 120)! Ihm reihen sich an die populär historischen Bücher von Michelet und Quinet und die „gefährlichen" Romanschriftsteller, nämlich sämtliche Werke von Eugene Sue, Alexander Dumas Vater und Sohn, Georges Sand, Balzac, Feydeau, Murger, Soulie, Beyle, genannt Stendhal, Zola und andere, zwei nur von Viktor Hugo, zwei von Flaubert usw. Dagegen fehlen Maupassant, Bourget und Huysmans. Freilich, Bourget liebäugelte mit der Kirche, die ihm die Ehebrüche und Schlüpfrigkeiten seiner Romane verzieh, ebenso wie dem verrückten Huysmans um seiner asketischen Neigungen willen seine verbrecherischen Gelüste. Barrès, Verlaine, Baudelaire und andere Verrückte hat der Index ebenfalls verschont, ja er verschonte sogar den scheusäligsten aller Schriftsteller, den verworfenen Marquis de Sade, dessen schmutzige Bücher Napoleon I. ins Feuer warf!

Italienische Werke sind im Index verboten von den Dichtern Vittorio Alsieri, Giacomo Leopardi, Ago Foscolo, Casti, Arturo Graf, von dem Physiologen Mantegazza, (Lombroso ist dagegen verschont), von den Historikern und Politikern Gioberti, Nosmini, Vianchi-Giovini, La Farina, Minghetti, Cadorna, Bonghi, Bovio, Negri usw.

Die übrigen im Index vertretenen Literaturen sind sehr arm an hervorragenden Namen und können daher hier übergangen werden.

Aus dem Gesagten geht hervor, daß der Index der verbotenen Bücher ein sehr mangelhaftes Werk ist, durchaus frei von Kritik und Logik, gebaut nur auf zufälliges und gelegentliches Bekanntwerden der betreffenden Werke am römischen Hofe, d. h. auf Denunziation! Diese Makula geht ihm nach durch alle Zeilen, in denen die verbotenen Bücher auch oft sehr ungenau bezeichnet und die bedeutendem Werke nur sehr mühsam aus dem unnützen Wust der großen Masse herauszufinden sind. Welchen Anspruch auf Achtung kann eine Anordnung erheben, die einen Sade freigibt, einen Kant, Ranke, Gregorovius, Mill, Comte und andere Leuchten der Wissenschaft verurteilt, die Physiologie mit Unanständigkeit verwechselt, vor jedem Werk gegen das ultramontane System das Kreuz schlägt, ja überhaupt keine Opposition ertragen kann? Das sind Armutszeugnisse!

Die dem Index gegenüber aufgetretenen Gegner haben sich übrigens manche Blößen gegeben. Oft sind von ihnen Namen genannt worden, die auf dem Index stehen sollten, aber nicht standen. Es ist auch Index als eine Beleidigung der verpönten Schriftsteller und sogar ihrer Vaterländer aufgefaßt worden. Eine Beleidigung der Schriftsteller kann nur insofern angenommen werden, als bedeutende Namen sich unter einem Haufen wertloser Skribenten verlieren; im Index zu stehen ist aber für hohe Geister keine Schmach, sondern eine Ehre. Der Umstand beweist, daß der „Verurteilte" den Mut hatte, gegen ein System aufzutreten, das sich für unfehlbar hält, dies aber nicht ist, und im Namen der Wahrheit gegen Unterdrückung des freien Gedankens in die Schranken zu treten wagte.

Die Vaterländer der verworfenen Schriftsteller aber können schon deshalb nicht durch den Index beleidigt sein, weil sie vielfach gegen die betroffenen Schriftsteller selbst durch die weltliche, politische Zensur eingeschritten sind und ihre Werke unterdrückt haben. Es ist zwar komisch, daß Pater Hilgers diese Zensur, von der er eine eingehende Geschichte gibt, die alle Zeiten und Länder umfaßt, als Rechtfertigung für den Index benutzt; aber darin hat er recht, daß diese weltlichen Zensuren weit härter waren als die römische, weil sie eben die Polizei zum Einschreiten gegen verpönte Werke und deren Verfasser zur Verfügung hatten und mit Gefängnis und Verbannung vorgehen konnten. Wenn der Gendarm oder Staatsanwalt bei dem verfolgten Schriftsteller eintrat, so war das kein Spaß. Wenn aber ein Kaplan in die Bibliothek eines Katholiken hineinschnüffeln will, so kann dieser ihn auslachen, ohne daß ein Kahn danach kräht. Die Rückseite der Medaille aber besieht darin: Die Zensur ist überall abgeschafft, ausgenommen in Rußland und der Türkei; nur in einzelnen Fällen kam seit ihrer Abschaffung vorübergehend etwas ähnliches vor, z. B. unter dem deutschen Sozialistengesetze, das aber auch der Vergangenheit angehört. Jeder freidenkende Bürger schaut mit Entrüstung auf die Zeit der Zensur zurück und blickt auf Rußland und die Türkei mit Verachtung nieder. Auf die gleiche

Kulturstufe mit der schismatischen und der mohammedanischen Regierung stellt sich aber der päpstliche Kos und wird darauf stehen bleiben, solange der Index, d. h. das ultramontane System besteht!

Wir sind indes keineswegs der Ansicht, daß jede Veröffentlichung von literarischen Arbeiten ohne weiteres erlaubt sein solle. Es gibt Fälle, in denen der Schaden, den ein Werk anrichten kann, mehr in Betracht kommt als die Pressefreiheit. Dies ist zwar auch die Absicht des Index, aber sie ist ohne festes Prinzip und ohne Konsequenz durchgeführt, nur auf ein bestimmtes Objekt, die römische Kirche, berechnet und ohne praktische Wirkung. Wir finden, es sollten von der Pressefreiheit ausgenommen werden: 1. entschieden und tendenziös unsittliche, 2. auf den Umsturz der Staatsordnung hinzielende und 3. die Religion mit Hohn und Spott behandelnde Werke. Davon sollte aber nur ein sehr mäßiger Gebrauch gemacht werden. Durchaus frei sollte sein jede ernst gehaltenes wissenschaftliche Kritik der herrschenden moralischen Anschauungen, der Staatsverfassung und Staatsverwaltung und der Religion und Kirchenverfassung. Ausgehen sollte die Verfolgung jener drei Arten verwerflicher Werke durch die Staatsgewalt nach Anhörung von Gutachten sachverständiger Leute. Freilich ganz sicher wäre auch dieses Verfahren nicht. Ein Verbot reizt immer zur Umgebung, und auch von den verpönten, selbst vernichteten Werken würden immer noch Exemplare gerettet, verborgen und später sogar als Seltenheiten geschätzt werden.

3. Umgedrehte Sätze

Verurteilt der Index nur wirkliche Werke wirklicher Verfasser, so verdammt dagegen der Syllabus erdichtete, d. h. von ihren Gegnern formulierte Aussprüche nicht existierender Verfasser.

Der Syllabus (das griechische Wort für das lateinische Index-Verzeichnis) ist ein der Encyklika „*Quanta cura*" vom 8. Dezember 1864 beigefügtes Verzeichnis von 80 Sätzen, von denen sich Pius IX. und sein Staatssekretär Antonelli vorstellten, daß sie von Gegnern des päpstlich-ultramontanen Systems etwa hätten geäußert werden können. Sein Zweck ist, nach dem Staatslexikon der Görres-Gesellschaft, die in diesen Sätzen ausgesprochenen Irrtümer zu verwerfen und dadurch mittelbar die ihnen entgegenstehenden (sogenannten) Wahrheiten festzustellen, denen (von Seite der Papstgläubigen) pflichtgemäß zuzustimmen sei. Die Quellen, denen diese erdichteten Sätze entnommen sind, bestehen lediglich in verschiedenen Aktenstücken und Allokutionen des genannten Papstes.

Die 80 „verdammten" Sätze unbekannter Herkunft sind in zehn Paragraphen geteilt, welche sich beziehen auf: 1. Pantheismus, Naturalismus und absoluten Nationalismus, 2. gemäßigten Nationalismus, 3. Indifferentismus, 4. Sozialismus, Kommunismus, geheime Gesellschaften usw. (was summarisch ohne numerierte Sätze abgetan wird), 5. Irrtümer über die Kirche und ihre Rechte, 6. Irrtümer über die bürgerliche Gesellschaft, 7. Irrtümer über das Sittengesetz, 8. Irrtümer über die christliche Ehe, 9. Irrtümer über die weltliche Herrschaft des Papstes, 10. Irrtümer über den Liberalismus. Es ist dabei immer gemeint, daß das Gegenteil des verurteilten Satzes die Lehre der katholischen Kirche enthalte.

Die Sätze 1 bis 9 oder vielmehr ihre Gegensätze verurteilen also nach dieser vertrackten scholastischen Methode die Widersprüche gegen die Kirchenlehren von Gott, Christus und Offenbarung, 10 und 11 die Unabhängigkeit der Philosophie von der Kirche, 12 und 13 wollen dartun, daß die apostolischen Dekrete und die scholastische Methode den Fortschritten der Wissenschaft nicht entgegenstehen, 14, daß die Philosophie auf die übernatürliche Offenbarung Rücksicht nehmen müsse, 15 verurteilt die Gewissensfreiheit, 16 bestreitet die Erlangung der Seligkeit durch jede Religion und 17 außerhalb der „wahren Kirche Christi", 18 die Berechtigung des Protestantismus als eines christlichen Glaubens in demselben Sinne wie der Katholizismus es ist, 19 und 20 die Abhängigkeit der Kirche vom Staate, 21 entscheidet, daß die katholische Kirche die einzig wahre sei, 22 unterwirft kathol. Lehrer und Schriftsteller in allen Dingen der Kirche, 23 verwirft die Ansicht, daß ihre Ansprüche angemaßt seien, 24 behauptet ihre Macht, äußeren Zwang anzuwenden, 25 verurteilt die Rechte des Staates über die Bistümer, 26 spricht der Kirche ein angeborenes Recht auf Erwerb und Besitz, 27 ein Recht auf die Leitung und Herrschaft über weltliche Dinge zu, 28 den Bischöfen dasjenige, apostolische Schreiben ohne Erlaubnis des Staates zu erlassen, 29 behauptet die Gültigkeit der vom Papste verliehenen Gnaden, ohne daß sie beim Staate nachgesucht werden, 30 die Unabhängigkeit der kirchlichen Immunität vom Zivilrechte, 31 will von der Abschaffung geistlicher Gerichtsbarkeit in weltlichen Dingen nicht lassen, 32 die Geistlichen vom Kriegsdienste befreit wissen, 33 die theologischen Studien allein von der Kirche geleitet sehen, 34 die weltliche Herrschaft des Papstes über das Mittelalter hinaus gewahrt wissen; 35 bis 38 verwahren sich gegen die Verlegung des päpstlichen Sitzes aus Rom, gegen die Errichtung, von Nationalkirchen und gegen die Verantwortlichkeit des Papstes für die Trennung der Kirche in eine morgenländische und abendländische, 39 bestreitet ein schrankenloses Recht des Staates, 40 die Ansicht, daß die Lehre der katholischen Kirche dem Wohl und Vorteil der Menschheit zuwider sei, 41 ebenso die Rechte eines ungläubigen Fürsten in kirchlichen Dingen, 42 ebenso, daß im Konflikte beider Gewalten das weltliche Recht vorgehe, 43 ebenso das Recht der weltlichen Gewalt, Konkordate zu beschränken, zu erklären oder aufzuheben, 44 ebenso die Einmischung der Staatsgewalt in Sachen der Religion, Moral und des geistlichen Regiments, 45 ebenso die alleinige Leitung des Schulwesens durch die Staatsgewalt, 46 schließt diese von der Leitung der geistlichen Seminarien aus, 47 protestiert gegen die völlige Ausschließung der Kirche vom Schulwesen, 48 will den Katholiken eine ausschließlich katholische Bildung gewahrt wissen, 49 spricht der Staatsgewalt das Recht ab, einen freien Verkehr der Gläubigen mit dem römischen Stuhle zu verhindern, 50 dasjenige, die Bischöfe zu präsentieren, bevor sie vom heil. Stuhle die kanonische Einsetzung erhalten haben, 51 dasjenige, die Bischöfe zu entheben und in dieser Hinsicht dem Papste den Gehorsam zu kündigen, 52 und 53 dasjenige, über den Eintritt in geistliche Orden Verfügungen zu erlassen, 54 verwirft die Annahme, daß Könige und Fürsten von der Gerichtsbarkeit der Kirche ausgenommen seien und über dieser stehen, 55 verwirft die Trennung von Kirche und Staat, 56 den Grundsatz, daß Sittengesetze der göttlichen (d. h. kirchlichen) Gutheißung nicht bedürfen, 57 die Abweichung der Philosophie von der göttlichen Offenbarung und kirchlichen Autorität; 58 bis 61 verwahren sich gegen (sehr zweifelhafte) materialistische Ansichten, 62 wendet sich gegen das sog. Nichtinterventionsprinzip (worin? ist nicht gesagt), 63 verwirft den Ungehorsam und Aufstand gegen rechtmäßige Fürsten, 64 die Statthaftigkeit schlechter Handlungen aus Vaterlandsliebe, 65 und 66 verurteilen die Ansicht, daß die Ehe kein Sakrament sei, 67 bis 74 die Auflöslichkeit der Ehe durch weltliche Behörden und erörtern weitere die Ehe betreffende Fragen, 75 bekräftigt die Vereinbarkeit der weltlichen mit der geistlichen Herrschaft, 76 verwirft die Abschaffung der weltlichen Herrschaft des Papstes, 77 stellt es als nützlich hin, die katholische Religion als die einzige Staatsreligion mit Ausschluß aller übrigen anzusehen, und 78 verwirft es, daß in katholischen Ländern Einwanderern die freie Ausübung ihres Kultes gewährt werde, 79 behauptet, daß die allgemeine Glaubensfreiheit zur Verderbnis der Sitten beitrage.[12] Der 80., letzte und wichtigste Satz des Syllabus lautet in der von Rom anerkannten Gegensätzlichkeit: „Der römische Papst kann und muß sich nicht mit dem Fortschritte, dem Liberalismus und der modernen Zivilisation versöhnen und vergleichen."

Dies ist also das von allen Ultramontanen bewunderte, von allen Gegnern der römischen Anmaßungen verabscheute Werk des Syllabus. Abgesehen von der Parteistellung müssen wir diese 80 Sätze, beziehungsweise ihre Gegensätze, als ein lo-

---

[12] Wenn daher das Zentrum im Deutschen Reichstage einen sog. Toleranzantrag brachte, so war dies entweder eine Heuchelei oder – eine Rebellion gegen den Papst, Ein drittes gibt es nicht!

gisch und stilistisch durchaus schwaches, unbeholfenes und in vielen Stellen völlig unklares Machwerk betrachten. Die Sätze sowohl als ihre Gegensätze sind teilweise so verwirrt, daß es Mühe kostet, einen Vernünftigen Sinn hineinzulegen. Von vornherein war es verfehlt, statt sofort der päpstlichen Ansicht, was klarer gewesen wäre, das Wort zu lassen, angebliche widerpäpstliche Aussprüche als zu verwerfende hinzustellen, die schlechterdings nirgends existieren und großenteils dem Wortlaute nach von Gegnern des Papsttums auch nicht hätten geäußert werden können, da sie zum Teil ihre Ansicht selbst schmähen. Wir führen als schlagendes Beispiel den 64. Satz an, der in seiner verworfenen Form wörtlich lautet: „Der Bruch jedes noch so heiligen Eides und jede verbrecherische und schändliche, dem ewigen Gesetze zuwiderlaufende Handlung sind nicht nur nicht verdammenswert, sondern auch durchaus erlaubt und höchst lobenswert, wenn sie aus Liebe zum Vaterlande verübt werden". Dies bedarf keiner weiteren Worte!

Das Verwirrende im Wortlaute des Syllabus haben selbst die Getreuen des Papstes eingesehen und für nötig befunden, den verworfenen Sätzen Gegensätze gegenüberzustellen, welche die päpstliche Ansicht enthalten sollen, aber auch in dieser Richtung vielfach verfehlt sind und ihrem Zwecke widersprechen. Zuerst hat dies der Jesuit Klemens Schrader in dem 1865 von ihm herausgegebenen Buche „Der Papst und die modernen Ideen" unternommen, und er verfuhr dabei so ängstlich, daß der Eindruck oft recht schwächlich und sogar lächerlich wurde. So z. B. fügte er, wenn der verworfene Satz positiv lautete, einfach ein „nicht" ein und strich das „nicht", wenn jener negativ lautete. Davon einige Beispiele. Der 34. Satz ist in positiver und negativer Form gleich verfehlt. Der Papst wollte offenbar sagen: die Lehre, die den römischen Papst einem freien und in der ganzen Kirche seine Macht ausübenden Fürsten vergleicht, sei eine solche, die in allen Zeiten herrschen müsse. Er drückte aber den zu verwerfenden Satz so aus: „Die Lehre ... ist eine L., die im Mittelalter vorherrschte", woraus Schrader im Gegensatze machte: „die nicht im Mittelalter vorherrschte". Sie herrschte aber im Mittelalter wirklich vor, der Gegensatz ist also falsch. Vom 38. Satze „Zur Scheidung der Kirche in eine morgenländische und abendländische haben die übertriebenen Machtansprüche der römischen Päpste beigetragen" (was zur Seltenheit einmal historisch völlig richtig ist), behielt Schrader im Gegensatze nach Einschaltung seines „nicht" die „übertriebenen Machtansprüche" ruhig bei, beschimpfte also das Papsttum in der Form, die doch zu dessen Gunsten lauten sollte. Ebenso ließ er im 76. Satze: „Die Abschaffung der weltlichen Gewalt des apostolischen Stuhles würde zur Freiheit und zum Glücke der Kirche außerordentlich viel beitragen", neben dem eingefügten „nicht" das „außerordentlich viel" stehen, so daß die päpstliche Ansicht nun lautet: „Die Abschaffung der weltlichen Gewalt würde ... nicht außerordentlich viel beitragen." Also doch wenigstens etwas, und so hat der Papst, wenn auch nicht mit Willen, doch mit Worten seine weltliche Gewalt preisgegeben.

Es ist vielleicht ein Glück, daß der Syllabus so dumm (oder schlau?) verdreht und so ungeschickt abgefaßt wurde; er dürfte in dieser Art und Weise weniger ernst aufgenommen werden, als wenn ihn die sonst berühmte römische Klugheit und Gewandtheit diktiert hätte. Da aber diese in ultramontanen Kreisen vorwiegend fehlt, liegt doch die Gefahr nahe, daß er in seiner eigentlichen Hauptsache, der Unversöhnlichkeit des Papsttums mit dem Fortschritt und der Zivilisation nur allzu ernst genommen werde. Nicht daß wir jemals an eine Versöhnung des Papsttums mit dem Liberalismus geglaubt hätten (daran glaubt überhaupt kein Liberaler und Satz 80 als Äußerung dieser Richtung ist darum falsch); aber die Beschränktheit ist soweit verbreitet, daß zu fürchten ist, der Glaube an die Unfehlbarkeit des Syllabus werde in Millionen Köpfen festwurzeln, soweit sie ihn nämlich kennen.

Denn daß der Syllabus dem Ultramontanismus als unfehlbar gelten muß, so fehlbar er auch ist, kann keinem Zweifel unterliegen. Die beiden letzten Päpste, Pius IX. und Leo XIII. haben ihn, jener in einer Allokution vom 16. Juni 1867, dieser in der

Encyklika „*Immortale Dei*" vom 1. Nov. 1885, ganz in derselben Weise den Gläubigen auferlegt, wie die Päpste *ex cathedra* ein Dogma verkünden. Soviel bekannt ist, haben ihn alle Bischöfe in Hirtenbriefen als eine unfehlbare Lehrentscheidung und als eine jeden Katholiken im Gewissen verpflichtende Norm anerkannt. Die KardinalErzbischöfe Manning von Westminster und Fischer von Köln (also gerade die ersten Würdenträger des katholischen Teils jener Nationen, von denen Logik und Kritik zu allererst zu erwarten wären, haben dies öffentlich erklärt und damit sich dem unlogischsten und unkritischsten Machwerke unterworfen.

Damit stimmen auch, und zwar zum Teile auch in jüngsten Jahren (1963 und 1904), alle ultramontanen Preßorgane vollkommen überein, so das Staatslexikon der Görres-Gesellschaft (durch den Jesuiten Biederlack und den Professor Schanz in Tübingen), die jesuitischen „Stimmen aus Maria Laach" das von Professor Franz Kaulen in Bonn herausgegebene Kirchenlexikon, Professor Einig in Trier, Professor Kurier in Innsbruck und mehrere andere.

Alle römischen Katholiken sind also verpflichtet, Sätze zu verwerfen, die niemand ausgesprochen hat, teilweise sogar niemand ausgesprochen haben könnte, und damit nach dem Willen Pius IX. dem modernen Staate und dem gesamten Fortschritte der Zivilisation, Schulbildung und Wissenschaft den Krieg auf Leben und Tod zu erklären. Hat dies jemals eine Konfession gewagt? Nein, das wagte nur eine Partei: der Ultramontanismus!

Der Ultramontanismus stützt sich allerdings auf die römischkatholische Konfession und sucht diese zu verbreiten, soweit es ihm möglich ist, aber auch zu beherrschen. Trotzdem ist er keine religiöse Richtung, sondern eine politische. Sache des Katholizismus ist das Gemüt, der kindlichnaive Glaube, die schlichte Schönheit und Würde des Gottesdienstes, Sache des Ultramontanismus aber kalte Berechnung, raffinierte Agitation, Glaubens und Gewissenszwang, Pracht und Prunk im Kultus und Streben nach der Weltherrschaft. Was wir hier über den

Ultramontanismus sagten, geht daher die katholische Religion als solche nichts an und kann sie daher auch nicht beleidigen. Hat diese auch, nach ihrer Überzeugung in guter Absicht, im Dogma vieles aufgenommen, was zur Lehre Jesu nicht gehörte, so widerspricht sie doch diesem nicht in moralischer Beziehung; wohl aber tut dies der Ultramontanismus, der in seinem ganzen Leben und Streben ein Widerspiel und Gegensatz zu der Lehre des edlen Weisen von Nazareth bildet, wie es sich schärfer nicht denken läßt. Ja es gibt wohl keinen Vers in der Bergrede, dem, soweit dies überhaupt möglich ist, von der römischen Kurie nicht zuwider gehandelt wurde,[13] – gewiß zum tiefen Schmerze vieler Bischöfe und Pfarrgeistlichen, die ihn aber nicht merken lassen dürfen!

Und trotz allen seinen hochfahrenden Ansprüchen ist der Ultramontanismus auf Sand gebaut, d. h. auf die Annahme, daß Petrus, dem Jesus nach einer offenbar spät in das Evangelium eingeschalteten Stelle seine Nachfolgerschaft übergeben haben soll, der erste Bischof von Rom gewesen sei, wovon aber weder die Apostelgeschichte, noch die Briefe des Paulus etwas wissen. Traditionen hier, – Traditionen dort, – ein fester historischer Boden ist nirgends für diese weltherrschaftsbegierige Partei zu finden!

III. Nirvana

1. In Asien

Unter den Religionen der Erde gibt es nur zwei, die nicht entweder bloße Nachahmungen sind, wie der Islam (vom Judentum), oder auf die Angehörigen einer einzelnen Nation beschränkt sind wie das Judentum und wie die alteinheimischen Glaubensformen der Hindus, Chinesen und Japaner. Diese

---

[13] Matth. **5**, 5. 8. 10. 11. 15. 21 bis 25. 34 bis 37. 38 bis 42. 44 bis 48, **6**, 1 bis 8. 16. 18. 19 bis 21. 24. 25. 28 bis 34. **7**, 1 bis 5. 12 bis 15. 21 bis 23. 29

beiden, noch mächtigen Einfluß ausübenden und über viele Teile des Erdballs ohne Abgrenzung nach Völkern verbreiteten Religionen sind der Buddhismus und das Christentum. Während das letztere ziemlich sicher auf etwa 450 Millionen Anhänger geschätzt wird, ist es nicht leicht, die Zahl der Buddhisten anzugeben, und zwar deshalb, weil die Anhänger dieser Richtung in den meist bevölkerten Ländern ihrer Ausbreitung, in China und Japan, nicht streng von den Anhängern der alteinheimischen Glaubensformen dieser Reiche geschieden sind, sondern nach Belieben bald dem Buddha, bald den alten Gottheiten des „Reiches der Mitte" und des „Reiches der aufgehenden Sonne" ihre Opfer darbringen. Nimmt man aber alle Menschen zusammen, die dem Buddha, wenn auch nur zeit und teilweise Huldigen, so dürfte ihre Anzahl den Christen nahezu gleich kommen und mit ihnen weit über die Hälfte der Menschheit umfassen. Nur sind die Buddhisten, soweit sie geschlossen zusammen wohnen, auf Asien beschränkt, während die Christen in allen Erdteilen verbreitet sind, in größeren Massen allerdings nur in Europa und Amerika.

Es ist den Lesern ohne Zweifel bekannt, daß der Buddhismus in neuester Zeit sich bei uns einer großen und wachsenden Aufmerksamkeit erfreut. Ob dies begründet ist oder nicht und ob es gut ist oder nicht, sollen die folgenden Seiten dieses Buches zu beantworten versuchen.

Der Indologe (Forscher in indischer Literatur), Dr. Leopold von Schroeder, ungeachtet des Gegenstandes seiner Studien ein Bekenner der entschiedensten christlichen (evangelischen) Orthodoxie, sagt (Buddhismus und Christentum, Reval 1893, S. 43): „Man kann den Buddhismus bezeichnen als den großartigsten Versuch der Menschheit, durch eigene Kraft sich selbst zu erlösen; das Christentum aber ist die Religion der geoffenbarten Liebe Gottes, die uns in Gnaden Erlösung und ewiges seliges Leben schenkt."

Ein sehr gewichtiger Ausspruch, aus dem unzweifelhaft erhellt, daß ein Mann, der die theologischen Ideen des Christentums als zeitlich und örtlich entstandene Ansichten erkannt hat und sich nicht unbedingt auf das ewige selige Leben, das uns lediglich als ein in Aussicht gestelltes, nicht als eine unzweifelhafte Tatfache erscheint, verläßt, – sondern auf seine Kraft baut und auf sein persönliches Können Wert legt, – unbedingt auf die Seite des Buddhismus treten müßte, wenn dieser hielte, was er verspricht. Man könnte versucht sein, dies zu glauben, wenn man Herrn v. Schroeder folgt, der (S. 44 ff. der genannten Schrift) sagt: „Nie und nirgends haben die Buddhisten Andersgläubige bedrückt, verfolgt und mißhandelt – treu den milden Geboten ihres Religionsstifters. Das läßt sich leider von den Christen nicht sagen. Wie viel Bedrückung, schreckliche Mißhandlung, blutige Verfolgung, ist von Christen gegen Andersgläubige und von einer christlichen Konfession gegen die andere im Laufe der Jahrhunderte ausgeübt worden! Man schaudert davor zurück. Und wenn auch heutzutage die Scheiterhaufen der Inquisition nicht mehr rauchen, von christlicher Intoleranz wäre doch immer noch viel, sehr viel zu berichten. Da können uns die Buddhisten zum beschämenden Beispiel dienen!"[14]

Im Angesichte dieses vernichtenden Urteils eines orthodoxen Christen über seine Glaubensgenossen läßt sich zweierlei fragen:

Erstens: Welche Früchte hat bei der Großzahl der Christen die Liebe Gottes und die Aussicht auf ein ewiges seliges Leben getragen?

Zweitens: Welcher Quelle entspringt die mit Recht gerühmte Toleranz und Milde der Buddhisten? Ist sie der Gabe ihres Glaubens, sich durch eigene Kraft selbst zu erlösen, oder ist sie einer andern Ursache zu verdanken?

Nach dieser Ursache zu forschen, ist unsere nächste Aufgabe.

Versetzen wir uns zu diesem Zwecke auf kurze Zeit nach Indien. Menschen, die zu unserer Sprachfamilie gehören, Arier genannt, haben sich etwa zweitausend Jahre vor unserer Zeit-

---

[14] Siehe oben

rechnung im Fünfstromland (Pendschab) des Indusgebietes niedergelassen, wo sie als ein freies und kühnes Hirtenvolk dieselben Lichtgötter wie die Griechen, Italer und Germanen, unter anderen, zum Teil ähnlichen Namen in den noch vorhandenen Gesängen des Rig-Veda anriefen, von wo aus sie aber später das Ganges-Gebiet eroberten, wo sie entarteten.

Es ist nun die Frage aufgeworfen worden, ob der Buddhismus als ein Erzeugnis der arischen (indogermanischen) Völkergruppe zu betrachten sei. Professor Kurt Breysig in Berlin leitet[15] alle hauptsächlichen Erscheinungen der Mystik, auch des Christentums, namentlich dessen „Leid-Seligkeit" und „hingegebene Schwäche" (über Ägypten) aus Indien ab und erklärt die Erkenntnis dieses Umstandes sogar als einen neuen Ruhm der Arier. Abgesehen aber von dem Zweifel, ob Schwäche ein Ruhm sei, verhält sich die Sache doch wesentlich anders! Jene Inder, unter denen der Buddhismus und andere asketische Weltflucht-Ideen aufgetaucht sind, waren nicht mehr die kräftigen Einwanderer in das Pendschab, welche die Lieder des Rig-Veda schufen, die zu dem gewaltigen Indra und dessen an den Olymp und Asgard erinnernden Göttergenossen beteten und ihnen opferten. Diese Anklänge an eine verwandte, in Europa eingewurzelte Kultur des Mutes und der Stärke erschlafften mit der Zeit in einem von dem nördlichen und westlichen so sehr verschiedenen, heißen Klima, und ihre Vermischung mit den dunkelfarbigen Urbewohnern tat das Übrige.[16] „Ein neues Volk, ein neuer Volkscharakter mußte sich bilden, der Charakter, welcher daraus hervorging, daß der alten hohen intellektuellen Begabung, der reichen Phantasie der indischen Arier das Gegengewicht gesunder Tatkraft entzogen ward." Die Regierung wurde despotisch, das soziale Leben ging in der Kaste unter, Sitte und Religion bewegten sich schwankend zwischen Sinnlichkeit und Entsagung, die Wissenschaft er-

---

[15] Der Stufen-Bau und die Gesetze der Welt-Geschichte. Berlin 1905. S. 63 f.
[16] Hermann Oldenberg, die Literatur des alten Indien. Stuttg. und Berlin 1903, S. 3 ff. 62 ff.

stickte in geistlos sich wiederholenden Formeln, die Dichtung in schwächlicher Gefühlsseligkeit. Die buddhistische Literatur gehört in ihrer auf alle Tat und alle Leidenschaft verzichtenden Eintönigkeit, in ihren ausschließlich an Bettelmönche gerichteten ermüdenden Reden einer ganz anderen Welt an als die von farbenreichen Schilderungen erfüllte griechische und germanische. Sie hat durchaus einen greisenhaften, lebensmüden Zug angenommen. Das schon früher seit der Eroberung des Ganges-Gebietes beliebt gewordene weltscheue Einsiedlerleben erreichte seinen Höhepunkt. An die Stelle des Preises der alten Götter des Veda trat das selbstlose Sichversenken in eine wesenlose Weltseele. Dann bieten die Neigungen der Inder älteren Stils und der nun auftretenden Buddhisten keinen wesentlichen Unterschied. Aus derselben Wurzel entsprossen die „kühnen und bizarren" Abhandlungen der Brahmanen, die den Namen der Upanischaden führen, und die aus jüngerer Zeit stammenden Lehren des Gotama Buddha von den Leiden der Welt und der Erlösung daraus. Nur sind diese klarer und einfacher als jene, die sich in mystisches Dunkel hüllen. Beide haben so wenig arischen Charakter als etwa die Lehren der Chinesen Kongfutse und Laotse. Sie sind lediglich indisch, d. h. Erzeugnisse einer Rassen- und Kulturmischung, die sich in Indien vollzog und sich vom europäischen, ja sogar von dem näher liegenden iranischen Ariertum himmelweit entfernte. Keine anderen Arier haben sich in so heiße Himmelstriche verzogen, keine so sehr die Lebensfrische ihrer Sprachgenossen abgestreift (als Stammesgenossen konnten sie kaum mehr gelten), wie die Inder. In einem neuen Lande tritt uns ein neues Volk entgegen, in dessen Adern neues Blut fließt, das kein rein arisches mehr ist. Die Kastenabschließung war noch nicht durchgedrungen; der Vermischung hellen arischen Blutes mit dem dunkeln der drawidischen Ureinwohner stand kein Hindernis entgegen, und so treffen wir in der Zeit der Entstehung des Buddhismus statt des weißen Ariers den braunen Hindu. Jener hatte Vieh gezüchtet, dieser baute Reis an. Jener hatte sich von den von ihm nicht einmal als Menschen anerkannten Ureinwohnern streng ferngehalten. Dieser, unter eine die Einwanderer zahllos übersteigende alte Bevölkerung versetzt, vermengte sich mit ihr, auferlegte ihr zwar die arische Sprache, ließ sich aber von ihr in Sitten, Gebräuchen und Religion beeinflussen. In der Zeit der Entstehung des Buddhismus hatte sich jener braune Typus des Hindu bereits ausgebildet und war in zahlreichen Bildhauerarbeiten dargestellt, die sonnenklar seinen weiten Abstand von dem europäischen, sogar schon vom persisch-iranischen verraten. Dieser Typus ist zart und weiblich, zeigt volle Lippen, mandelförmige Augen, die im heutigen indischen Volke schwarz, feurig und lang bewimpert sind, schlanke Einschnitte zwischen üppigen Brüsten und Küsten, geschmeidige Glieder, nichts Athletisches. Die diesen körperlichen Zügen entsprechende Seelenart ist glühend sinnlich, leichtsinnig, daneben zu tiefsinnigem Grübeln geneigt, ironischfantasievoll, nicht sehr skrupulös, redelustig und redegewandt, dabei ungemein mäßig im Essen und Trinken, aber nicht in der Liebe, und sehr prachtliebend, so weit es die Verhältnisse gestatten. Zu der brahmanischen Einsiedelei gesellte sich das buddhistische Kloster. Mönche und Nonnen überschwemmten mit dem Almosentopf das Land. Mönchswesen, auch das christliche, hat durchaus nichts arisches an sich, ist ein Import aus fremdartigen Kreisen. Das Leben und Treiben an den Fürstenhöfen und das Verhältnis zwischen Hof und Land ist durchaus asiatisch wie in China, Assyrien, Ägypten, nicht wie in Europa. Im Laufe der Zeit freilich hat unser Erdteil an den Höfen leider viel asiatisches angenommen, was die Römer in Asien kennenlernten, so das widerliche, falsche und gewissenlose Höflingstum.

Was aber am Brahmanismus wie Buddhismus als gänzlich widerarisch auffällt, ist der Wahn der Seelenwanderung, der sich erst von Indien aus zu später Zeit in Europa, freilich mit wenig Erfolg, eingeschlichen hat. Arier haben stets mit einer Wanderung ins Jenseits abgeschlossen und sich nicht einmal bemüht, diese ungewisse Zukunft weiter auszumalen, was ihnen erst durch fremde, asiatische Einflüsse beigebracht worden ist. Ihnen ist daher ein Wirrwarr von „Reinkarnationen" in

Tier und Menschenkörpern, mit hundert oder tausendjährigen Zwischenräumen unbekannten Aufenthalts bis zum endlich glücklich erreichten Nirvana unverständlich, am unverständlichsten aber irgendeine Antwort auf die Frage, woher man dies denn wissen soll. Ja, eine jenseitige Strafe für diesseitige Übeltaten ist überhaupt kein arischer Gedanke. Die Hellenen kannten bloß vier Fälle dieser Art (Sisyphos, Tantalos, Ixion und die Danaiden), – wer weiß, woher sie diese Anekdoten aufgefischt hatten! Die christliche Hölle und das päpstlich dekretierte Fegefeuer sind alles eher als arisch.

Aus diesen und den früher angeführten Gründen dürfte hervorgehen, daß der Buddhismus, wie schon der ausgebildete Brahmanismus, wohl ein echt tropischindisches, aber kein arisches Gewächs ist und daß alle unserer Sprachfamilie bloß der Zunge wegen aufgeladenen Schwächlichkeiten und Gefühlsschwelgereien uns arischen Europäern von Haus aus fremd und uns wider Willen aus Asien her aufgedrängt worden sind.

Es dürfte danach klar sein, daß die gerühmte Milde und Toleranz des Buddhismus eine Folge der in dieser Geistesrichtung vorwaltenden Schwäche und Liebe zur beschaulichen Ruhe ist, daß die Selbsterlösung seiner Anhänger keinen aktiven, sondern einen passiven Charakter trägt, daß er die Tatkraft verwirft oder fürchtet und an ihre Stelle die absolute Tatenscheu setzt, nichts schafft, nichts vollbringt und daß das ganze Leben des Buddhisten in dem Streben nach der Auflösung alles Lebens oder wenigstens alles wahren d. h. alles der Mitwelt nützenden Lebens, nach dem Nirvana besteht, kurz, daß es eine Religion für Bettelmönche ist. Dies beweisen die drei Teile der eigenen heiligen Dreiheit des Buddhismus: der Buddha selbst, seine Lehre (*Dharma*) und seine Gemeinde (*Sangha*).

Der Buddha (was ein Titel ist) hieß von Hause aus Siddhartha und wurde als Sohn eines Edelmanns (nicht Königs) aus dem Stamm der Sakya, die zwischen dem Mittlern Ganges und dem Himalaya hausten, um die Mitte des 6. Jahrhunderts vor Chr. geboren, und zwar in dem 1897 in Trümmern aufgefundenen Orte Lumbini (jetzt Rumin). Sein Leben ist wie das der meisten Religionsstifter von Legenden und Wundern eingehüllt und besteht, soweit es historisch glaubwürdig ist, geradezu im Verzicht auf das Leben. Er galt den Gläubigen als eine aus dem Himmel stammende Fleischwerdung des ewigen Buddha, der in Zeiträumen von mehreren Jahrhunderten immer wieder als neuer Buddha die Welt beglücken soll. In Wahrheit ist sein Leben sehr einfach; er verließ aus unbekannten Gründen in noch jugendlichem Alter Gattin und Kinder, wurde, einem damaligen Zuge der Zeit folgend, Bettelmönch unter dem Namen Gautama (Gotama) oder Sakyamuni, widmete sich erbaulicher Einsamkeit, trat endlich, Buddha (der Erleuchtete) genannt, als Prediger und Tröster in die Öffentlichkeit, begleitet von Jüngern und umgeben von Bekehrten, und wirkte in dieser Weise, bis er als Tathagata (Vollendeter) um 480 vor Chr., angeblich 89 Jahre alt, unter einem Baume bei Kusinara in das Nirvana einging, d. h. starb und nach den Gebräuchen der Kriegerkaste, aus der er stammte, verbrannt wurde. Für sich und seine Gläubigen hatte er indessen das indische Kastenwesen nicht berücksichtigt. Jedenfalls war er eine edle Seele und (wahrscheinlich) der einzige Buddhist, der für das Heil anderer Menschen, nicht nur für sein eigenes besorgt war.

Ob das, was der Buddha lehrte, der Menschheit von Nutzen war, kann nur der hier folgende Inhalt seiner Lehre zeigen. Diese Lehre ist höchst trocken und farblos, im Gegensatze zu der tief in das Leben eingreifenden des Weisen von Nazareth. Ihr Grundzug ist Verzicht auf alles, was das Leben verschönt und erfreut. Alles Leben, von der Geburt bis zum Tode, besteht nach ihr aus Leiden; es entsteht durch den Durst nach dem Sein und Werden, nach Lüsten und Macht und wird aufgehoben durch Verrichtung des Begehrens. Das Leben wäre demnach ein falscher und nur seine Aufhebung der richtige Weg. Die Sinne sind die Quelle alles Bösen, aus ihnen stammt Wahrnehmung und Empfindung, aus dieser die Begierde, und dieser entspringt alles Leiden. Was die Sinne uns vorspiegeln, sind aber bloß Einbildungen (*samkara*), die aus Unwissenheit hervorgehen; es gibt also keine Wirklichkeit; was als solche erscheint, ist lediglich Name und Gestalt.

Das Gegenteil der Entstehung des Leidens ist dessen Aufhebung, die erzielt wird durch die Aufhebung der Begierde, womit auch deren Grundursache, die Unwissenheit, beseitigt wird. Aufhebung der Begierde ist Aufhebung der Selbstsucht und damit auch des eiteln Seins und falschen Scheins. Nach allen diesen Aufhebungen ist das wahre Heil Nirvana (in der Sprache Buddhas, dem Pali: Nibbana, wörtlich: das Auslöschen). Dieser Begriff ist vielfach zu erklären versucht worden. Meistens übersetzt man ihn einfach durch das „Nichts". Das reine Nichts kann deshalb das Nirvana nicht sein, weil zu dessen Erreichung der rauhe Weg der Tugend führen soll. Der größte Erforscher der indischen Kultur und Literatur, Prof. Max Müller hat die Auffassung des Nirvana als des Nichts entschieden verworfen und, wie der ihm an Streben gleiche Prof. Hermann Oldenberg sagt, „mit warmer Beredsamkeit den Begriff des Nirvana als der Vollendung, nicht aber als einer Aufhebung des Daseins verteidigt. Für den echten, ursprünglichen Buddhismus bedeutet nach jenen Forschern das Nirvana nichts anderes als das Eingehen des Geistes zu seiner Ruhe, als eine ewige Seligkeit, die von den Freuden der vergänglichen Welt soweit entfernt ist wie von ihrem Leid". „Würde nicht", fragt Max Müller, „eine Religion, die zuletzt beim Nichts anlangt, aufhören, eine Religion zu sein?"

Eine andere Frage aber ist, ob ein solcher Zustand, wie ihn der Buddhist ersehnt, ein Zustand, der nur das eigene Heil im Auge hat, für die Menschheit einen Wert haben kann? Dieser Zustand kann nach buddhistischen Begriffen nur derjenige vollständigster Ruhe, Passivität, Leidenschaftlosigkeit, tatenloser Beschaulichkeit sein, und ein solcher Zustand wäre für jeden strebsamen, tätigen Mann und für jede tüchtige Frau so gut ein Nichts, als es das reine Nichts wäre, d. h. er ist nichts wert. Denn er schließt alle Tätigkeit, alles nützliche Wirken für sich und andere, alles Schaffen schöner und großer Werke aus;

es ist ein Tod im Leben, was der Buddhismus als höchstes Gut preist und empfiehlt.

Unter diesen Umständen ist die Liebe, die der Buddhismus zu Menschen und Tieren lehrt und die im Mitleiden gipfelt, kein besonderes Verdienst. Auch diese Liebe ist nur ein Wort: denn wo sich der Mensch von der Welt abschließt, weder Weib noch Kind, noch sonstige Verwandte oder Freunde kennt; sondern sich in die Einsamkeit zurückzieht, ja nicht einmal seinen Unterhalt verdient, sondern nur erbettelt, da ist für wahre Liebe kein Gegenstand vorhanden. In diesem gepriesenen höchsten Zustande ist kein Raum für die Familie; die Frau ist dem wahren Buddhisten (wie übrigens auch dem christlichen Mönch und Einsiedler) ein minderwertiges Wesen, das ihn lediglich zur Sünde verführt und um seine Seligkeit betrügt. Als Glieder der buddhistischen Gemeinschaft werden nur die Bettelmönche anerkannt; weltliche Buddhisten gibt es nur dem Namen nach, sie sind nur dazu da, die Mönche zu beschenken. So sind denn auch die vom Buddha überlieferten Reden, die eine für unser europäisches Gefühl tödliche Langeweile ausatmen, nur an Mönche gerichtet, und fast jeder Satz ist durch die Anrede „Ihr Mönche" unterbrochen. Sie spinnen die eben angeführten Gedanken in unendlichen ermüdenden Wiederholungen aus, die für uns einfach ungenießbar sind und durch die Bergrede, so kurz diese ist und so lang jene sind, tief in Schatten gestellt werden. Anmutender ist allerdings die Buddhas Lehre in Verse von bilderreicher Sprache bringende Spruchsammlung „Dhammapadam" (von L. v. Schroeder unter dem Titel „Worte der Wahrheit" übersetzt). Aber auch sie ermüdet durch Eintönigkeit, und auch in ihr ist der Weisheit letzter Schluß der ehelose, nur an sein eigenes Heil denkende Bettelmönch!

Der Buddhismus führt demnach, wie er selbst lehrt, zu einem (wie oben gezeigt ist) Nichts und also auch „zu nichts." Seine Erlösung ist nur eine Erlösung vom Leben, denn Leben und Leiden sind ja für ihn dasselbe. Wenn einer durch Beschaulichkeit, d. h. durch Nichtstun, sich selbst erlösen kann, wo steckt denn da ein Verdienst? In Wahrheit haben auch

Buddhisten, wenn sie es nicht bloß dem Namen nach waren (und auch da ist uns kein großer Name bekannt) zum Fortschritte der Menschheit nichts beigetragen, weder etwas erfunden, noch entdeckt, in Wissenschaft (ausgenommen die speziell buddhistische Sittenlehre) und Kunst (ausgenommen die Tempelbaukunst) nichts geleistet.

Man hat überflüssigerweise die Frage aufgeworfen, ob der Buddhismus atheistisch sei, und sie meistens bejaht. Der Buddha lehrte weder ausdrücklich, daß es Götter, noch daß es keine gebe. Wie Professor Edmund Hardy erklärt, anerkannte der Buddha die indischen Götter, gab ihnen aber keine feste Wirklichkeit, ja er setzte die nach seiner Lehre erlösten Menschen an Rang über sie. Der Heilige (*Aharat*, d. h. der Erlöste), weiß nach Buddha mehr als die Götter wissen, den erhabenen Brahma nicht ausgenommen. Auch die Götter sind dem unerbittlichen Schicksal, dem Karma, unterworfen, das alle Seelen von Dasein zu Dasein treibt. Die Lehre von der Seelenwanderung, aus dem Brahmanismus übernommen, ist im Buddhismus besonders ausgebildet. Die gute oder böse Tat ist es, die bestimmt, ob die Seele nach dem Tode in einem bessern oder schlechtern Körper, ja sogar in einem Tiere wiedergeboren wird. Sie büßt im neuen Körper die Schuld des alten; sie weiß es aber nicht; denn nicht die ganze Seele wandert, sondern nur „der Wille zum Leben" (Inka). Der vollkommene Heilige allein erinnert sich der früheren Daseinsformen; aber dann hört die Wanderung auf, und er geht in das Nirvana ein. – Damit ist die Erlösung vollendet!

Die Gemeinde des Buddha bestand aus den Mönchen (Bhikschus), den Nonnen (Bhikschuni), deren Eintritt in den Orden der Buddha nur mit Widerstreben zuließ, und den gewisse Verbindlichkeiten gegen den Orden eingehenden Anhängern (Apasaka) – in allem durchaus ein Vorbild der christlichen Bettelmönche, besonders der Franziskaner, Barfüßer oder Minoriten.

Der Mönchsorden des Buddha blieb aber nicht in seiner ursprünglichen Reinheit. Nach dem Tode des Stifters überwucherten Legenden und Wunder sein Andenken. Es kamen Bilder und Reliquiendienst, Heiligenverehrung und Wallfahrten, sowie Dämonenglauben auf. Die Buddhisten spalteten sich in Sekten, oft über einfältige Ansichten. Konzilien traten zusammen und trafen Bestimmungen über die Rechtgläubigkeit. Der König Asoka von Magadha (263 bis 226 vor Chr.) erhob den Buddhismus zur höchsten Gunst am Hofe. Dieser verbreitete sich über ganz Vorder- und Hinterindien, Tibet, China, Japan und die Mongolei. In Vorderindien aber verlor er nach und nach allen Boden zu Gunsten des neueren Brahmanismus (Hinduismus) und des Islam, während er in den übrigen Ländern völlig entartete und in Aberglauben und Götzendienst versank.

2. In Europa

Wir haben uns deshalb hier mit dem Buddhismus beschäftigt, weil er in seinen Wirkungen nicht auf Asien beschränkt blieb, sondern in wiederholten Anläufen Einfluß auf unser Europa gewonnen und gegenwärtig sogar in diesem Erdteil, der Domäne des Christentums, eine Propaganda in Angriff genommen hat.

Es kann keinem Zweifel unterliegen, daß die katholische Kirche, sowohl die morgen- als die abendländische, Gebräuche pflegt, die mit den in später, aber doch vorchristlicher Zeit aufgekommenen buddhistischen die auffallendste Ähnlichkeit haben. Außer den schon erwähnten kennt der spätere Buddhismus auch den Rosenkranz, Fasten, Beichte, Prozessionen, Weihrauch, Weihwasser, Glocken, sogar das Kreuz. Ob einiges davon und welches wirklich aus dem Buddhismus stammt, ist ungewiß. Jedenfalls ist der buddhistische Papst, der Dalai Lama in Lhafsa (Tibet) weit jünger als der römische. –

Der erste greifbare Einfluß des Buddhismus auf die Christenheit bestand in nichts geringerem, als daß Buddha unter anderem Namen zum Heiligen der römischen Kirche erhoben wurde! Das ging, wie Professor Ernst Kuhn in München jüngsthin nachgewiesen hat, so zu. Es gibt eine christliche Legende, nach der ein indischer Prinz, Jodasaf oder Joasaf, von dem heil. Barlaam bekehrt wird und sich in die Einsamkeit zurückzieht. Diese Legende wurde im Mittelalter aus dem Griechischen in fast alle europäischen Sprachen übersetzt. Es hat sich nun durch sorgfältige Forschungen gezeigt, daß Joasaf ursprünglich Bodhisattva hieß, was der Titel des zukünftigen Buddha ist, d. h. eines Wesens, aus dem durch die Seelenwanderung einst ein Buddha werden soll. Aber dieses Wesen gab es eine Menge indischer Fabeln und Sagen, deren manche im ersten Jahrhundert ihren Weg zu den Christen fanden und in christlicher Weise verstanden wurden. Die Geschichte von Joasaf, deren Anfang genau der Jugendgeschichte des Buddha und seiner Bekehrung zum Mönche entspricht, wurde so beliebt, daß man ihren Helden, der nun Josafat genannt wurde, zum Heiligen erhob, wozu jede christliche Gemeinde das Recht hatte, bis im Jahre 1170 Papst Alexander III. es als ein Vorrecht des heiligen Stuhles in Anspruch nahm. Papst Sixtus V. ließ die Listen jener Ortsheiligen durchsehen und neu anfertigen, bei welchem Anlasse auch der heil. Josafat, d. h. Buddha anerkannt wurde. Ja, es gab sogar Reliquien des heil. Josafat; woher die kommen, ist freilich ebenso dunkel wie bezüglich der Reste vieler anderer Heiligen, die ja sogar oft mehrfach vorhanden sind. In Palermo gibt es eine Kirche des heil. Josafat, d. h. des Buddha!

Weit wichtiger als diese vereinzelte und ohne Folgen gebliebene Erscheinung ist die überwältigende Menge von geradezu auffallenden Ähnlichkeiten zwischen den Überlieferungen vom Leben des Buddha und dem des christlichen Heilandes. Diese Analogien haben im vorigen (19.) Jahrhundert große Aufmerksamkeit und Teilnahme erregt. Als der erste, der darauf aufmerksam machte, darf wohl Arthur Schopenhauer, der letzte große deutsche Philosoph (geb. 1788, 1860) genannt werden, der in seinen „Parerga und Paralipomena" (Durchgearbeitetes und Hinterlassenes, 2. Bd., § 179) sagte: „Das Neue Testament muß irgendwie indischer Abstammung sein; davon zeugt seine durchaus indische, die Moral in die Askese überführende Ethik, sein Pessimismus und sein Avatar (Fleischwerdung). Durch eben diese stellt es sich mit dem Alten Testament in entschiedenen innerlichen Widerspruch." Weiterhin zeigt Schopenhauer, daß die Begriffe der Einheit von Gott und Mensch, des Versunkenseins der Menschheit in Sünde, Verderben, Leiden und Tod dem Buddhismus und Christentum gemein und vom jüdischen Optimismus fern seien. Endlich äußerte er die Hoffnung, daß einst mit den indischen Religionen vertraute Bibelforscher kommen werden, welche die Verwandtschaft derselben mit dem Christentum auch durch ganz spezielle Züge werden belegen können.

Dies ist auch bereits versucht worden, zuerst von dem verstorbenen Professor Rudolf Seydel in Leipzig (in zwei Schriften, 1882 und 1884), der an der Hand der buddhistischen heiligen Schriften und des Neuen Testaments auf folgende einander entsprechende Züge hinwies.

Nach der Legende ist der Buddha Sohn eines Königspaares, nach den Evangelien Jesus der Abkömmling König Davids. Durch himmlische Geister wird sowohl der Mutter des Buddha, Maya, als der Maria die Geburt eines Sohnes von übernatürlicher Herkunft verkündet. Der Brahmane Asita weissagt die Größe des Buddha wie Simeon diejenige Jesu. Der König Bimbasara stellt aus Furcht dem Kinde Buddha nach wie Herodes dem Jesuskinde. Wie dieses im Tempel, wird Siddhartha von den besorgten Eltern in der Umgebung von Weisen gefunden. Beide fasten in der Wüste (in Indiens Wildnis), beide werden vom Bösen versucht, beide treten mit ungefähr 30 Jahren öffentlich auf, beide sammeln Jünger um sich, deren einzelne manche Ähnlichkeiten darbieten, und senden sie aus, beide ziehen umher, sind arm und ehelos und halten Reden, die mancherlei Gemeinsames haben, fühlen Mitleid mit dem Volke, heilen Kranke, verheißen Erlösung, bekehren Verirrte, erzählen Gleichnisse, tun Wunder und erleiden Anfeindungen. Andere gemeinsam sein sollende Züge sind allerdings sehr gesucht. Groß sind aber auch die Verschiedenheiten, namentlich am Ende. Jesus starb jung und gewaltsam, der Buddha alt und eines natürlichen Todes. Jene Ähnlichkeiten finden sich in anderer Gestalt auch bei anderen Religionsstiftern und beweisen durchaus nicht, daß das Christentum vom Buddhismus beeinflußt oder gar abgeleitet wäre. Höchstens könnten die bereits erwähnten Eigentümlichkeiten der späteren Kirche und das Mönchtum auf Einflüsse von Indien her zu rückgeführt werden, aber keineswegs mit Sicherheit. Namentlich aber ist die Vorstellung vom Jenseits grundverschieden in beiden Religionen. Der Christ geht nach seiner Ansicht einmal in die Ewigkeit über, der Buddhist aber glaubt, von Ewigkeit her wandere sein „Wille zum Leben" von Wesen zu Wesen, und zwar je nach seinem Karma zu schlechterem oder besserem Leben, um Lohn oder Strafe zu finden, bis völlige Empfindungslosigkeit ihn von der Wanderung befreit und des Nirvana würdig macht.

Diesen aus Indien bezogenen Wahn, für den schlechterdings nicht mehr spricht als für irgend ein christliches Dogma, sucht nun neuerdings eine neubuddhistische Sekte den Europäern beliebt zu machen. Nach Schopenhauers Vorgang, den sein bedeutender Geist nicht davon abhielt, an Geistersieherei und Seelenwanderung zu glauben, d. h. in allen Dingen ein Sonderling zu sein, wie er es auch im Leben war, eröffnete den Neigen der Oberpräsidialrat Theodor Schultze in Potsdam (geb. 1824, † 1898), der sich einen deutschen Buddhisten nannte und der Ansicht war, „unsere (die europäische) Lebensanschauung vermöchte durch Befruchtung mit indischen, speziell buddhistischen Gedanken zu höherer Entwicklung gebracht zu werden." Er verwarf das Christentum durchaus, konnte sich aber nicht zum unabhängigen Freidenkertum aufschwingen, sondern unterwarf sich in seinen sonst trefflichen Schriften rückhaltlos dem Buddhismus und dessen indischen Quellen, und erklärte ihn für die Religion der Zukunft. Er war auch bestrebt, nach buddhistischer Art, d. h. in Bedürfnislosigkeit und in Überwindung des Leidens zu leben und zu sterben. Wie Schopenhauer war er unvermählt, und bei aller Achtung für seine Person muß man doch fragen: begünstigte der freiwillige Zölibat nicht eine Richtung, die sich stets in der Mißachtung der Frauen gefallen hat? Da ja die Bettelmönche die einzigen vollberechtigten Buddhisten sind, so existiert für diese Religion in ihrer Vollendung weder die Frau, noch die Familie, noch das Haus; dies alles sind nur „Ketten, die die Menschen vom vollkommenen Glücke zurückhalten".[17] Demgemäß werden sie im gesamten Gebiete des Buddhismus behandelt; sie schaffen nur Leiden, von denen diese Glaubensform ja erlösen will. Sie verlassen ist das höchste Verdienst des echten Buddhisten.

Diesen Punkt übergehen nun wohlweislich die neuen europäischen Apostel der Selbsterlösungslehre; denn er würde ihrer Tätigkeit eine unübersteigbare Schranke setzen. Diese Herren Neumann, Dahlke, Pfungst, Heckel, Weingartner, Freydank und wie sie alle heißen, und der „buddhistische Missionsverlag" (!) in Leipzig suchen ihre Schönfärberei der heute bekanntlich überall, wo sie einst blühte, verkommenen und erstarrten Lehre des Weisen vom Kapilavastu auf andere Weise geltend zu machen. Europa soll ihr für das so gut wie verlorene Asien Ersatz bieten, und seine christliche Vergangenheit wird darum (teilweise leider mit Recht) so schwarz wie möglich angestrichen. Trotzdem staunt Dr. Arthur Pfungst über die „langsame Ausbreitung dieser indischen Religion in Europa."[18] Sie können es, scheint es, nicht erwarten, uns alle zu (freilich modernisierten) Bettelmönchen werden zu sehen. Pfungst verherrlicht darum den von einem Deutschen in Stuttgart unter dem Namen „Subhadra Bhikschu" (!) verfaßten und in Braunschweig erschienenen „Buddhistischen Katechismus". Wenn er aber dabei sagt, „die weltstüchtige Lebensanschauung und das unerschütterliche Streben nach Erlösung von der Wiedergeburt" sei lediglich das „Milieu" (dieses schauderhafte Modewort bezeichnet die örtliche Umgebung, den Schauplatz einer geschichtlichen Erscheinung) der Heimat des Buddhismus und

---

[17] Max Schreiber, Buddha und die Frauen. Tübingen und Leipzig 1903.
[18] Aus der indischen Kulturwelt. Stuttgart 1904, S. 44 ff.

daher etwas ganz Selbstverständliches gewesen, d. h. wohl, habe für unsere Zeit keine Bedeutung mehr, so hat er vollkommen recht, verurteilt aber damit das Unterfangen, den Buddhismus, der ohne jenes „Milieu" gar kein Buddhismus ist, in Europa einzuführen. Denn das Bettelmönchtum ist und bleibt die Grundlage des Buddhismus. Was diese Herren bei uns einführen wollen, ist nichts als eine neue ethische Gesellschaft mit dem Anhängsel des Karma und der Seelenwanderung, die aber den Europäern keine ethischen Grundsätze bringt, die nicht schon in der antiken Philosophie, im Urchristentum und in der modernen Aufklärung enthalten wären. Dieses Unterfangen ist durchaus unhistorisch. Das Christentum ist unmittelbar nach seiner Entstehung durch Paulus und seine Genossen nach Europa gebracht worden, – das war ein historischer Zusammenhang, der zwischen dem Buddhismus und Europa absolut fehlt.

Überflüssigerweise tritt Pfungst an der Hand des „Bettelmönchs" Subhadra der Ansicht entgegen, daß der Buddhismus eine Hierarchie nach Art des Papsttums sei. In Tibet ist er das allerdings, in Hinterindien doch immerhin Staatsreligion (wie früher in Zeylon). So wie Pf. die Verfassung des Buddhismus schildert, wäre er aber, wie ohne zeitlichen Zusammenhang mit seinem Ursprung, so auch ohne inneren räumlichen mit seinem Verbreitungsgebiet und durch völlig verschiedene Kulturverhältnisse von diesem so sehr geschieden, daß er in Europa durchaus nichts Buddhistisches mehr an sich hätte.

Wenn nun Pf. das Karma selbst eine Hypothese nennt und dennoch verteidigt – wer soll dann bereit sein, einen Glaubenssatz anzunehmen, der ihm nicht als göttliche Offenbarung, sondern nur als eine Vermutung vorgestellt wird? Für unser europäisches Gefühl gibt es nichts Empörenderes, als daß der Mensch für das büßen soll, was in einem frühern Dasein nicht einmal er, sondern sein sog. Wille zum Leben verbrochen habe. Er weiß ja garnichts davon, soll also willig alles Unrecht dulden, das er in Wahrheit nicht verdient hat. Damit würde jeder

Kampf gegen Ungerechtigkeit, der doch zum Erhebendsten im Menschenleben gehört, abgeschnitten und der arme Mensch zum zertretenen Wurm herabgewürdigt. Kurz, für unsere Zeit ist das Karma eine Ungeheuerlichkeit und die Seelenwanderung ein lächerlicher Aberglaube. Der Mensch kann vernünftigerweise nur für das verantwortlich gemacht werden, was er selbst mit Wissen und Willen getan hat. Was man dem Schicksal zuschreibt, sind nichts als Ansichten.

Wenn die Neu-Buddhisten ferner den Vorwurf zurückweisen, daß der Buddhismus ein Quietismus, d. h. ein tatloses Hindämmern sei und sich im Nichtstun gefalle, so mögen sie doch nachweisen, was er überhaupt zum allgemeinen Besten geleistet hat! Warum ist er denn in Asien so durchaus verkommen?

Wahrlich, der Buddhismus braucht uns nicht Liebe zu Menschen und Tieren zu lehren; diese wird bei uns in hohem Maße gepflogen, und wenn sie noch nicht allgemein durchdringen kann, so vermag unsere Kultur doch unendlich viel, was dem für uns fremdartigen Buddhismus unmöglich ist. Was er uns bringen kann, ist längst Eigentum unserer Freidenker, ethischen Vereine und wissenschaftlichen Anstalten. Die Frommen bleiben sicher Christen, die Aufgeklärten aber brauchen den Buddhismus nicht. Er bleibe also lieber in Asien. Dort gibt es noch manches für ihn zu tun.

Denn er ist immerhin besser, weil philosophischer durchdacht, als der beschränkt abergläubige Hinduismus, sein Nachfolger in seinem Vaterlande Vorderindien. Dort hat in der Tat eine Bewegung zur Wiederherstellung seines einstigen Ansehens begonnen, aber merkwürdigerweise nicht durch Eingeborene, sondern durch den amerikanischen Oberst Henry Olcott und seine „theosophische" Gesellschaft, die noch fortwährend dort wirkt. Leider ist diese aber so sehr von wundersüchtigem Aberglauben durchsetzt, daß darunter das Vernünftige ihres Unternehmens leiden muß. Dies gibt uns Anlaß, auch auf einem dritten Gebiete, dem des „Jenseits" die mit solchen „okkultistischen" Neigungen eng verbundenen Bestrebungen der Neu-Buddhisten zu verfolgen.

3. Im Jenseits

Nicht allen Lesern wird der Okkultismus eine vertraute Sache sein. Und doch ist er nichts Neues. Nimmt man alles zusammen, was jemals behauptet worden ist, ohne bewiesen zu sein: Zauberei, Hexenwesen, Wunder, Wahrsagerei, Dämonen, Geistererscheinungen, Beschwörungen usw., so erhält man ungefähr einen Begriff vom Okkultismus, das heißt von einem System rätselhafter Dinge, die für die einen, die Gläubigen, unzweifelhafte Tatsachen, für die anderen aber, die ungläubigen, kritischen, lediglich krankhafte Einbildungen sind. „Aber das gehört ja in längst vergangene Zeiten, ins Mittelalter", wird man sagen. Wir bitten um Entschuldigung! Diese Neigung zum Wunderbaren und Zauberhaften feiert gerade in unserer „aufgeklärten" Zeit einen mächtigen Aufschwung und findet fabelhaften Anklang und Anhang. Es gibt in Leipzig, der Metropole des deutschen Buchhandels, drei, vielleicht noch mehr Verlagsfirmen, die Hunderte von Büchern herausgeben, in denen der tollste Geisterspuk sein Wesen treibt. Sie würden dies bleiben lassen, wenn sie nicht des Absatzes sicher wären. Woraus besteht denn aber das Publikum, das diesen Absatz nährt? Es besteht aus allen jenen, denen die Religion nicht das bietet, was sie erwarten, die Wissenschaft aber zu trocken und langweilig ist. Den Hauptteil der Anhänger des Okkultismus bilden aber jene, die ein tieferes Bedürfnis fühlen, nach dem Tode fortzuleben und im Jenseits ihre Verwandten und Freunde zu finden, und die daher dieses Fortlebens sicher sein möchten. Diese brennende Sehnsucht nach dem Jenseits nun ist es, welche die Okkultisten in zwei hauptsächliche Parteien scheidet. Die eine dieser Parteien bilden die Spiritisten, denen der Verkehr mit dem Geisterreiche die Hauptsache ausmacht, deren Wesen und Treiben aber so hinlänglich bekannt ist, daß wir sie hier übergehen dürfen. Die andere Partei, mit der wir uns hier beschäftigen wollen, ist die der Theosophen, für welche der Spiritismus nur ein unwesentlicher, ja sogar entarteter Zweig des Okkultismus ist, die viel mehr behaupten, es sei eine bloße Hypothese, daß die von den Spiritisten angeblich beobachteten Erscheinungen von den abgeschiedenen Seelen Verstorbener herrühren. Die Theosophen wollen daher ein eigentliches System aufstellen und damit namentlich „beweisen" (?), daß ihre „Adepten", d. h. vorgeschrittensten Anhänger, durch ihren bloßen Willen alles Mögliche, auch das von den Spiritisten den Geistern Zugeschriebene bewirken und überdies nach Belieben, nicht nur durch Klopftöne, Psychographen, Medien usw., mit dem Geisterreiche verkehren können. Die Theosophen schauen daher verächtlich auf die armseligen Spiritisten und nicht minder hochmütig auf die forschende Wissenschaft herab, die nach ihrer Ansicht im Finstern herumtappt und sich nicht über das Materielle erheben will. Ihre „Adepten", wird behauptet, können sich von ihrem Körper frei machen und im ätherischen „Astralleibe", der den natürlichen in der Regel begleite und ihm vollkommen ähnlich sei, sich beliebig in die Ferne versetzen, ja sogar nach anderen Planeten. Diese Leute sind daher noch etwas mehr, als was man sonst unter „Zauberern" oder „Magiern" verstand. Sie fabeln, eine angebliche priesterliche Geheimwissenschaft habe sich vom alten Ägypten und Chaldäa her durch Vermittlung der Essener, Gnostiker, Neuplatoniker usw., vorzugsweise aber der indischen Brahmanen und der Buddhisten durch die Jahrtausende fortgepflanzt, wenn auch nur im Stillen und Geheimen. Es soll durch sie denen, die darin Fortschritte gemacht haben, eine unbedingte Herrschaft über die Naturkräfte verliehen sein.

Auf die Frage, wo sich denn diese „Adepten" befinden, antworten die theosophischen Schriftsteller, allerdings in einer Weise, die an Bestimmtheit und Klarheit recht viel zu wünschen übrig läßt, daß sie unter dem Namen „Mahatmas" (große Seelen) im fernen Osten, besonders in Indien oder (!) Tibet eine Bruderschaft oder geheime Gesellschaft bilden, welche einen Aufnahmesuchenden nach siebenjähriger Probezeit, die aber nach Belieben verlängert werden kann, in ihre Geheimnisse einweihen oder – auch nicht! Diese Mahatmas sollen im Himalaya oder dort herum – Genaueres erfährt man nicht – als Einsiedler leben und keineswegs darauf erpicht sein, ihre geheime Weisheit weiter zu verbreiten. Hingegen sollen sie gnädigst erlaubt haben, daß die allein von ihnen eingeweihte Europäerin, Frau Helene Petrowna Blavatsky, Tochter eines Deutschrussen (geboren 1833, gestorben 1891), ihre Lehren weiteren Kreisen mitteile. Dies geschah durch die Gründung der „Theosophischen Gesellschaft", die in Indien, Amerika und Europa zahlreiche Zweigvereine erhalten hat. Madame Blavatsky, die in allen drei genannten Gegenden durch Ausbreitung der theosophischen „Lehren" tätig war, muß als eine bedeutende Frau anerkannt werden, die sich aber einseitig von ihrer Phantasie beherrschen ließ und an der Sucht litt, Wunder zu wirken und mit übermenschlichen Wesen in Verbindung zu treten. Sie und ihre Schüler wollen mit den Mahatmas ohne Inanspruchnahme der Post und des Telegraphen Briefwechsel geführt haben. Die Briefe zwischen ihnen sollen plötzlich, nachdem sie in einem Augenblicke Hunderte von Meilen über Land und Meer geflogen, aus der Luft zur Erde gefallen und verschiedene Gegenstände an verborgenen Orten, unter der Erde, in Schubladen, Kissen usw. gefunden worden sein, wo Madame Blavatsky angab, daß sie sich befänden. Einer ihrer Schüler, Sinnett mit Namen, als theosophischer Schriftsteller sehr eifrig, hat sich in seinem Größenwahn so weit hinreißen lassen, Behauptungen aufzustellen, die ihn unzweideutig als Erfinder der von ihm verkündeten Geheimlehre erkennen lassen, nämlich des sog. esoterischen (geheimen) Buddhismus, den Max Müller als nicht existierend nachgewiesen hat.

An Vorwürfen des Schwindels und Betruges hat es den Theosophen nicht gefehlt, sogar aus dem eigenen Lager. Ja, ohne dies zu beabsichtigen, erwies der deutsche Hauptvertreter der Theosophie, Dr. Franz Hartmann, der in Leipzig zu Gunsten dieser Lehre die „Lotosblüten" herausgibt, der Madame Blavatsky einen schlechten Dienst, indem er sie mit dem Erzgauner Cagliostro zusammenstellte, den er freilich als einen Adepten betrachtet, der mehr wußte als seine Zeitgenossen. Als Nachfolgerin der „Prophetin" wird von den Theosophen Mrs. Annie Besant, geborne Wood (geb. 1848) betrachtet, die vom Pietismus zum Atheismus und von diesem wieder zum Okkultismus übergetreten ist. Es passierte ihr aber in Indien, wo sie gleich ihrer Vorgängerin mit den Mahatmas korrespondiert haben will, der Unstern, daß nachgewiesen wurde, ein Schrank mit doppeltem Boden habe als Niederlage der Mahatma-Briefe gedient und diese seien mit einem Petschaft versiegelt gewesen, das der amerikanische Oberst Olcott, der getreue Begleiter von Madame Blavatsky, hatte machen lassen. Mrs. Besant gestand, betrogen zu sein, ließ aber deshalb (vorläufig!) von der Theosophie nicht ab.

Wie schon angedeutet, unterscheidet sich die Theosophie vom Spiritismus dadurch, daß sie sich gegen die Annahme eines Eingreifens der abgeschiedenen Seelen in das Leben der Menschen vornehm lächelnd ablehnend verhält. Wie die Spiritisten ein passiver Spielball der „lieben Geister", so sind die Adepten oder Mahatmas aktive Beherrscher der dies und jenseitigen Welt, eine Art Götter, und die übrigen Theosophen streben eben danach, auch Adepten oder Mahatmas zu werden. Der Spiritist will bloß die Überzeugung von einem Jenseits befestigen, der Theosoph aber das Dies und Jenseits sich Untertan machen. Die angeblichen Adepten (für deren wirkliches Vorhandensein es natürlich keinen Beweis gibt) sind Übermenschen nach Nietzsches Lehre, bloß mit dem unterschiede, daß sie den Menschen nur Gutes erweisen, nicht sie unterdrücken wollen, wie die „lachenden Löwen" des unglücklichen Zarathustra-Philosophen oder vielmehr Dichters. Die Theosophie hat daher einen höchst edlen, moralischen Kern, nur schade, daß die Schale, d. h. das zauberhafte Beiwerk, lediglich Phantasiegebilde ist!

Während der Spiritismus ängstlich bemüht ist, keine anderen Geister gelten zu lassen als die „Spirits" verstorbener Menschen, erfreut sich die Theosophie eines wahren Überflusses von Geisterklassen, die teils Menschen waren, teils Menschen sein werden, teils zugleich Menschen und Dämonen, teils bloß Dämonen sind. Der Dämonismus ist daher ein wichtiger, vielleicht der wichtigste Teil der theosophischen Lehren, deren übrige Teile er durchdringt.

Diesen Gegenstand behandeln die „Lotosblüten" im Jahrgänge 1895, gestützt auf die „Autorität" der Madame Blavatsky, folgendermaßen:

„Jedes Ding hat seinen „Astralkörper" oder (richtiger) die äußere Erscheinung jedes Dinges ist die materielle Verdichtung eines astralen Dinges, das auch ohne dieses materielle Gewand existieren kann und existierte, ehe der physische Körper vorhanden war. So finden sich auch auf der „Astralebene", d. h. prosaisch zu sprechen im Geisterreich, die Typen von allen Dingen, deren materielle Erscheinung wir in der äußeren Natur wahrnehmen. Außer diesen aber hat die Astralebene auch die ihr allein angehörenden Geschöpfe, die auf der „physischen Ebene", d. h. im Erdenleben, noch nicht zur Verkörperung gelangt sind. Dazu gehören die Geister der vier „Elemente" (die aber bekanntlich keine Elemente sind). Die von den Kabbalisten, Rosenkreuzern, Alchemisten und anderen Mystikern behaupteten Dämonen der vier „Elemente" sind nach der Theosophie wirkliche Naturkräfte, wie Licht, Wärme, Elektrizität, Magnetismus. Der Adept beherrscht sie, das Medium der Spiritisten wird von ihnen beherrscht. Die Märchen und Sagen, die Wunder und der Zauber sind für die Theosophen Wahrheit; Feen, Nixen, Kobolde usw. gibt es für sie wirklich. Diese „Geister" bewirken die spiritistischen Phänomene, Tischrücken, Klopfen, herumfliegen von Gegenständen, Erscheinungen von Händen, Füßen, Gestatten, Durchdringung von Körpern usw., nicht die Seelen verstorbener Menschen, die nur den Antrieb dazu geben. Die Menschen waren vor ihrer Geburt Astralwesen und werden es nach dem Tode wieder sein".

„Aber was sie nicht können, das können die Elementargeister, nämlich den Äther verdichten und daraus sicht- und fühlbare

Gestalten bilden, wozu sie die „Modelle" aus dem Gedächtnis der anwesenden Menschen nehmen, das aber oft unzuverlässig ist." (Ein kostbares Geständnis!) Die Elementargeister stehen zwischen Menschen und Tieren; sie haben (wie im Volksglauben) keine Seele. Sie wohnen in den vier „Elementen" wie der Mensch in der Luft, der Fisch im Wasser, sie durchdringen ihr Element, so die Erdgeister Felsen und Mauern. In dieser Ansicht des Theophrastus Paracelsus findet indessen Madame Blavatsky nur einen Funken von Wahrheit, und die „Lotosblüten" sehen in den Elementargeistern „Gefühlsstimmungen der Natur". Etwas sehr unklar!

„Je nach der Qualität der Seele und des Willens hat der Mensch: Gott, Engel, Teufel oder Elementarwesen in sich. Jeder Mensch, lebend oder nach dem Tode fortlebend, der nicht von göttlichem Geiste erfüllt ist, ist ein menschliches Elementarwesen. Es ist daher zu unterscheiden zwischen dem egoistischen Erden und dem selbstlosen Geistmenschen. Der letztere ist der Adept; er wird es durch geistige Wiedergeburt; Zeit und Raum existieren für ihn nicht; er kann seine Seele und mit ihr sein Bewußtsein versetzen, wohin er will; er kann auch nach dem Tode als Adept wirken. Solche leben in Tibet (dem Lande der Gebetsräder, eben die bereits erwähnten Mahatmas). Diesen „Söhnen des Lichts" entgegengesetzt sind die „Brüder des Schattens", d. h. Menschen, welche das göttliche Licht an sich gezogen, aber erniedrigt haben, Böses wirkende Zauberer (schwarze gegenüber der weißen Magie, Rot- gegen Gelbkappen im Himalaya), „Teufelstänzer", die schauderhafte Orgien feiern, aber auch böse Geister, die in den spiritistischen Sitzungen, in Häusern und an abgelegenen Orten Spuk treiben und eitle Medien mißbrauchen, Vampire und Gespenster! Sie können beschworen und durch Räucherungen vertrieben werden. Gute und böse Geister gehen in uns ein und aus und leben unter uns."

„Die Schüler der Dugbas, jener schwarzen Brüder, lernen leichter wirken als die Theosophen, weil sie keine geistigen Gesetze haben, die ihre Handlungen hemmen. Es soll nach Dr.

Franz Kartmann („Weiße und schwarze Magie", S. 89) eine wohlbekannte Tatsacht sein, daß, wenn der schwarze Magier seinen bösen Willen aussendet, das beabsichtigte Unheil aber nicht gelingt, diese Willensform („Elemente!" genannt) zurückkehre und ihm selbst schade." Behaupten ist ja leicht!

Wer alles das nicht glaubt, besonders die Gelehrten, ist nach theosophischer Ansicht dumm, blind, kurzsichtig und alles mögliche Verächtliche. Die moderne Aufklärung „bezieht sich nur auf materielle Dinge und schläft in Beziehung auf die Erkenntnis der Wahrheit, welche nur den Theosophen beschieden ist". Da haben wir's!!!

Mit der soeben skizzierten Dämonologie ist allerdings das System der Theosophie noch lange nicht abgeschlossen. Dasselbe hat auch einen kosmologischen und einen anthropologischen Teil. Beide bestehen wesentlich aus einer Spielerei mit der Zahl Sieben. Der Mensch soll nicht nur etwa aus Leib und Seele oder Geist bestehen, sondern aus sieben Bestandteilen zusammengesetzt sein; dem physischen Körper, dem Astralleib (aus dem die Gespenster, Doppelgänger usw. bestehen), der Lebenskraft (*prana*), der Begierde (*kama*, die „Bestie im Menschen"), dem Verstand (*manas*) und dem Geist, der wieder zwei Teile, Atman und Buddhi zähle, was aus philosophischen Systemen Indiens geschöpft ist. Der Mensch soll ferner – hierin sind die Theosophen nicht einig – nach Sinnett sieben Planeten, nach Judge aber sieben Neuschöpfungen oder Wiederverkörperungen der Erde („sieben Globen") durchwandern. Auf jedem dieser Planeten oder Globen sollen sich sieben Rassen nacheinander entwickeln. Die dritte derselben soll auf dem angeblich untergegangenen Lemurien im Indischen Ozean, die vierte auf Platons Atlantis gelebt haben, die fünfte soll die unsrige sein! Die Mahatmas wollen auch wissen, die Menschen seien ursprünglich geschlechtslos gewesen, dann Hermaphroditen (Zwitter) geworden und hätten sich endlich in die beiden Geschlechter getrennt!

Gewiß gibt es noch viel Unerklärtes und Unbegreifliches unter der Sonne. Aber dies erklärt und begründet man nicht mit den theosophischen Behauptungen von sieben Teilen des Menschen, sieben Globen, sieben Rassen usw., deren Ausführung in den theosophischen Schriften rein aus der Luft gegriffen ist und durchaus keine Kritik verträgt. Der Okkultismus und die Theosophie bergen aber auch eine gar nicht leicht zu nehmende Gefahr in sich. Sollte ihre Ansicht, daß es eine böse, Schaden bewirkende Zauberei gebe, herrschend werden, so ist nicht einzusehen, warum die Urheber einer solchen nicht bestraft werden sollten. Das hieße aber nichts anderes als: Wiedereinführung der Hexenprozesse! Gott wolle uns vor solchem Greuel bewahren! Gegen eine solche Eventualität können alle möglichen edeln Seiten der Theosophie nicht in Betracht fallen. Zieht man aber alle diese edlen Tendenzen, die auch wir Nicht-Theosophen und zugleich Nicht-Materialisten befolgen, von dem Gebäude der Damen Blavatsky und Besant und der Herren Sinnett, Olcott, Judge, Salzer und Hartmann ab, so bleibt nur ein Phantasiegemälde, das wir mit dem besten Willen nicht anders als grauenhaft nennen können, übrig.

Was ich von diesem Gegenstande hier noch behandeln will, bezieht sich auf die theosophische Lehre von der? Reinkarnation, d. h. Wiedergeburt oder dem wechselnden Aufenthalte zwischen dem Dies und dem Jenseits. Die Lebensdauer, sagen die Theosophen, aber auch andere Leute, mit Recht, ist die Folge von Ursachen, die bestimmte Wirkungen haben. Weniger sicher da gegen ist die weitere Behauptung, nach dem Tode sei der Aufenthalt im „Lande der Seligen" (*Devachan*) von einer gewissen Dauer, die von den Ursachen, die der Mensch selbst geschaffen, abhängig sei. Seien die Wirkungen dieser Ursachen zu Ende, so trete der Selige als eine neue Persönlichkeit im irdischen Leben auf, sei es nun auf diesem oder einem andern Planeten. Er sei derselbe Schauspieler in einer anderen Rolle, wenn er auch, so lange er keine Selbsterkenntnis besitze, von seinen früheren Rollen nichts wissen könne. Die Rolle, die er in seinem neuen Leben zu spielen habe, hänge ab von der

Art, in welcher er in seinem frühern Leben aufgetreten sei. Sie werde durch sein Karma bestimmt, d. h. das Gesetz von Ursachen und Wirkungen auf der „moralischen Ebene", das Gesetz der göttlichen Gerechtigkeit (Nemesis). Der Beweis dafür soll da sein, wenn der Mensch zu seinem geistigen Bewußtsein gelange, wodurch er fähig werde, sich seiner früheren Daseinsformen zu erinnern.

Das ist alles recht schön; aber wodurch in aller Welt soll man sich veranlaßt fühlen, es zu glauben, wenn man nicht von Natur die Gabe hat, blindgläubig zu sein? Allerdings gibt es Theosophen, die behaupten, sich an eine frühere Existenz zu erinnern; ja ich habe selbst mit einem Okkultisten gesprochen, der versicherte, er habe zur Zeit Jesu Christi gelebt; sein ganzer Typus aber war der einer krankhaft veranlagten Persönlichkeit.

Über diesen Gegenstand, die Reinkarnation und was damit zusammenhängt, handelt das neueste uns in die Hände gekommene theosophische Buch: „Unsere unsichtbaren Helfer" von C. W. Leadbeater, dessen frühere Schrift, „Die Astral-Ebene", uns ebenfalls bekannt und in unserer „Kulturgeschichte der jüngsten Zeit" (Leipzig, O. Wigand 1897, S. 332) benutzt ist. Der Übersetzer selbst (L. Deinhard) sagt im Vorworte, ihm sei in der Literatur des Okkultismus keine Schrift bekannt, die so viel Kopfschütteln erregen werde, als die vorliegende; sie vertrete das stärkste Stück, was in dieser Beziehung geleistet oder, wenn man will, verbrochen wurde. Es ist, fügen wir bei, wirklich der Gipfel der Phantastik, und wie wir bereits andeuteten, einfach verblüffend, daher wir auch bloß den Inhalt der Schrift wiederzugeben brauchen, ohne uns viel der Kritik hinzugeben.

Es handelt sich in der Hauptsache darum, daß gewisse, der Astral-Ebene (dem Geisterreiche) angehörende Wesen unter Umständen gewissen von Unheil bedrohten Menschen unverhoffte Hilfe bringen oder ihnen das Leben retten. Diese Wesen sollen bald unsichtbare, bald glänzende Gestalten, kurz, das sein, was der Volksglaube „Schutzengel" nennt. Solches soll in Feuer-, Wasser- und anderer Gefahr vorgekommen sein, z. B.

auch gegenüber solcher, die von Abgründen, Pferde Fahrrädern, Automobilen, fallenden Gegenstände Volksaufläufen usw. drohte. Solche Geschichten sind nicht unbekannt; sie sind gewiß sehr rührend, aber nie besser beglaubigt, als die bekannten Geister- und Gespenstergeschichten, die Erzählungen von Doppelgängern, Todesankündigungen und Ähnlichem. Nur schade, daß den Rettungen Vereinzelter, mögen sie noch so wunderbar scheinen, der rettungslose Untergang von Tausenden durch Feuer, Wasser, Erdbeben, Seuchen, Krieg, Revolutionen usw. gegenüber steht!

Diese Wesen nun, welche die erwähnte Hilfe in Gefahren bringen sollen, sagt Leadbeater, sind teils Dämonen oder Naturgeister, teils die fortlebenden Geister verstorbener Menschen, teils endlich die noch auf Erden lebenden Adepten (in Indien Mahatmas) und deren Schüler, denen es vergönnt ist, auf der Astral-Ebene (im Geisterreich), ja sogar im Devachan (dem Lande der Seligen) zu wirken. Leadbeater spricht unbedenklich von einer „Durchforschung" jener „Ebenen", sagt aber leider nicht, wer sie erforscht habe und durch welche Mittel. Er erzählt frischweg, ein Deva (indisch: Geist, Dämon) habe einem ehemaligen Sänger „die wunderbarste himmlische Musik gelehrt" und ein anderer einen ehemaligen Astronomen im Bau des Weltalls unterrichtet. Woher er das weiß, sagt er wieder nicht.

Er rät, zum Verkehre mit den Devas lieber auf ihre „Ebene" hinaufzusteigen, auf der sie vollauf beschäftigt seien, als sie zu sich herunter zu rufen. Wie man Beides mache, verschweigt er. Er versichert aber, der Mensch könne in einer Weise fortschreiten, daß es ihm möglich sei, unsichtbare Hilfe zu leisten. Dabei scheint der Verfasser zu vergessen, daß unter den Menschen so viele sichtbare Hilfe geleistet wird, gegen deren Menge die von ihm erzählte unsichtbare oder geisterhafte in nichts verschwindet, und daß kaum einzusehen ist, was diese vor jener eigentlich voraus haben soll.

Die Sprache Leadbeaters ist zwar etwas dunkel; aber soviel ist (Seite 35) daraus zu verstehen, daß diese „unsichtbaren"

Hilfeleistungen im Schlafe erfolgen, d. h. während der Körper des Helfers schläft und (nach theosophischer Ansicht, Seite 42) die Seele oder der Geist sich in höheren Regionen befindet. Es wird also am Ende darauf hinauskommen, daß die Adepten und ihre Schüler von jenen „Ebenen", mit denen sie sich im Wachen so viel beschäftigen, träumen und dann nach dem Erwachen den Traum von einer Hilfeleistung oder von ähnlichem für ein wirkliches Erlebnis halten. Begegnet es ja uns Nicht-Theosophen sehr oft, daß wir eine zeitlang unsicher sind, ob wir etwas geträumt oder erlebt haben! Für diese Annahme spricht auch der von Leadbeater (S. 38) betonte Umstand, daß die fragliche Hilfe nur selten von Dämonen oder Verstorbenen, sondern fast immer von lebenden Adepten oder deren Schülern geleistet werde. Natürlich! Wir sind in dem, was wir selbst träumen, der Hauptteil; jenseitige Wesen spielen dabei weniger eine Rolle. Der Traum ist eine so rätselhafte Erscheinung, daß wir den Glauben phantasiereicher Leute, es sei in Wahrheit ein Leben in unserem Sinne im Jenseits, in gewissem Grade begreifen, wenn auch unsere persönliche Erfahrung lehrt, daß er nur eine Verwirrung irdischer Erinnerungen und Vorstellungen ist. Bedenken wir nun weiter, daß der Traum nicht die einzige Art eingebildeter Versetzung in andere Welten ist, sondern daß es für nervös erregte Menschen auch andere Wege in dieser Richtung gibt, wie die Hypnose, Vision, Halluzination, Berauschung (nicht nur durch Alkohol, Opium, Haschisch, sondern auch durch Ideen), und endlich der Irrsinn (von dem ja nicht genau bekannt ist, wo er anfängt und aufhört), so liegt die Erklärung der theosophischen Lehren vom Jenseits durch irgendwelche traumartigen Erscheinungen sehr nahe.

Leadbeater behauptet denn auch, daß die höchsten Adepten willkürlich von einer Ebene auf die andere übergehen können – nach unserer Ansicht in der von einem Zustande der Erregung geschaffenen traumartigen Existenz. Er behauptet, daß „Hellseher", d. h. nervös erregte Personen, über einem schlafenden Menschen, dessen Seele oder Astralleib schwebend erblicken. Er lehrt, dieser Astralleib werde bei fortschreitender Theosophie ebenso bewußt wie der Geist im physischen Leibe und bewege sich, während der letztere schlafe, frei auf der Astral-Ebene. Die meisten Menschen, die dies können, sollen jedoch in diesem Zustande so sehr in Nachdenken versunken sein, daß sie besonders geweck werden müssen, um hilfeleistend zu wirken, wenn sie auch – und das ist wichtig – nicht immer, ja oft erst nach langer Übung im irdischen Wachen sich des Geleisteten zu erinnern fähig sind, d. h. die Hilfe ist nicht immer ein eigener, sondern oft ein dem Betreffenden von anderen glaubhaft gemachter Traum. Denn woher sollen sie, wenn sie sich nicht daran erinnern können, von dem fraglichen Erlebnis etwas wissen? Es handelt sich wohl um eine systematische Erziehung von Schülern der Theosophie durch ihre uns unbekannten Lehrer!

Erwähnen wir nun die erstaunlichsten der von Leadbeater erzählten Geschichten (die übrigens jeder Quellenangabe entbehren und auf das bloße Wort des Verfassers geglaubt werden sollen, was gewiß eine starke Zumutung ist).

Eine Theosophin erhielt während des neulichen Krieges gegen die Matabele in Südafrika die Aufgabe, eine schlafende Farmerfamilie vor einem bevorstehenden Überfalle durch die Schwarzen zu warnen. Nachdem sie umsonst versucht, dem Farmer die drohende Gefahr beizubringen, „materialisierte sie sich soweit" als notwendig war, um die Hausfrau an der Schulter zu schütteln und sie zum Aufstehen und Umsehen zu bewegen, worauf diese ihren Mann weckte und die Familie fliehen konnte, deren Haus und Feld zerstört wurden. Ist es nun, fragen wir, glaublich, daß in so wilder Zeit eine ganze, einsam wohnende Familie schläft? Woher aber die Theosophin davon etwas wußte, wo sie selbst war und wie sie die Warnung bewerkstelligte, sind Rätsel, die uns die Theosophen erklären sollten, wenn sie auf Glaubwürdigkeit Anspruch erheben wollen.

Noch rätselhafter und wundersüchtiger ist folgende Geschichte: Zwei in Europa lebende „Helfer", die „vor langer Zeit im alten Ägypten Brüder waren", während jetzt der eine ein Mann, der Andere noch ein Knabe (aber „viel versprechend") ist, und die Beide fähig sind, auf der Astral-Ebene zu wirken, während ihre irdischen Körper schlafen, vernahmen plötzlich einen furchtbaren Schrei, eilten zur Stelle und fanden einen über eine Klippe abgestürzten und schwer verletzten Jungen. Um ihm zu helfen, „materialisierte" der Ältere den jüngeren Genossen, der nun den Verunglückten verband und von ihm für einen Engel gehalten wurde. Der ältere aber erweckte in der Mutter des Jungen (wie und wo fand er diese, da ihm der Junge doch unbekannt war?) die Besorgnis um ihr Kind und „führte" sie zu diesem, während er zugleich „sorgte", daß sein junger Freund nicht verschwand. Das Kind wurde gerettet und dies verdankte die ganze Nachbarschaft dem Engel, als welcher der junge Helfer galt. Aber noch mehr! Der ältere Helfer entdeckte durch „Nachforschungen", daß im alten Ägypten vor einigen tausend Jahren der Gestürzte der Sklave seines jungen Retters gewesen sei, ihm dort und damals das Leben gerettet und nun dafür den Lohn erhalten habe! Höchst rührend gewiß, aber für ruhig denkende Menschen höchst unklar und lediglich ein Traum oder Phantasiegebilde! Nirgends in diesen Geschichten erhalten wir eine Zeitangabe, einen Orts- oder Personennamen, nirgends eine Mitteilung wie und wodurch die erwähnten Handlungen bewirkt worden sein sollen, – nirgends also einen Anhaltspunkt zur Erkundigung nach der Wahrheit, nirgends endlich den Nachweis, das diese „Helfer" ihre Beobachtungen im Geisterreiche nach dem Erwachen aus ihrem Schlafe bestätigt gefunden hätten. Noch undeutlicher sind Leadbeaters Behauptungen, die „Helfer" hätten vor den Katastrophen des „Drummond Castle" und des verheerenden Zyklons von St. Louis die Bedrohten gewarnt und dadurch bewirkt, daß sie das Unglück besser ertrugen! Aber wie? und wodurch? erfährt niemand, und jede Bestätigung ist ausgeblieben! Eine „Helferin" soll, so wird erzählt, einem mit dem Tode ringenden Schiffbrüchigen tröstend erschienen sein und nach dem nicht mehr zu verhütenden Untersinken ihn auf die Astral-Ebene begleitet haben! Die Theosophen wollen überhaupt das Jenseits durchforscht haben, beinahe so wie Reisende Afrika oder das

Polargebiet, und bringen uns nun die Kunde, daß es weder Himmel noch Hölle nach kirchlicher Lehre, sondern nur jene Stufen des Geisterlebens gebe, wie sie die Theosophie aus indischen Schriften geschöpft haben will. Sie sympathisieren daher auch mit den katholischen Lehren vom Fegfeuer und von den Heiligen und beklagen die Protestanten, denen diese Übergangsstufe und diese Vermittler fehlen. Wäre es da nicht einfacher für die Theosophen, sich dem Papsttum anzuschließen? Sie sind aber eben mehr indische Polytheisten als Christen.

Leadbeater schließt mit Erzählungen von Helfern, die Verstorbene auf der Astral-Ebene aufgesucht, für sie dann ihre zurückgelassenen irdischen Angelegenheiten geordnet und sie dadurch beruhigt und beglückt hätten, sowie von Verstorbenen, die nicht glauben wollten, daß sie gestorben, und nur zu träumen meinten, worüber sie von ihren Besuchern eines Besseren belehrt wurden. Wie diese Besucher des Jenseits ihre Leute finden und wo und wie sie sich ihnen verständlich machen, ist natürlich ihr Geheimnis oder – das ihrer Träume! Wir kennen Leadbeater und Genossen nicht und wollen daher gern glauben, daß sie – mehr Träumer als Dichter sind. –

Die Theosophen erklären jeden, der nicht an ihre Phantasien glaubt, für einen Materialisten, das heißt einen, der außerhalb der Materie, dem Grobsinnlichen und rein Stofflichen, nichts anerkennt. Der Materialismus ist aber eine Hypothese wie jede andere. Sicheres weiß man über das Wesen der Dinge nichts; auch die Theosophie weiß nichts davon; sie bildet sich nur ein, allwissend zu sein, was kein Mensch sein kann. Die heutige Theosophie ist ein in Europa und Amerika entstellter Zweig des mißverstandenen indischen Brahmanismus und Buddhismus – sie ist nicht europäisch, nicht christlich. Sie spricht, so weit wir sie kennen, nicht von Gott – die Mahatmas und Adepten sind ihre Götter. Sie ist daher auch der europäischen Wissenschaft entfremdet und hält sie deshalb irrigerweise für durchaus materialistisch. Sie weiß nicht, daß die materialistische Lehre der Büchner, Moleschott, Vogt und anderer beinahe vergessen ist und ihr früherer Anhänger Häckel sich zu einem

Materialismus wie Spiritualismus aufhebenden Monismus bekennt, daß unter den Naturforschern nur noch wenig, unter Historikern, Philosophen und anderen Gelehrten keine Materialisten mehr zu finden sind. Wenn sie aber in ihrem Eigendünkel glaubt, es lasse sich nichts Besseres an ihre Stelle setzen, so ist darauf zu erwidern, daß das Bessere bereits vorliegt. Es ist dies die mit der forschenden Wissenschaft und der schönheitdurchdrungenen Kunst verschwisterte aufgeklärte und humane Moral. Diese Verbindung hoher, erhabener Ideen und Schätze des Wissens und Könnens, bietet der Menschheit alles Gute, Schöne und Wahre, das ihr zu erreichen möglich ist, ohne sie in gefährliche Illusionen einzulullen, die nur zur Selbstüberschätzung, zur Einbildung des Übermenschentums und der Gottähnlichkeit führen, die der Mensch nicht erreichen kann. Die Menschheit tut besser, zu bekennen, daß sie vom Wesen Gottes, der Welt und der Seele noch nichts Sicheres weiß, als sich einzubilden, sie wisse etwas und könne etwas bewirken, was lediglich Träume sind. Mit Bescheidenheit kommt sie ihrem Ziele der Vervollkommnung sicher näher als mit jenen Illusionen des Besuches im Jenseits, der Reinkarnation (die nur die indische Seelenwanderung wiederholt) und der Bewirtung von Zauberei. Möchten diejenigen Theosophen, welche die Fruchtlosigkeit der Versprechungen ihrer „Adepten" einzusehen beginnen und des täglich an Anmaßung wachsenden Zauber und Traumschwindels satt sind, sich der wahren Theosophie zuwenden, die in der Verbindung idealer Philosophie und vernünftiger Theologie besteht. Sie werden dann sehen, daß sie dabei nur die traumhafte Schale einbüßen, aber den herrlichen ethischen Kern der aufgeklärt-christlichen Demiurgos-, (nicht brahmanisch-buddhistischen Mahatma-) Lehre bewahren und sich immer fester aneignen.

IV. Zarathustra

„Tot sind alle Götter,
nun wollen wir, daß der Übermensch lebe."
Nietzsche

Unter allen Religionsstiftern der Erde ist von Zarathustra (griech. Zoroaster) am wenigsten etwas bekannt. Das Avesta, die heilige Schrift der alten Iranier oder Perser, leitet seine Entstehung von einem Manne jenes Namens ab, den aber, wie Prof. Hermann Oldenberg („Aus Indien und Iran") sagt, „dichte Nebel der Sage und Legende von Alters her umhüllen". Die Angaben über die Zeit seines Lebens schwanken um Jahrtausende, so daß sich dieselbe „nicht auch nur annähernd bestimmen läßt". Die heutigen Perser sind bescheidener geworden als ihre großsprecherischen Vorfahren, sie setzen das Auftreten Zarathustras nur 272 Jahre vor Alexander dem Großen an, also ungefähr 600 Jahre vor Christus, welche Bestimmung aber durchaus unzuverlässig ist, so bestechend es auch wäre, Zoroaster, Buddha, Kongfutse und Pythagoras Zeitgenossen zu nennen. Oldenberg ist überzeugt, daß Zarathustra weit früher gelebt habe, aber doch nicht früher als etwa 800 bis 900 Jahre vor unserer Zeitrechnung. Nicht viel besser als mit der chronologischen Bestimmung seines Lebens steht es mit der geographischen seines Wirkens. Die Ansichten hierüber schwanken zwischen dem äußersten Westen und dem äußersten Osten des Landes Iran. Das Avesta selbst ist dem letztern, d. h. der Grenze gegen Indien günstig. Oldenberg entscheidet sich für die Landschaft Baktrien, über die zur Zeit des Religionsstifters der König Vischtaspa herrschte und wo ähnliche einfache Kulturzustände lebten wie in dem benachbarten und stammverwandten Volke der alten Inder im Pendschab (oben). Ganz wie nach den Berichten über Buddha, Kongfutse und Jesus wird auch in denjenigen über Zarathustra dessen Geburt durch übernatürliche Erscheinungen (hier Träume) verkündet. Wunderbare Züge seiner Kindheit, Zurückgezogenheit in der Wüste, Versuchung durch den Gott des Bösen, Angramainjus, Offenbarung seiner Lehre durch den guten Gott Ahuramazda (Ormuzd) und viele Wunder stellen ihn neben Mose, Jesus und Mohammed wie neben Buddha. Die seine Person umgebende Dunkelheit, seine Zurückgezogenheit, seine das Gute und Böse in zwei feindliche Welten verteilende Lehre, das sind wohl die Haupt gründe, die den Dichter-Philosophen Friedrich Nietzsche bewogen haben, seinen Namen dem Helden eines Werkes zu geben, das halb Roman, halb religiös-ethische Tendenzschrift und in seinem Stil eine Nachahmung der Bibel ist. Sogar ein unbedeutend scheinender Umstand, der Sagenzug, daß Zarathustra als Kind gelacht statt geweint habe, ist auf sein Nachbild übergegangen. Ebenso unheimlich wie jenes Kleinkinderlachen ist das Lachen, das im Leben des modernen Zarathustra eine Rolle spielt.

Der Zarathustra Nietzsches lebt, wie aus vielem in dem Buche „Also sprach Z." hervorgeht, in einer Zeit, die bald an die Gegenwart erinnert, bald in eine ferne Zukunft zu versetzen scheint, in einer Gegend ohne Namen und geographische Eigenart, unter einem Volke ohne nationalen Charakter. Sein Aufenthalt ist gewöhnlich eine Sohle im Gebirge: er reist aber oft umher, begleitet von Jüngern, und kommt bisweilen in Städte, deren eine den sonderbaren Namen „Die bunte Kuh" führt, und wo er zum Volke spricht. Er versteht dies aber so wenig, daß er oft verlacht wird. Er predigt überall, wo es nicht nötig ist, und wo es nötig wäre, da schweigt er. Ruhe und Mäßigung ist nicht seine Sache; in der Regel schimpft er maßlos über alles mögliche; oft sogar hat er ohne besondern Grund die gräßlichsten Wutanfälle, in denen er sich selbst nicht kennt. Von Handeln ist bei ihm keine Rede, und doch hat er Feinde, die ihm Gefahr drohen, – warum ist durchaus unklar. Er ist ein haltloser Schwärmer, der sich nicht zu einem Lehrer eignet. Stets spricht er vom Schaffen, schafft aber nichts, so große Worte er auch in die Welt hinaus ruft, in denen er gegen alltägliche, harmlose und oft gar nicht existierende Schwächen (z. B. gegen die „Leibverächter") loszieht, während er wirkliche

Übelstände und Krebsschäden der Zeit gar nicht zu kennen scheint. Bedeutend ist er nur als Dichter, d. h. Nietzsche ist es, der ihm wirklich ergreifende und herzbewegende Lieder in den Mund legt. Als Dichter hat er natürlich auch Traumbilder, aus denen erst bloße Unklarheit, später apokalyptisches Fantasieren, verworrene Lästerungen, grauenhafte Gesichte sprechen, die aber schließlich in Wahnsinn und Tobsucht ausarten. Den Gipfel aber ersteigt sein unsinniges Treiben am Ende des Buches, wo er in seiner Sohle allerlei seltsame, gespensterhafte Gestalten um sich sammelt: einen Blutegelsammler, einen Zauberer, den „letzten Papst", der Gott lästert, den „häßlichsten Menschen" (den Mörder Gottes!), ja seinen eigenen Schatten, – Gestalten, die er zum „Abendmahl" ladet, aus dem aber ein Eselsfest und eine ganz gemeine Verhöhnung christlicher Anschauungen wird. Wie Zarathustra endet, sagt das Buch, weil unvollendet, nicht.

Nietzsche war ein kranker Mann und wurde es in seinem Leben immer mehr, bis (1889) sein Geist starb und ein Dutzend Jahre später auch sein Leib. Dies zwingt zum tiefsten Mitleid mit ihm und zur Nachsicht mit vielen seiner Schwächen und Maßlosigkeiten, über die man am besten schweigen würde, wenn nicht eine Anzahl Nachbeter aus ihnen ein neues Evangelium machen und damit die Jugend verderben würden. Nietzsche hatte die Eigenheit, dunkel und schwer, ja oft gar nicht verständlich zu sein. Das macht oft stutzen über seine Aussprüche, die dann aber häufig durch andere in einer Weise ausgelegt werden, die an Deutlichkeit nichts zu wünschen übrig läßt. Gar manches läßt leider seine spätere Geistesstörung vorausahnen. Schon der Umstand muß schon früh auffallen, daß sich Leben und Schreiben bei ihm vielfach widersprechen. Bekanntlich war er in jenem bescheiden, liebenswürdig, duldsam. Aber sein kranker Zustand und sein öfteres Leben in der Einsamkeit, wohl auch schlimme Erfahrungen mit Personen machten ihn im Schreiben arglich, unduldsam, anmaßend, absprechend, ja trieben zu Eigendünkel und Größenwahn, zu ungerechten Urteilen, stellenweise sogar zu Frivolität und Gemeinheit. Es war ihm von Natur durchaus versagt, Charakter zu schildern und ihnen gerecht zu werden, und so machte er sie denn schlecht. Er darf daher nicht immer ernst genommen werden; wie er aber genommen werden soll das darf man sich nicht von seinen Anbetern und Anbeterinnen weismachen lassen. Er war ein großer Dichter, aber kein Philosoph. Ein System hatte er nicht, auf Logik achtete er nicht, folgte nur den Einfällen des Augenblicks und verwickelte sich hierdurch in zahllose Widersprüche. Von der Geschichte hielt er ebenso wenig, verachtete sie und machte sich ohne Bedenken eine eigene zurecht.

Dies ging so weit, daß er geradezu die Wahrheit gering achtete und ihr (wohl kaum im Ernste) die Unwahrheit, die Ungewißheit, selbst die Unwissenheit und gelegentlich die Dummheit vorzog. So kam er zu seinem berüchtigten Wahlspruche: „Nichts ist wahr, Alles ist erlaubt". So setzte er alles herunter, verspottete und verhöhnte alles, was je den Menschen teuer und heilig war: Gott, Religion, Geist, Gemüt, Herz, Mitleid, Liebe, Ehe, Staat, Recht, Moralität, Kunst und Wissenschaft. So nannte er sich selbst einen Immoralisten und Gottlosen und verlangte die Umwertung aller Werte. – Aller? Da kämen denn doch die seltsamsten Widersprüche und Ungereimtheiten heraus. Sind ja die Wertschätzungen von jeher sehr verschieden und einander geradezu widersprechend gewesen! Die ehrlichen Leute müßten Spitzbuben und die Spitzbuben ehrliche Leute werden usw.

Wenn wir Nietzsches Weltanschauung im einzelnen betrachten, so fängt sie damit an, daß er nicht etwa sagt: es gibt keinen Gott, sondern von Anfang bis Ende den Gedanken durchführt, Gott sei tot, d. h. also: er sei einmal gewesen, jetzt aber nicht mehr. Freilich meint er damit den Gottesglauben; aber dieser ist nicht tot und jener Ausdruck ohnehin unsinnig. Vor allem haßte er das Christentum, das dogmatische nicht nur, sondern auch das moralische. Er erdichtete einen sog. Sklavenaufstand in der Moral, den die Juden angezettelt haben sollen. Vorher seien, meint er, die Vornehmen und Starken die Guten und die

Gemeinen und Schwachen (in der herrschenden Sprechweise) die Schlechten gewesen. Das Juden- und Christentum habe es durchgesetzt, daß nun die Schwachen, Selbstlosen, Bescheidenen, Gewissenhaften, Wohlwollenden, Mitleidigen als gut angesehen werden, die Starken, Hochgemuten, Tapferen, Kühnen, Selbstbewußten aber als böse. Das ist Nietzsches Unterscheidung zwischen Herren- und Sklavenmoral oder Herdentiermoral. Nietzsche verteidigt daher die Sklaverei der großen Menge und deren Beherrschung durch eine Schar an Stärke und Macht hervorragender Herren, deren Beschäftigung in Krieg, Jagd, Abenteuern, Tanz, Kampfspielen usw. besteht und zu deren Tugenden Härte und Grausamkeit gehören. Verletzung, Vergewaltigung, Unterdrückung, Ausbeutung, Vernichtung sind nach' nichts unrechtes; denn sie liegen im Wesen des Leb und sind eine Folge des „Willens zur Macht", der Wille des Lebens ist! Nietzsche scheut sich auch nicht, seine „Herren" Barbaren und Bestien zu nennen.') Daß er glaubte, eine solche Herrenkaste könne „gezüchtet" werden, ist schon mehr als naiv.

An die Stelle Gottes wollte Nietzsche die Übermenschen setzen. Es ist sehr merkwürdig, daß er mit den Orthodoxen aller Konfessionen den geozentrischen Wahn teilte, d. h. die Welt in der Erde aufgehen ließ und es beklagte, daß Kopernikus diese zum Planeten herabgewürdigt habe. Am übrigen Weltall lag ihm nichts, daher ihm auch eine höhere Gattung Mensch, zu der sich der bisherige Mensch verhalten sollte, wie der Affe zu diesem, als das Höchste in der Welt erschien. Den Übermenschen, den er auch den Schaffenden, den Brecher der alten Gesetze nennt, herbeizuführen, soll die Aufgabe der Menschen sein, d. h. sie sollen sich ihren Unterdrücker selbst schaffen. Eine deutliche Erklärung des Begriffs gibt N. nirgends, wohl aber durchläuft er bei ihm verschiedene Gestalten, bis er zu einer Gattung, d. h. zu der Herrenkaste wird, die wir bereits genannt haben. So soll denn auch der Übermensch, d. h. der Herrenmensch an die Stelle des Staates treten, den Nietzsche mit grimmigstem Haß Darin liegt, finden wir zu seiner Entschuldigung, hauptsächlich die Sehnsucht des kranken Mannes nach Gesundheit und Kraft. Weil er diese nicht erlangen konnte, übertrieb er sie zur Härte und Grausamkeit. bekämpft, natürlich in Bausch und Bogen; denn Ausnahmen kennt er keine. Der Staat ist nach ihm falsch, lügenhaft, ein brüllendes Untier, das kälteste aller kaltenungeheuer. Warum? Gründe gibt es ja bei N. nicht! N. will auch nichts von einem Vaterlande wissen; er zieht das Kinderland vor, oder das Land der Menschenzukunft. Ebenso setzt er an die Stelle der Nächstenliebe die „Fernstenliebe". Was sollen wir mit solchen nebelhaften Bezeichnungen anfangen? Sonderbarerweise redet er, obschon er kein Vaterland will, dem Kriege das Wort. Dem Kriege gegen wen , wenn es kein Vaterland gibt? N. wirft aber nicht nur dieses von sich; er verlästert auch sein wirkliches Vaterland, Deutschland, in allen Tonarten. Er nennt die Deutschen langsam im Denken, unfähig zur Komik und Satire (d. h. ohne Talent zum Possenreißen), nie tief gewesen (?), chinesenhaft (!), widerspruchsvoll, geschmacklos, „gutmütig und tückisch". Er macht sie verantwortlich für alle Schwächen einzelner Landsleute. In seinem blinden Eifer leitet er „deutsch" von „täuschen" ab! Die deutsche Kultur sei im Verfalle begriffen, sagt Der, dessen Lehren, wenn dies wahr wäre, am meisten dazu beigetragen hätten.

An die Stelle Deutschlands setzt Nietzsche in seiner Sympathie, – man staune, – Europa. Er nennt sich „einen guten Europäer" und ersehnt für dieses sein „Kinderland" die Heranzüchtung einer neuen Rasse, einer neuen Art „höherer Menschen", einer über Europa regierenden Herrenkaste nach Beseitigung aller monarchischen und demokratischen „Vaterländerei", alles Sozialismus, Kommunismus und Nihilismus. Wenn N. im Aufbauen je stark war, so war er es in dem Bauen von Luftschlössern.

Einer der abstoßendsten papierenen Feldzüge Nietzsches, über den sich seine bisherigen Kritiker auffallend stumm verhielten, ist der gegen das weibliche Geschlecht. Im Grunde ist ihm nichts so sehr verhaßt und verächtlich wie dieses, und zwar ohne irgendeine Ausnahme anzuerkennen. Er sagt: „In der Liebe des Weibes ist Ungerechtigkeit und Blindheit gegen alles, was es nicht liebt. Und auch in der wissenden Liebe des Weibes ist immer noch Überfall und Blitz und Nacht neben dem Lichte." Soll das etwa klar sein? Diese Äußerung ist aber noch Harmlos gegen die nun folgenden: „Noch ist das Weib nicht der Freundschaft fähig; Katzen sind immer noch die Weiber und Vögel, oder bestenfalls Kühe" (!). An anderer Stelle: „Alles am Weibe ist ein Rätsel, und alles am Weibe hat eine Lösung: „sie heißt Schwangerschaft" (wie sinnig und zart!). Weiter: „Zweierlei will der echte Mann: Gefahr und Spiel, deshalb will er das Weib als das gefährlichste Spielzeug. „Wenig versteht sich das Weib auf Ehre." „Der Mann fürchte sich vor dem Weibe, wenn es haßt. Denn der Mann ist im Grunde der Seele nur böse, das Weib aber ist dort schlecht!" ... „Oberfläche ist des Weibes Gemüt" Der roheste Ausdruck aber ist der berüchtigte: „Du gehst zu Frauen? Vergiß die Peitsche nicht."

Ebenso arg wie im „Zarathustra" ergeht es den Frauen in dem Werke „Jenseits von Gut und Böse". Hier gilt der Krieg besonders den Schriftstellerinnen, auf die N. geradezu einen giftigen Haß wirft. So sagt er: „Allen rechten Frauen geht Wissenschaft wider die Scham. Es ist ihnen dabei zu Mute, als ob man ihnen damit unter die Haut, – schlimmer noch! unter Kleid und Putz gucken wollte." ... „Wenn ein Weib gelehrte Neigungen hat, so ist gewöhnlich an ihrer Geschlechtlichkeit etwas nicht in Ordnung." (Recht fein und gebildet!) „In der Rache und in der Liebe ist das Weib barbarischer als der Mann."

Nicht besser kommt das verhaßte Geschlecht in der „Götzendämmerung" weg. Da heißt es: „Das vollkommene Weib begeht Literatur, wie es eine kleine Sünde begeht: zum Versuch im Vorübergehen, sich umblickend, ob es jemand bemerkt und daß es jemand bemerkt." ... „Man hält das Weib für tief – warum? weil man nie bei ihm auf den Grund kommt. Das Weib ist noch nicht einmal flach" (was dann?)

„Wenn das Weib männliche Tugenden hat, so ist es zum Davonlaufen, und wenn es keine hat, so läuft es selbst davon." (Wer versteht das?)

Den Gipfel der Schmach ersteigen aber folgende Stellen in „Jenseits von Gut und Böse": „Ein Mann, der Tiefe hat, in seinem Geiste wie in seinen Begierden, auch jene Tiefe des Wohlwollens (?), welche der Strenge und Härte fähig ist und leicht mit ihnen verwechselt wird, kann über das Weib immer nur orientalisch denken: er muß das Weib als Besitz, als verschließbares Eigentum (!), als etwas zur Dienstbarkeit Vorbestimmtes und in ihr sich Vollendendes fassen, – er muß sich hierin auf die ungeheure Vernunft (?) Asiens, auf Asiens Instinktüberlegenheit stellen" usw.

Im Einklang mit diesen Grundsätzen will Nietzsche in der „Götzendämmerung" die Ehe abgeschafft wissen; denn durch sie ist (heißt es in Jenseits v. G. u. B.) „selbst das Konkubinat korrumpiert worden".

Das dürfte genügen, um zu zeigen, daß ein Mann, der so schreiben konnte, tief im Innersten krank und mit der Welt und sich selbst zerfallen war. Ohne dies wäre es undenkbar, daß er in dieser Weise gegen die Frauen losziehen konnte, von deren mehreren, und gerade von schriftstellernden, er nichts als Freundschaft, Güte, Trost und Liebenswürdigkeit erfahren hat. Im Leben hat er sich allerdings gegen diese achtbaren Damen, im mündlichen wie schriftlichen Verkehr untadelhaft benommen. Wie kam es also, daß er ihr Geschlecht auf solche gemeine und rohe Weise in öffentlich erschienenen Büchern beleidigen durfte, ohne an ihm ein gutes Haar zu lassen? Daß er mit geringwertigen Weibern verkehrt habe, ist nicht bekannt; es läge also ein Rätsel vor, wenn nicht seine Krankheit ihn entschuldigte. Aber rechtfertigen kann sie sein Auftreten gegen die Frauen niemals, und noch weniger das Verhalten seiner nicht kranken Nachbeter, die auf jedes seiner Worte schwören. Daß aber ungeachtet seines Frauenhasses zahlreiche Damen zu seiner Gemeinde zählen, wie ist das zu erklären? Wir müssen hier beim Fragezeichen bleiben. [19]

V. Zukunftsträume

> Frommts, den Schleier aufzuheben,
> wo das nahe Schrecknis droht?
> Nur der Irrtum ist das Leben
> und das Wissen ist der Tod.
> *Schiller*

1. Dichterische Phantasien

Es hat wohl keine Zeit und kein Land gegeben, in der und in dem die Menschen der Erde nicht, unbefriedigt von der Gegenwart, mit Sehnsucht hinausblickten und hinausträumten nach „besseren künftigen Tagen". Diese Sehnsucht und ihr schriftlicher Ausdruck hat eine lange, mehr als zweitausendjährige Geschichte von Platons Atlantis bis zu Bellamys „Rückblick" und Flammarions „Ende der Welt". Keine Zeit ist aber reicher an diesen Erscheinungen, als das letzte Viertel des 19. Jahrhunderts. Auch ist diese Periode diejenige, die es mit der Zukunft am ernstesten nahm. Während noch Werke wie die „Utopia" des Thomas Morus und der „Sonnenstaat" Campanellas ihre Träume von besseren Zeiten auf unbekannte Inseln verlegten, bemühten sich die Utopisten unserer Zeit, einen mehr oder weniger glücklichen Übergang aus der Gegenwart in die Zukunft zu finden. Diese Zukunft entspricht in der Regel dem kürzlich angebrochenen zwanzigsten Jahrhundert; nur wenige kühne Schriftsteller dieser Richtung gingen noch darüber, d. h. über das Jahr 2000 hinaus. Es fehlt nicht an phantastischen und mystischen Schilderungen des Übergangs in die

---

[19] Näheres in des Verf. Buch „Anti-Zarathustra" (Altenburg, 2. Aufl. 1904)

zu behandelnde Zukunft; ob dieser durch hypnotische Einschläferung und ein Erwachen nach mehr als hundert Jahren, wie bei Bellamy, oder gar durch plötzliche Entrückung in die Zukunft, wie bei Theodor Hertzka, bewerkstelligt wird oder sich schließlich als Traum entpuppt wie bei Bellamys Gegner Michaelis – all' dies schwebt in der Luft, weil es verschmäht, die Zukunft auf historische Weise, in Anknüpfung an die Gegenwart, zu entwickeln, was der einzige Weg wäre, ihre Gestaltung als wahrscheinlich erscheinen zu lassen (dies versuchte ich in meinem kleinen Buche „Ana", das die Erlebnisse dreier Generationen zum Inhalte hat). Wichtiger ist, was als eigentlicher Inhalt der kommenden Jahrzehnte geträumt wird. Als roter Faden durchzieht diese Phantasien, wie bei der Stimmung unserer Zeit an der Jahrhundertwende nur zu natürlich war – die soziale Frage.

Zwei Auffassungen stehen in möglicher Lösung dieses Problems einander als extreme Pole gegenüber. Die eine (Eugen Richter und Emil Gregorovius) sieht eine furchtbare Revolution des Proletariates voraus, die in einer Schreckensherrschaft gipfelt, Familie, Eigentum und Religion unterdrückt, aber schließlich durch eine noch blutigere, mit dem Sozialismus ins Gericht gehende Aufbäumung des Anarchismus in Mord und allen anderen Greueln endet. Es sind im Gräßlichen wühlende Satiren auf die von Hebel veröffentlichten Programme des Zukunftsstaates, worin, wenn auch nicht ohne krasse Übertreibungen, gezeigt wird, daß die Sozialdemokratie die unerträglichste aller Gewaltherrschaften im Gefolge haben müßte. Den sozialistischen Gegenpol zu dieser Anschauung bildet die andere (von Arnold von der Passer für Europa und von Ignatius Tonnelly für Amerika vertretene), nach welcher in hundertjähriger Herrschaft des Kapitals ein Zustand heranreifen würde, der einerseits wachsenden Reichtum einer stetig abnehmenden und anderseits trostlos sinkende Armut einer stetig anwachsenden Menschenzahl einander gegenüberstellt, bis der Druck der Geldoligarchie die durch deren Schuld verzweifelte und vertierte Pöbelmasse zu einer Erhebung drängt, die nicht nur die herrschende Kaste, sondern auch alle Zivilisation vernichtet – uneingedenk der Unmöglichkeit eines solchen durch greifenden Verfahrens in allen Ländern zu gleicher Zeit von Seite einer brutalen Menge, die doch schließlich erlahmen und sich irgendwelchen Führern, schon der Selbsterhaltung wegen, unterordnen müßte. Man sieht hieraus, wohin es führt, wenn die einen das Heil nur in der Unterdrückung, die anderen nur im Siege sozialer Bestrebungen des arbeitenden Standes zu erblicken vermögen, beide aber, statt ihr Ideal zu schildern, es vorziehen, die Schattenseiten der Gegenpartei teils lächerlich, teils entsetzenerregend darzustellen. Das Richtige liegt, wie überall, so auch hier in der Mitte; es heißt: historische Entwicklung der in der Gegenwart vorhandenen gesunden Keime, nämlich der Berufsgenossenschaften zu einem alle Stände und Klassen befriedigenden, menschenwürdigen Ziele.

Der Zukunftsstaat ist indessen auch in der Weise geträumt worden, daß man sich vorstellte, die Kultur irgend einer früheren Zeit könnte vor ihrem Ableben eine Kolonie nach einer unbekannten Insel ausgesandt und diese sich, unberührt von den späteren Ereignissen der Weltgeschichte, selbständig weiter entwickelt und einen glücklichen Zustand erreicht haben, der uns als Vorbild dienen möchte. So ließ Kurd Laßwitz eine altgriechische Kolonie, Apoikis, und Baron Hellenbach die Insel Mellonta als Zufluchtsort französischer Emigranten zur Zeit der Revolution aus den Fluten des Ozeans auftauchen. In einer unterirdischen Höhlenstadt dagegen („in purpurner Finsternis") läßt M. G. Conrad, der „Rufer im Streit" der modernsten Schule, die Trümmer der durch künftige Revolutionen und Kriege dezimierten Deutschen (mit satirischen Hieben auf die Gegenwart) hindämmern und bloß chemischen Versuchen leben, endlich aber durch ein frisches nordisches Volk daraus erlöst werden. Aus derselben modernsten Schule ging ein Zukunftsbild von einer temperamentvollen Schriftstellerin hervor. In ihrem Buche „Der letzte Mann" schildert Fräulein Helene v. Monbart, genannt Hans von Kahlenberg, wie der Präsident einer sozialdemokratischen Republik sich durch einen Staatsstreich zum Diktator macht, durch Eroberungen Weltkaiser wird, aber durch eine Revolution seinen Sturz und elenden Untergang findet.

Mit mehreren dieser Traumbilder sind Phantasie volle Schilderungen naturwissenschaftlicher und technischer Erfindungen und Entdeckungen der Zukunft verknüpft worden. Eine hervorragende Rolle spielen dabei das lenkbare Luftschiff für Reisegesellschaften und die Flugmaschine für einzelne. Laßwitz gräbt sogar einen Tunnel unter dem atlantischen Weltmeere von Europa nach Amerika, in dem sich die Züge bloß durch das Gesetz der Schwere bewegen; er läßt seine Zukunftsmenschen ihre Sommerfrische in „eleganten Taucherkostümen" auf dem Meeresgrunde genießen, sich durch chemische Mittel unsichtbar machen, Konzerte von Geruchsproduktionen besuchen, im Weltenraume verschwinden usw. (Bilder aus der Zukunft, Breslau 1878)

Ja, nicht genug damit; in seinem jüngsten Werke („Auf zwei Planeten") finden Nordpolfahrer am gesuchten Ziele eine Ansiedelung von Bewohnern des Planeten Mars mit merkwürdigen Einrichtungen. Diese „Martier" breiten sich dann weiter aus und erlangen mit Hilfe ihrer erstaunlichen technischen Fertigkeiten geradezu die Herrschaft auf der Erde, deren Menschen sie als eine untergeordnete Rasse mißhandeln, bis es den findigen Yankees gelingt, sie mit noch merkwürdigeren Erfindungen zu schlagen und die Erde von ihnen zu befreien! Die Martier gleichen im übrigen den Erdenmenschen so sehr, daß sogar eheliche Verbindungen zwischen beiden Nachbarplaneten geschlossen werden; die Pointe besteht indessen darin, daß die Europäer indirekt gewarnt werden, sich über ihre farbigen Mitmenschen nicht allzu hochmütig zu erheben; sie könnten noch Mächtigere kennen lernen!

Am weitesten treibt es indessen der den hinlänglich phantastischen Jules Verne noch übertrumpfende französische Astronom Camille Flammarion in seinem „Ende der Welt", worin er unserer Zeit um Millionen von Jahren vorauseilt. Am Ende des dritten Jahrtausends (3000) hat sich die Bevölkerung der Erde verdoppelt; statt der Landessprachen herrscht eine Weltsprache, d. h. ein Gemisch aus verschiedenen Zungen, ferner allgemeiner Friede, feinere Sitte, republikanische Staatsform, Elektrizität in allen möglichen Anwendungen, Vegetarismus usw. Weiter im Verlaufe der Jahrtausende: die Europäer, deren Küsten vom Meere immer mehr zerrissen werden, wandern nach Amerika aus und überlassen ihre Heimat den – Chinesen. Die Städte zerfallen wie die des Altertums; der Ozean überschwemmt Frankreich und dessen Nachbarländer. Weitere Jahrtausende: die Kultur der Menschheit erreicht und überschreitet ihren Höhepunkt, der Sozialismus löst alle Bande auf. Daneben blüht der Spiritismus, und das Diesseits verkehrt mit dem Jenseits. Es gibt nur noch eine Rasse, einen Staat, eine Religion (die „astronomische")! Die Menschen sind schöner und feiner, aber schwächer geworden. Nach und nach wird die Erde kühler, trockener, flacher. Meere und Gebirge verschwinden allmählich, ebenso die Pflanzenwelt; Tiere und Menschen schwinden zusammen; die Erde ist eine einzige Wüste geworden; die letzten Erdbewohner siedeln sich fröstelnd in Glashäusern am Äquator an. Endlich, nach Jahrmillionen, Hausen in zwei solchen nur noch ein Jüngling und eine Jungfrau – die letzten Menschen, Omegar und Eva genannt. Sie treten in telepathische Verbindung und finden sich durch die Luftschiffahrt; aber das Leben versiegt um sie. Dann suchen sie nach einer noch etwa bestehenden Oase, finden aber nur die Ruinen der Pyramide des Cheops, wo sie, innig umschlungen, vor Entkräftung sterben, und ihre Seelen fliegen dem Planeten Jupiter zu, wo sich eben neues Leben entfaltet.

Ohne Zweifel beruht diese Phantasie auf wissenschaftlichen Grundlagen, und wir bewegen uns in einem ewigen Kreislaufe, der Welten entstehen und vergehen läßt. Wozu alles, was in ihnen geschehen, was geschaffen worden an unsterblich scheinenden Werken großer Geister? Wozu? Wir wissen es nicht; aber einer weiß es, ohne den ja alles nur ein unnützes Spiel des Zufalls wäre. Der allmächtige Baumeister des Weltalls wird sorgen, daß keine Geistestat verloren geht!

2. Sozialpolitische Träume

(Anmerkung: Einige kleine, doch unvermeidliche Wiederholungen aus dem vorigen Artikel wollen die Leser entschuldigen)

Unzufriedenheit mit der Gegenwart ist eine allgemeine Erscheinung in den Stimmungen der Menschen beinahe seit den Anfängen der Weltgeschichte, namentlich aber seit dem Auftreten der mittel- und nordeuropäischen Völker in derselben. In dieser Stimmung suchte sich der unzufriedene Geist Ideale, die jenseits seiner Umgebung schwebten. Das Mittelalter suchte diese in weitester Entfernung, jenseits der wahrnehmbaren Welt; es erwartete ein besseres Dasein vom Untergang dieser Erde, von der Wiederkunft Christi und vom tausendjährigen Reiche. Manche Sekten stehen noch heute auf diesem Standpunkte. Nach einander traten verschiedene Richtungen auf, die ihr Ideal in gewissen Perioden der Vergangenheit des Diesseits zu finden meinten und diese wiederherstellen zu können glaubten, um damit die Menschheit glücklich zu machen. Der Humanismus strebte danach, das klassische Altertum – die Reformation, die Zustände und Ansichten des Urchristentums – die Gegenreformation endlich das Wirken des mittelalterlichen Papsttums von neuem ins Leben zu rufen. Aber alle diese Richtungen versiegten wieder, verloren ihre Kräfte und mußten auf ihre Bestrebungen verzichten, weil sich nichts Vergangenes wieder herstellen läßt. Eine Zeit lang, vereinzelt schon im 16., namentlich aber im 17. und 18. Jahrhundert, als die Seefahrten in fernen Meeren und die Entdeckungen neuer, noch unbekannter Länder sich häuften, floh man die durch ihre beständigen Kriege unerfreuliche Gegenwart, indem man sich in die vermutete Unschuld und Reinheit der Völker entlegener Inseln oder gar in deren unbewohnte Wildnisse hinein träumte. Tort fand man entweder Stoff zur Satire auf die einheimischen Zustände oder eine Befriedigung des Hanges nach Einsamkeit und nach Projekten, die Arbeit der Kultur von vorne zu beginnen. Es war die Zeit des Erscheinens der Utopia des Thomas Morus, des Sonnenstaates von Tommaso Campanella, der „Unterirdischen

Reise" des Niels Klim von Holberg, der Reisen Gulliver's von Swift und der Robinsonaden von Defoe, Campe u, a., die Zeit des Hinaussehnens aus der verdorbenen Kulturwelt in die Natur (Rousseau).

Im 19. Jahrhundert veränderte sich die Szene. Die in der ersten Hälfte nur schüchtern und schriftstellerisch, in der zweiten aber keck zuversichtlich und öffentlich hervortretende und an Breite wie Tiefe zunehmende sozialistische Bewegung gab sich nicht mehr mit nicht zu erreichenden Gegenden oder Zeiten zufrieden, sondern setzte sich das Ziel einer nach ihren Anschauungen erreichbaren Verbesserung der gesell- und wirtschaftlichen Zustände in möglichst naher Zukunft zurecht. In der ersten Hälfte dieses Zeitabschnittes phantasierten die Franzosen Saint-Simon, Fourier und Cabet von verlockenden Bildern einer glücklichen Zukunft, in der es ungefähr aussehen würde, wie in dem Schlaraffenlande der Volkssage. Während jene Phantasien einen kühnen Sprung aus der Wirklichkeit in die Utopien wagen, bemüht sich unsere Zeit, zwischen der Gegenwart und der Zukunft Anknüpfungen zu suchen, die freilich nicht immer glücklich gewählt sind, sondern meist nur in der Unzufriedenheit mit der Gegenwart bestehen.

An der Spitze der Versuche dieser Art, eine bessere Zukunft zu konstruieren, oder auch: an der Spitze der sozialen Träume unserer Zeit steht August Hebels allgemein bekanntes und vielgelesenes Buch „Die Frau und der Sozialismus". Wir können uns bei dessen großer Verbreitung auf einige Fragen beschränken, auf welche Bebet keine Antwort weiß. Wenn er sagt, jeder und jede könne sich seine (ihre) Arbeit selbst wählen; aber im Falle eines Überschusses oder Mangels an Kräften für einen Zweig sorge die Verwaltung für einen Ausgleich – wie soll da verhindert werden, daß den mißliebigen, weil etwa mit der neuen Ordnung unzufriedenen Personen die unangenehmsten und widrigsten Arbeiten zugeschoben werden? Wahrscheinlich will man das aber eben! – Wenn Hebel meint, in seinem Eldorado werden, weil es kein Eigentum und keine Familie mehr gibt, auch keine Verbrechen mehr vorkommen –

durch welche Wunder will er denn Haß, Rache, Eifersucht, Diebstahl und Fälschung der das Geld ersetzenden Gutscheine durch die, welche damit am Ende sind, verhindern? – Wenn er ferner die Kinder sofort nach der Entwöhnung öffentlichen Anstalten übergeben wissen will, wie will er sich da mit der Mutter liebe auseinandersehen? – Wenn beide Geschlechter gleichgestellt werden sollen, wie ist es denkbar, daß nicht das stärkere das schwächere von neuem unterdrückt und ein jetzt im Schwinden begriffener Zustand wieder herbeigeführt wird?

Dem durchaus prosaischen, schwunglosen Zukunftsbilds Hebels gegenüber stehen eine Anzahl Versuche, ein solches in dichterischem (nicht versifiziertem) Gewande zu entwerfen, das heißt im Gewande des Romans. Staatsromane haben wir bereits oben welche genannt; sie waren aber wesentlich Satiren auf ihre Gegenwart; die heutigen sind ernstgemeinte Zukunftsträume, denen dann allerdings auch Satiren folgen, aber solche auf sie selbst, nicht auf die Zeit ihres Erscheinens. Den ersten dieser Romane schrieb der deutschungarisch-kroatische Baron Kellenbach (um 1871): „Die Insel Mellonta". Ein Schiffbrüchiger findet auf einer Insel im Stillen Ozean eine Kolonie von Abkömmlingen royalistischer Franzosen, die, der Revolution entstehend, dahin ausgewandert waren.

Ihre Enkel leben in einer glücklichen Gemeinde ohne Privateigentum und Ehe, in Gütergemeinschaft und freier Liebe, aber mit einer musterhaften Organisation. Nur schade, daß das ganze Abenteuer sich als hypnotischer Traum enthüllt. Ein solcher scheint nun Mode geworden zu sein, ob absichtlich oder zufällig, wissen wir nicht. Denn er bildet auch die Grundlage zu den weit bekannteren Romanen des Amerikaners Edward Bellamy, dessen „Rückblick aus dem Jahre 2000 auf das Jahr 1887" (richtiger wäre „Vorausblick von 1887 auf 2000") ein größeres und lohnenderes Gebiet umfaßt, als Mellonta, nämlich die ganze Union. Bellamy's Zukunftsstaat ist demjenigen Hebels sehr ähnlich, wird jedoch von diesem als „Phantasie eines Bourgeois" verspottet. Zwei Ausgaben des Buches haben einen abweichenden Schluß: die eine läßt das Ganze als Traum erscheinen und den Helden wieder 1887 erwachen; die andere läßt ihn umgekehrt im Jahre 2000 träumen, wieder nach 1887 versetzt zu sein, was ihn höchst unglücklich macht. Es hat nicht an Erwiderungen auf Bellamy's Gemälde vom Ende des 20. Jahrhunderts gefehlt, denen dann ähnliche, wenn auch nicht auf den amerikanischen Nomandichter gemünzte, folgten. Wir erwähnen von jenen zuerst die Satire Konrad Wilbrandt's: „Des Herrn Ost (Bellamy's Held heißt bekanntlich West) Erlebnisse in der Welt Bellamy's". Aber nur dem Namen nach und mit Benützung des hypnotischen Übergangs in die Zukunft geht das Buch auf Bellamy zurück; in Wirklichkeit geißelt es vielmehr die Ansichten Hebel's (und zwar hauptsächlich gestützt auf dieselben Einwürfe, die wir oben geltend machten) und prophezeit als Folge ihrer Verwirklichung die blutigste Anarchie. Ein merkwürdiger Zufall wollte, daß im nämlichen Jahre mit der Wilbrandt'schen Satire eine solche von dem warmblütigen Parlamentarier Eugen Richter auf Hebels Zukunftsstaat erschien, welche mit jener in Haltung, Inhalt und Ende die erstaunlichste Ähnlichkeit, und zwar bis auf die kleinsten Umstände darbietet und nur darin von ihr abweicht, daß sie die sozialistische Revolution in die nächste Zeit verlegt und also des Hypnotismus nicht bedarf, um darein versetzt zu werden. Eine selbständiger dastehende Erwiderung auf Bellamy's Buch schrieb Richard Michaelis („Ein Blick in die Zukunft"). Er läßt dessen Helden Julian West selbst reden und erzählen, wie er einschlief und nach 113 Jahren erwachte, eine neue Welt vorfindend. Seine Erlebnisse sind jedoch andere, gegenteilige und bilden eine Satire auf diejenigen seines Bellamy'schen Doppelgängers. Die goldene Zukunft entpuppt sich als Fehlschlag, Schwindel und Korruption. Gegen diese Zustände erhebt sich ein Volksaufstand; West ist eben im Begriffe, niedergeschlagen zu werden, als er erwacht, – alles war ein Traum.

Nur ein Jahr weiter und wir haben neben dieser freisinnigen eine konservative und reaktionäre Satire auf den Hebel'schen Standpunkt. Diese verfaßte Emil Gregorovius unter dem Titel

„Der Himmel auf Erden in den Jahren 1901 bis 1912". Es ist eine in den gräßlichsten und blutigsten Unwahrscheinlichkeiten wühlende Sensationsschrift, die im ganzen dieselben Motive benützt wie Wilbrandt und Richter und den sozialistischen „Himmel" in einer anarchistischen Hölle enden, aber schließlich die Monarchie zurückkehren läßt, und zwar mit Hilfe der Kriegervereine – leider ohne zu verraten, wo denn diese vorher gewesen, als alles in Mord und Brand unterging.

Die Extreme berühren sich! Ein noch entsetzlicherer Schauerroman als der letztgenannte erschien 1893 gegen Richter und zugunsten der Sozialdemokratie von Arnold von der Passer. In seinem Büchlein „Mene Tekel! Eine Entdeckungsreise nach Europa" will der Verfasser nachweisen, daß nicht, wie in den drei zuletzt genannten Schriften, die Sozialdemokratie, sondern viel mehr deren Unterdrückung zur Anarchie führen würde. Zu diesem Zwecke fabelt er, Richter's Schrift habe eine solche allgemeine Furcht vor der Sozialdemokratie hervorgebracht, daß die Regierung sie und die Arbeiter überhaupt durch Staatsstreiche völlig unterdrückt habe. Dies soll während des 20. Jahrhunderts einen immer schreienderen Abstand zwischen wenigen Reichen und zahllosen Armen herbeiführen und schließlich eine Revolution der Arbeitslosen aller Länder bewirken, welche alle Kultur zerstört und in Europa nur noch halbwilde Bewohner zurückläßt. Dies entdeckt eine aus Hertzkas Freiland, wo man von dem ganzen Greuel der Verwüstung nichts vernommen hat, abgesandte Expedition, durch die eine Wiederherstellung der Zivilisation in Aussicht genommen wird. Die Unwahrscheinlichkeit liegt auf der Hand. – Sehr ähnlich verfährt Ign. Donnelly's Buch „Cäsars Denksäule", nur spielt dieses in Amerika, wo eine empörende Gewaltherrschaft des Kapitals zu einer furchtbaren Revolution führt. Das Volk ist aber durch seine Leiden so verkommen, daß es nichts bewirkt als Verwüstung, aus der des unfähigen Führers Cäsar aus Leichen errichtete Denkfaule emporragt. Die Helden der Geschichte retten sich auf Luftschiffen nach Freiland. Dieses Eldorado der Zukunft nun schildert sein „Erfinder", Dr. Theodor Hertzka in Wien, in dem Buche „Freiland. Ein soziales Zukunftsbild" (5. Aufl., Dresden und Leipzig 1893), welches nicht nur an wissenschaftlichem wie an literarischem Gehalte weit über allen bisher genannten Schriften steht, sondern das einzige dieser Zukunftsbilder ist, welches sich an die Wirklichkeit anschließt und dessen Verwirklichung in der Tat neulich versucht wurde. Da aber „Freiland" nicht von Hebel und seiner Partei ausgeht, so wird es von diesen ebenso entschieden verfehmt wie Bellamys Buch. Lassen wir die romanhafte und geographische Einkleidung des Werkes und sonstige Weitläufigkeiten beiseite, so stellt sich der Charakter dieser „Gründung" etwa folgendermaßen dar:

Die Organisation des in der Gegend des Gebirges Kenia zu errichtenden Staates, welcher ein wirklicher Staat (eine Republik), nicht eine bloße herdenartige Gesellschaft ist, wie die von der Sozialdemokratie angestrebte, beruht auf dem Prinzip der Assoziation. Jeder Staatsangehörige schließt sich einer freien, verwandte Berufsarten umfassenden Assoziation an, die er nach freiem Willen wieder verlassen kann. Jedes Mitglied hat Anspruch auf einen seiner Arbeitleistung entsprechenden Anteil am Reinertrage der Produktion jener Gesellschaft. Diese Leistung wird nach Arbeitstunden berechnet: die älteren Mitglieder und die, welche schwierigere Arbeiten liefern, haben Anspruch auf höhere Anteile; derjenige der Direktoren wird mit ihnen vereinbart. In jeder Assoziation ist die Generalversammlung die höchste Behörde, welche zur Verwaltung der Geschäfte Direktoren wählt, die jedem Mitgliede seine Art der Betätigung anweisen, was natürlich nur innerhalb eines bestimmten Berufskreises geschehen kann. Aber das Verhalten der Direktoren wacht ein Aufsichtsrat. Es gibt weder Konkurrenz noch Geschäftsgeheimnis; alles ist öffentlich. Diese Organisation macht in der Regel Verbrechen unmöglich; kommen aber dennoch solche vor, so werden ihre Urheber als Kranke betrachtet und behandelt und im Falle der Gemeingefährlichkeit gefangen gehalten. Für die oberste Verwaltung des Gemeinwesens verteilt anfänglich ein Ausschuß der Gesamtheit (eine Art Ministerium) die einzelnen Geschäfte unter seine Mitglieder (13 an der Zahl). Gewählt werden nach Gründung Freilands und Ausdehnung der Kolonie die gemeinsamen Behörden durch das allgemeine Stimmrecht, das den Volljährigen beider Geschlechter zusteht. Diese Behörden sind nach den einzelnen Berufsarten so eingeteilt, daß niemand über Dinge entscheiden kann, die er nicht versteht. Die Frauen, Kinder, Greise und Arbeitsunfähigen haben das Recht auf entsprechenden Unterhalt. Die Frauen dürfen nicht in den Kampf des Lebens hinausgestoßen werden, sondern verdienen ihren Unterhalt teils durch freigewählte passende Arbeit, teils durch die Sorge für das Haus und die Erziehung der Kinder.

Wenn wir über alle diese Träume nochmals Heerschau halten, müssen wir finden, daß keiner derselben irgend welche Aussicht auf Verwirklichung haben kann, weil keiner derselben irgendwie der menschlichen Natur und Kultur entspricht. Hebel, Bellamy und Kellenbach streben eine Nivellierung an, gegen welche sowohl die natürliche Verschiedenheit unter den Menschen nach geschichtlicher Entwicklung, Rasse und Kultur, als ihr eisernes Festhalten an hergebrachten Ansichten hartnäckigen Protest erheben müssen.

Aus diesen Gründen hat der Verfasser dieser Zeilen, ohne sich einen Beruf hierzu anmaßen zu wollen, den Versuch gewagt, ein Bild zukünftiger sozialer Organisation zu entwerfen, das sowohl den geschichtlich gewordenen Mächten als den Ansprüchen der Völker auf freie Bewegung und soziale Verbesserungen gerecht würde. Es geschah dies in dem 1895 gedruckten Büchlein „Ana, das Reich des ewigen Friedens im 20. Jahrhundert."

Wie Gedanken des Verfassers sind folgende: Die Völker organisieren sich auf der geschichtlichen Grundlage des Zunftwesens, das aber unter der Gestalt von Berufsgenossenschaften einen neuzeitlichen und freiheitlichen Charakter annehmen soll. Jedermann ist – nicht gezwungen, sondern durch sein eigenes Interesse genötigt, einer Berufsgenossenschaft anzugehören. Diese ist keine Zwangsanstalt, sondern eine Familie von

Familien, wie der Staat eine Familie von Zünften. (Dies Wort der Kürze wegen angewendet, aber stets im freien und modernen Sinne verstanden.) Die Zünfte schützen ihre Mitglieder und unterstützen sie im Falle der Bedürftigkeit. Keine Zunft darf ein Mitglied darben oder Not leiden lassen. Sobald der junge Mann die Schule verlassen hat, was, wenn er die Kochschule nicht besucht, mit 15 Jahren geschieht, wird er Lehrling und wählt sich frei seine Zunft, womit er auch seinen Beruf bestimmt. Die Zunft weist ihm nach seinen Wünschen und Fähigkeiten seine Arbeit an. Hält er sich gut, so steigt er mit 18 Jahren zum Gesellen auf und wird mit 24 Jahren Meister. Wer hingegen einen wissenschaftlichen Beruf wählt (Beamter, Richter, Arzt, Geistlicher, Lehrer, Künstler, Techniker, Schriftsteller werden will), tritt mit 15 Jahren in das höhere Gymnasium und hat Lehrlingsrang, bezieht mit 18 Jahren die Kochschule und hat Gesellenrang und versieht mit 21 Jahren Dienste als Hilfsarbeiter eines Beamten, Arztes, Technikers usw., bis er mit 24 Jahren Meister wird und entweder ein Amt (bei der Zunft oder beim Staate) erhält oder seinen Beruf frei ausüben kann. Schon der Lehrling bezieht einen kleinen Anteil am Gewinn der Zunft, der Geselle einen halben und der Meister einen ganzen. Jede Zunft produziert nämlich auf gemeinschaftliche Rechnung und verkauft ebenso. Konkurrenz und Brotneid sind daher ausgeschlossen. Den Reinertrag über die Kosten der Rohstoffe und Werkzeuge verteilt die Zunft an Geld oder Arbeitsprodukten unter ihre Mitglieder mit Rücksicht auf den Fleiß, die Leistungen, die Geschicklichkeit und die Familienstärke derselben. Die Zünfte stehen miteinander im Tauschvertrage auf gegenseitige Abrechnung, wobei eine jede die Preise ihrer Arbeiten selbst festsetzt. Diejenigen Zünfte, welche nichts produzieren, was zu Geld zu machen wäre, die der Beamten, Lehrer, Forscher, Reisenden usw., werden vom Staat erhalten aus den Steuern, die ihm die übrigen Zünfte entrichten. Denn kein Einzelner zahlt irgendwelche direkte oder indirekte Steuern, ausgenommen er wollte keiner Zunft angehören und auf eigene Rechnung arbeiten, was er aber bald aufgeben müßte, da er sich völlig isoliert sehen würde und neben der Zunft nicht aufkommen könnte. Die Zünfte halten Magazine, in denen jeder Mann und jede Frau alles Nötige finden kann, und zwar weit billiger als bei Einzelgeschäften. Fabrikbesitzer gibt es nicht mehr. Nur die Zünfte können Fabriken errichten, deren Arbeiter Mitglieder der Zünfte sind und in diesen Stimmrecht haben. Ähnlich ist der Landbau organisiert. Die Zünfte auf dem Lande heißen Bauerschaften. Alle, sowohl größere als kleinere Grundbesitzer, die dasselbe produzieren, bilden eine Bauerschaft, bringen alles, was sie nicht selbst verzehren, in gemeinsame Magazine und verkaufen es auf gemeinsame Rechnung, deren Ertrag nach Maßgabe des Abgelieferten unter sie verteilt wird. Kein Landmann kann daher von Fremden ausgekauft oder ausgebeutet werden; die Bauerschaft sieht in allem für ihn ein.

Bei diesem System bleibt alles Zweckmäßige ungestört bestehen. Die Reiche, die Staaten, die Gemeinden, das Privateigentum, die Familie usw. werden erhalten. Dagegen müssen Mangel und Not schwinden große Reichtümer können nicht angesammelt werden, Konkurse, Krache und Ruine sind ausgeschlossen. Die Frauen müssen nicht mehr nach Berufen suchen. Die Ehe wird wieder zur Regel; für Unverheiratete sorgen die Zünfte durch Arbeit oder Asyle. Beide Geschlechter sind in der Zunft gleichberechtigt; politisches Stimmrecht aber üben nur die Männer aus, weil auch sie allein das Vaterland mit den Waffen verteidigen müssen, wenn es angegriffen wird. Die neue Organisation aber würde die Kriege nach und nach unmöglich machen.

Auch die Politik nämlich beruht auf dem Zunftwesen in seiner modernen Gestalt. Die Parlamente sollen nicht mehr nach Wahlkreisen bestellt werden, sondern nach Berufsgenossenschaften. Diese werden in vier Gruppen geteilt: 1. Landwirtschaft, 2. Industrie und Gewerbe, 3. Handel und Verkehr, 4. Geistesarbeit. Jede dieser Gruppen sendet die ihr nach ihrer Stärke und Bedeutung zukommende Zahl von Abgeordneten in den Reichstag oder wie das Parlament sonst heißt. Dies bewirkt, daß die Interessen der Stände und Berufe in den Vordergrund treten, während die der Parteien nach und nach immer mehr zurückweichen und schließlich diese das Unglück aller Staaten bildenden Auswüchse politischer Leidenschaften verschwinden müssen.

All dies macht keinen Anspruch auf Unfehlbarkeit. Wer Menschlichkeit, Frieden, Wohlstand und Freiheit durch bessere Einrichtungen befördern zu können meint, möge mit seinen Vorschlägen hervortreten!

VI. Der Kampf der Geschlechter

> Das Ewig Weibliche zieht uns hinan.
> *Goethe*
>
> Ehret die Frauen.
> *Schiller*

1. In aufsteigender Linie

So wie die Organismen auf der Erde eingerichtet sind (von denjenigen anderer Weltkörper wissen wir ja nichts), ist kein Leben ohne das Vorhandensein zweier Geschlechter möglich. Ob nun diese wie bei den Schnecken und anderen niederen Tierarten in einem Individuum vereinigt oder, wie bei den höheren Gattungen, nach Einzelwesen getrennt sind, ändert die Regel nicht. Die letzteren unterscheiden sich aber wesentlich in bezug auf die Zahl, in der die Geschlechter vertreten sind. Bei manchen Tiergattungen, z. B. den Wiederkäuem, überwiegt das weibliche Geschlecht das männliche so sehr, daß die Männchen auf mehrere Weibchen angewiesen sind, während die Raubtiere in der Wildheit monogamisch leben. Die gezähmten Raubtiere dagegen, wie unsere Kunde und Katzen zeigen, verachten jede Regel und widmen sich ungescheut der Promiskuität oder dem Hetärismus, wie man die wahllose Paarung benannt hat. Eine solche nun haben manche Forscher auch dem Menschen im Urzustande angedichtet. Es ist aber unsicher, wo der Urzustand anfängt und wo er aufhört; Gewisses weiß man nicht; jedenfalls aber empört sich unser sittliches Gefühl gegen eine solche Annahme.

Das ist allerdings unglaublich, daß im Urzustande, ob er nun so oder anders begrenzt wird, alles regelrecht und züchtig zugegangen sei; aber die hohe Stellung, die der Mensch, so sehr er physisch den höheren Tieren nahe steht, über ihnen allen in seelischer Hinsicht ein nimmt, gebietet die Annahme, daß er schon vom Anfange seines Daseins an sich im Verkehre der Geschlechter gewisse Regeln geschaffen habe. Auch ohne seine Anlagen, die ihm allein einen Fortschritt von roheren zu vollkommeneren Zuständen gestatten (während alle Tiere unabänderlich in den gleichen verharren), in Betracht zu ziehen, zwingt schon die unzweifelhafte Tatsache, daß unter den Menschen die beiden Geschlechter sich im ganzen die Waage halten, d. h. annähernd in entsprechender Zahl vorhanden sind, zur Annahme geregelter Zustände schon in der Urzeit. Diese Tatsache hat aber nicht immer vor Unregelmäßigkeiten geschützt, und diese Unregelmäßigkeiten führten zu einem Kampfe der beiden Geschlechter um die Herrschaft, der noch heute fortdauert. Dieser Kampf ist indessen nicht als ein beständig fortdauernder und noch weniger als ein solcher zwischen feindlichen Heeren oder Parteien zu betrachten, sondern als eine Reihe durch die Kulturverhältnisse herbeigeführter Krisen im geselligen Leben. Zu Zeiten und bei Vollem, wo die Vaterschaft unsicher war und die Männer ein unstetes Leben führten, stand die Familie unter Leitung der Mutter; die Kinder folgten ihrem Stamm und ihrer Sippe nach. Mit der überhand nehmenden Ansässigkeit wich das Mutterrecht dem Vaterrecht, und die Frauen wurden den Männern untertänig. Dieser Zustand dauerte freilich mit fort schreitender Milderung oder gar Aufhebung der Untertänigkeit bis heute fort. Gestützt nun darauf, daß die Vaterschaft nach wie vor unsicher sei und in der Absicht, den gewissenlosen, ehelichen wie unehelichen Vätern das Handwerk zu legen, macht Frau Ruth Bré (Staatskinder oder Mutterrecht? Leipzig 1904) den Vorschlag, das Mutterrecht wieder einzuführen, d. h. die Mutter, von der das Kind unendlich mehr hat als vom Vater und die allein sicherer Elternteil ist, von der Laune und Willtür des Genossen unabhängig zu machen, indem nicht sie zum Manne, sondern er zu ihr zieht, in ihre Familie tritt und diese die der Kinder wird. Hierdurch würden, wie die Verfasserin mit Geist durchführt, alle sozialen Übelstände gründlich beseitigt. Das Buch ist höchst lesenswert, aber Utopie; die Männer werden darauf voraussichtlich niemals eingehen. Das Verhältnis der Geschlechter beruht auf der biologischen Notwendigkeit, daß von der Natur ein Mann für ein Weib bestimmt ist und umgekehrt. Dies ist die Regel; alles andere, betreffe es gewisse geschlechtliche Perversitäten oder Versuche und Tendenzen, ein Geschlecht durch das andere zu unterdrücken und rechtlos zu machen, ist unberechtigte Ausnahme und sittlich verwerflich. Dies beweist die soziale Kulturgeschichte durch die Folgen solcher Versuche. Von Natur ist und bleibt das männliche Geschlecht das aktive und das weibliche das passive. Eine Unterdrückung kann daher im großen und ganzen nur von den Männern ausgehen und die Weiber treffen. Die Amazonen des Altertums sind fabelhaft. und moderne Ausnahmen von sogenannten Pantoffelhelden, offenbar entarteten Männern, können nur vereinzelte Erscheinungen sein. Im allgemeinen haben es die Männer seit ältesten Zeiten darauf abgesehen, ihre weiblichen Mitmenschen als eine untergeordnete Rasse oder Klasse zu behandeln. Der sprechendste Beweis dafür ist die Vielweiberei; zugleich mit den Frauen leiden darunter auch die Männer niedrigen Standes, denen durch jene Einrichtung die ihnen gebührenden Frauen entzogen werden. Die europäischen, und zwar schon die vorchristlichen Völker haben ihren höheren Kulturwert durch Beseitigung jener Unsitte, die dem tatsächlichen numerischen Gleichgewicht der Geschlechter Sohn spricht, dargelegt. Neuerdings ist, in derselben Absicht, wie von einer Frau die Wiedereinführung des Mutterrechts, von einem Manne diejenigen der Vielweiberei befürwortet worden. Auch diese soll, wie M. Sinowitz (Viel-Weiberei, Zürich 1904) glaubt, die sozialen Übel gründlich heilen. Indessen ist weder das Beispiel des Islam, noch das der Mormonen besonders verlockend, und Christen- wie Judentum würden sich auf Leib und Leben dagegen verwahren.

Die Vielmännerei in Tibet und Indien und die Gruppenehe in Indien und Polynesien ruhen auf lokalen Verhältnissen und sind daher hier nicht zu berücksichtigen.

Aber auch unter der Herrschaft der einfachen Ehe sind die beiden Geschlechter zur Gleichberechtigung noch nicht gelangt. Nach wie vor werden, wenn auch nicht rechtlich, doch faktisch, die Mädchen geringern Standes als zum Vergnügen der reichen Wollüstlinge geschaffen betrachtet. Der Don-Juan-Typus ist nicht auf den Spanier dieses Namens beschränkt; er floriert in den Großstädten in seiner kecken, frechen, skrupellosen und frivolen Weise fort und fort, und wieherndes Gelächter lohnt an den Stammtischen seine „Erfolge", die bei näherem Besehen eher „Verbrechen" zu nennen wären. Was liegt denn an einer geknickten Mädchenblüte! Hat doch der hoffnungsvolle Sprößling einer reichen Familie seine Lust gebüßt, und hat er sie satt, – husch, ein anderes Bild! Als aber ein unabhängiges Organ der Presse, wie die „Pall Mall Gazette" in London, den Mut hatte, diese infamen Mysterien aufzudecken, mußte der unvorsichtige Redakteur, der wackere Stead – brummen. Unter den „oberen Zehntausend" dauert daher die Vielweiberei, wenn auch ohne Anerkennung durch das Gesetz, fort, und sie beraubt wohl Millionen wackerer Jünglinge der ihnen von der Natur bestimmten Lebensgefährtinnen. Steht ihr auch eine von käuflichen „Damen" geübte „Vielmännerei" gegenüber, so ist sie doch nur ihre Ergänzung; denn diese „Damen" rekrutieren sich aus den verführten Mädchen! Sie rächen ihr Geschlecht auf diese freilich fragwürdige Art.

Solche Zustände sind offenbar eine flagrante Verletzung der von der Natur gewollten und von der Statistik bestätigten Regel: jedem Mann seine Frau, jeder Frau ihr Mann, und zwar soweit möglich für des Lebens Dauer! Mit Geist, wenn auch nicht ohne Übertreibung, hat diesen Satz im letzten Jahre des vorigen und im ersten dieses Jahrhunderts Professor Rauber in

Dorpat in mehreren Flugschriften verfochten. Seine These müßte indessen nicht wenige Ausnahmen erleiden; denn mehr Menschen, als man gewöhnlich glaubt, sind teils ihrer Natur, teils ihren oft bizarren Neigungen und Gelüsten zufolge nicht geeignet, sich in eine naturgemäße und daher auch sittliche Verbindung einzulassen. Doch ist dies nicht das einzige Hindernis, das sich jener Regel entgegenstellt, wenigstens nicht in unseren mitteleuropäischen Ländern. Das Deutsche Reich zählt eine ganze Million mehr weibliche als männliche Einwohner, und diese Million besteht sicher nicht aus lauter zur Ehe ungeeigneten Individuen, sondern aller Wahrscheinlichkeit nach nur zum kleinsten Teile. Professor Rauber schlägt in seiner Flugschrift „Weibliche Auswanderung", (Leipzig 1901) vor, die Auswanderung dieser Million nach den Kolonien, in welchen mehr Männer als Frauen ihrer Nation leben, zu organisieren. Aber welche sollen auswandern? Einfach jene, die in der Heimat keine Männer finden!

Wir glauben, es dürften sich diesem Vorschlage noch mancherlei Hindernisse entgegenstellen, die uns aber hier zu weit führen würden. Vor allem jedoch muß die Regel: „Ein Mann für eine Frau" und umgekehrt, als biologisch richtig anerkannt werden. Die Verbesserung der naturgemäßen Lebensweise und der Sitten, die in der Befolgung dieser Regel läge, wird aber hintan gehalten und sogar vereitelt durch die unsere Zeit mit so vielen Lärm erfüllende, hier verhimmelte und dort verhöhnte Frauenbewegung oder Frauenrechtlerei. Diese letzte Phase des Kampfes der Geschlechter, die aber schon in früheren Jahrhunderten gewetterleuchtet hat, ist in ihren Anfängen eine berechtigte Reaktion gegen die Unterdrückung des weiblichen Geschlechtes durch das männliche, die übrigens in zivilisierten Ländern nicht mehr sehr fühlbar ist. Die Gesetzgebung hat hierin schon viel verbessert; aber die sozialen Zustände, die in Verbindung mit moralischen und namentlich mit der Kneipomanie und dem Alkohol eine Menge junger Männer von der Ehe abhalten, sowie der schon erwähnte Überschuß der weiblichen Bevölkerung führen mit Recht zu dem Bestreben, den

Mädchen und Frauen eigene Berufe zu eröffnen, was schon in allen Kulturländern bedeutende Erfolge aufzuweisen hat. Aber wie alle neuen Bestrebungen verirrt sich auch diese in ungesunde Extreme. Wir wollen hier nicht des lächerlichen Traumes mancher Frauenrechtlerinnen von einer Unterwerfung der Männer unter das „schöne Geschlecht" oder gar von einer „Weiberherrschaft", wie Frau Johanna Elberskirchen („Revolution und Erlösung des Weibes", Leipzig 1904) sie aufrichtig nennt und wünscht, gedenken. Das schöne Geschlecht wäre nicht nur in diesem unmöglichen Falle, sondern auch bei sonstigen Übertreibungen bald nicht mehr schön. Es wäre zwar wenig dagegen einzuwenden, den Frauen in einem gewissen Alter eine Stimmgabe in kommunalen Armen und Schulsachen einzuräumen. Aber in der Politik, überhaupt im Staate? Die Damen, die eine so große Sehnsucht nach der Wahlurne haben, zu der sie allerdings bereits im „wilden Westen" der Union Zutritt haben (Länder, in denen die Männer in der Mehrheit sind und die Sache daher unschädlich ist), vergessen zu sagen, welche Pflichten sie dem Staate gegen das passive und aktive Wahlrecht leisten wollen! Sie denken doch offenbar nicht daran, gleich den Männern die Waffenpflicht zu übernehmen! Welche Zustände würden uns blühen, wenn bei uns, wo die weibliche Bevölkerung die Mehrheit hat, die Frauen, bei denen ja stets die Person mehr gilt als das Prinzip, mitwählen wollten? Frauen würden die Parlamente füllen, oder wenigstens Männer, die den weiblichen Wählern angenehm wären. Und in katholischen Gegenden? Da würde der Pfarrer die Stimmzettel der Frauen ausfüllen. Oder wehe diesen im Beichtstuhl! Jedenfalls würde und müßte mit Einführung des weiblichen Stimmrechts jeder Grund zur Galanterie wegfallen. Der zarte Blütenstaub jungfräulicher und fraulicher Anmut würde unbarmherzig weggewischt. Aber das hat ja bei uns noch gute Wege. Die vernünftigen Frauen, die wissen, daß die Frau im Kaufe höher und schöner dasteht als im Wahllokal, sind neben den Männern eine volle Gewähr gegen solche krankhafte Extravaganzen. Die

Frauenbewegung aber wird das Gute haben, daß sie den Frauen, abgesehen von der Politik, eine geachtete Stellung sichert.

Sehr stattlich sind die Zahlen, in denen Frauen bereits selbständige Berufe betreiben oder Stellungen bekleiden, besonders in der Krankenpflege, in religiösen Anstalten, im Staats, Hof und Gemeindedienste, in gutsherrlichen Verwaltungen, im Eisenbahn, Post und Telegraphenwesen, in kaufmännischen und gewerblichen Geschäften usw. Auch im geistigen Leben stehen die Frauen nicht zurück. Groß ist die Zahl der Schriftstellerinnen (die im Roman den Männern die Waage halten), der Redaktricen, noch größer die der Lehrerinnen.

Das Studium rein wissenschaftlicher Berufe durch Frauen nahm seinen Anfang 1864 an der Hochschule in Zürich, verbreitete sich seit 1871 auf die übrige Schweiz und hat nach dem Vorgange der meisten europäischen Staaten, auch in Deutschland, wenn gleich noch mit Beschränkungen, begonnen. Weitaus die größte Zahl der Studentinnen widmet sich der Medizin, wenn auch die Stimmen über die Zweckmäßigkeit ihres gemeinsamen Studierens mit Studenten noch geteilt sind. Es wäre lächerlich, den Frauen Schranken zu setzen, wie weit diese Bestrebungen reichen dürfen; soweit sie sich als befähigt erweisen, sollen sie nur ruhig und unverdrossen ihren Weg gehen.

Über die geographische Ausbreitung und die Geschichte der Frauenbewegung gibt Fräulein Dr. Käthe Schirmacher (Die moderne Frauenbewegung, Leipzig u. Berlin 1905) folgende Mitteilungen: Weltumfassenden Umfang hat der 1889 in Washington gegründete „Internationale Bund der Frauenvereine" der etwa eine Million Mitglieder zählt. Weniger umfangreich, weil radikaler, ist der „Internationale Bund für Frauenstimmrecht", der sich 1904 in Berlin aus acht nationalen Bünden bildete, dessen Hauptforderung aber zu derselben Zeit der „Frauenweltbund" ebenfalls in sein Programm aufnahm. – Den Hauptanteil an der Frauenbewegung haben die germanischen Länder. Nationale, dem Weltbunde angehörende Frauenbünde besitzen: Die Vereinigten Staaten von (Nord-)Amerika,[*] Australien,* England,* Kanada, Schweden,* Norwegen,* Dänemark,* Holland,* Schweiz, Deutschland,* Deutsch-Österreich, Ungarn, Frankreich,* Italien (* bezeichnet die Länder mit Frauenstimmrechtsvereinen). Näheres kann uns hier nur bezüglich Deutschlands interessieren, auf das die Frauenbewegung sehr schlecht zu sprechen ist.

„In keinem europäischen Kulturland, sagt das energische Fräulein Dr. Schirmacher, hat die Frauenbewegung ungünstigere Verhältnisse gefunden, nirgend ist sie zäher bekämpft worden. In keinem Kulturland haben die Frauen so spät noch und so lange das Kriegsrecht zu spüren bekommen, wie die deutschen Frauen." Nicht wie in anderen Ländern unterstützt die liberale Partei in Deutschland die Bestrebungen der Frauen. „Die deutschen Männer überlassen alles Kämpfen um ihre Rechte den Frauen allem. Denn überall macht sich der Druck des Staates fühlbar und lähmt gar manchen, der uns (den Frauen) unter anderen Verhältnissen helfen würde; denn die Kompetenzen des Staates sind in Deutschland besonders groß." Im Deutschen Reiche werden daher den berechtigten Ansprüchen der Frauen die größten Schwierigkeiten entgegengesetzt. Eigentümlich für Deutschland ist auch die Zersplitterung der Frauenvereine nach Konfessionen und Klassen. Außer dem allgemeinen, konfessionslosen Frauenbunde gibt es noch evangelische und katholische Vereine, und die sozialdemokratischen Frauenvereine verwahren sich entschieden und schroff gegen alles Zusammengehen mit den bürgerlichen Frauen. Das sind Übelstände, die dem berechtigten Teile der Frauenbestrebungen (das Stimmrecht nennen wir den unberechtigten aus schon erwähnten Gründen) nur schaden können. Indessen ist an dieser Bewegung so viel berechtigtes: Die Gleichstellung auf den Gebieten des Unterrichts und der Erziehung, der Arbeit und ihres Lohnes, des bürgerlichen Rechtes und des Strafrechts usw., – daß es geradezu der Humanität ins Gesicht schlagen heißt, wenn die Männer diesen Förderungen sich feindselig erweisen. Wäre es nicht, erlauben wir uns zu fragen, ein dankbares Feld derjenigen Logen und anderer Vereine, die sich über männliche Selbstsucht und Selbstüberhebung hinwegzusetzen vermögen, den gerechten Ansprüchen der von ihnen doch gewiß verehrten Frauen Vorschub zu leisten?

Welche sind aber gerecht? Dies ist noch keine völlig ausgemachte Sache. Wir vermissen in den Frauenbestrebungen Selbständigkeit. Was die Frauenrechtlerinnen wollen, ist im Grunde den Männern ab gesehen. Sie wollen, soviel bisher zu erkennen ist, Männerrechte; alle Rechte der Männer wollen sie ausüben, aber eine Pflicht weniger übernehmen: den Militärdienst. Sie können aber unmöglich alles besorgen, was Männer tun. Es gibt so grobe, rauhe und gefährliche Arbeiten, denen sich Frauen unmöglich widmen können, und so eigenartige stark exponierte Stellungen (wie z. B. Minister, Gesandte, Konsuln oder gar hohe Kirchenämter), die sich für Frauen nimmer eignen. Nicht Männerrechte sollten sie verlangen, sondern Menschenrechte, die für ihr Geschlecht passen. Wir können uns aber unmöglich dazu verstehen, in selbständigen Berufen oder Stellungen, die für Frauen paffen, etwas anderes als Ausnahmen zu erblicken. Nach den Forderungen der Natur soll die Regel sein: Die Frau soll Frau bleiben und ihr höchster Ruhm sei, Mutter zu werden. Und die Mutter ist etwas Heiliges.

2. In absteigender Linie

Vorfälle der Gegenwart lenken die allgemeine Aufmerksamkeit immer wieder von neuem auf eine kulturgeschichtliche Erscheinung, die zwar so alt ist wie die Kultur selbst, deren Fortdauer in der neuesten Zeit aber bis vor kurzem nicht allgemein bekannt war. Von jeher wurden junge und verhältnismäßig hübsche weibliche Wesen, namentlich um die Bedürfnisse der Vielweiberei, der Harems, also vorzugsweise im Orient, zu befriedigen, für Geld oder Geldeswert verkauft. Daß aber diese Praktik auch dort, wo jene „berechtigte Eigentümlichkeit" nicht herrscht, im christlichen Europa und Amerika betrieben wird, um eine nicht anerkannte und nicht dauernde, sondern heimliche und vorübergehende aber faktische Vielweiberei zu versorgen, ist erst seit etwa zwei Jahrzehnten durch zahlreiche und sich unheimlich anhäufende Strafprozesse an das Licht der Öffentlichkeit gekommen. Es ist dies der scheußliche Mädchenhandel, auch Handel mit weißen Sklavinnen genannt. – Dieser schmähliche Schacher beruht auf der Duldung teilweise sogar Privilegierung von Häusern, die man wie zum Hohn „Freudenhäuser" nennt, durch eine Anzahl von Staaten beider Hemisphären, und zwar zu dem Zwecke, die Gelüste wohlhabender Männer zu befriedigen. Diesem Zwecke zu dienen, machte es sich eine Bande von Verbrechern beider Geschlechter und verschiedener Nationen zum einträglichen Geschäfte, unbemittelte Mädchen von angenehmem Äußern unter der Vorspiegelung, ihnen gute Stellen zu verschaffen, durch List in ihre Gewalt zu bringen und in entfernten Gegenden in Häuser der genannten Art zu schleppen. Die Gaunerbande von Händlern mit „weißen Sklavinnen" ist international organisiert und bildet mit den Schurken und Megären, die an der Spitze jener Häuser, die in Wirklichkeit Kerker sind, stehen, eine Art geheimer Gesellschaft, in welcher polnische Juden die Hauptrolle spielen. Diese unsaubere Gesellschaft hat ihren eigenen Jargon: die verkauften Mädchen werden „Colli", das heißt „Warenballen", genannt; feinere „Ware" wird als so und so viel Ballen Seide oder Faß Ungarwein, geringere als so und so viel Säcke Kartoffeln bezeichnet. Diese Objekte scheint die Bande gegenwärtig vorzugsweise aus Polen und Ungarn zu beziehen, nachdem Deutschland, Österreich und die Schweiz, woher früher der unglücklichen Opfer gar viele kamen, auf die internationalen Menschenhändler aufmerksamer geworden sind. Die Bestimmung der aufgegriffenen Mädchen ist eigentlich die ganze bekannte Erdoberfläche. In der „Alten Welt" sind Hauptmärkte menschlicher Ware: Lemberg, Budapest, Bukarest und Konstantinopel, von wo sie nach Smyrna, Alexandrien und weiter nach Indien, China und Japan gebracht wird. Andere Handelsstraßen gehen nach Rußland, wo Riga das Stelldichein für die „Kunden" aus Petersburg und Moskau bildet, – und weiter nach Sibirien und der Mandschurei! In Hamburg werden die Angelockten nach Nord- und Südamerika eingeschifft, gegenwärtig scheinen Brasilien, Uruguay und Argentinien die besten Absatzgebiete zu sein. Die früher in Belgien grassierenden Greuel unterdrückt zu haben ist ein Verdienst der englischen Regierung, deren Agenten die Mädchenkerker (um 1880) in Brüssel und Antwerpen entdeckten. Einheimischer Mädchenhandel spukt noch in Frankreich und Italien, wo aber die Häuser, denen er dient, Jahr für Jahr an Zahl abnehmen; ohne Häuser der Schande aber gibt es keinen Mädchenhandel und umgekehrt.

Im Februar 1901 sind in den Pariser Vororten Charenton, Vincennes u. a. fünf schöne Mädchen von 14-15 Jahren, die eines Abends ausgegangen waren, um Hausgeschäfte zu besorgen, spurlos verschwunden; man hatte sie noch mit unbekannten Männern (offenbar Mädchenhändlern) zusammen gesehen. Eines derselben war von einem Wagen umgeworfen worden, ohne verletzt zu sein, worauf ein Mann herbeikam, sich für den Onkel des Mädchens ausgab, mit ihm in einen Fiaker stieg und davon fuhr. Man hörte nichts mehr von ihnen. Im Mai 1901 wurde in Paris ein Kuppler aus Amsterdam, Namens Rigal verhaftet, der sich jährlich mehrere Male dahin begab, um unter den arbeitslosen Arbeiterinnen, stellenlosen Nonnen usw. Mädchen auszusuchen, denen er vorteilhafte Stellungen versprach; in seinem Solde hatte er mehrere Agenten, die ihn mit „Ware" versahen. Waren sie minderjährig, so verschaffte man ihnen falsche Papiere mehrjähriger Personen. In Amsterdam angekommen, wurden sie in Rigals Haus eingesperrt und von bereits dort einheimischen Dirnen in die Geheimnisse der *Venus vulgivaga* eingeweiht. Enttäuscht und entrüstet, protestierten sie. Endlich wurde die Sache ruchbar, und das Schicksal erreichte den Schuldigen. Eines seiner Opfer, 20 Jahre alt, war im Dezember 1900 für 200 Franks nach Rotterdam verkauft worden, nachdem es vorher für 60 bis 75 Franks durch verschiedene Hände von Paris über Brüssel nach Amsterdam gegangen war. In Brüssel hatte ihm ein Kuppler für den Aufenthalt von einer Woche 300 Franks abgezwackt; denn diese

Raubtiere sorgen stets dafür, daß ihre Opfer in ihrer Schuld bleiben, indem sie ihnen für Essen, Trinken und zweifelhafte Kleidung enorme Preise anrechnen und sie bis zur Bezahlung, d. h. bis zu einem Einschreiten von außen her, meist aber bis zu ihrem frühen Tode gefangen halten. Das zuletzt erwähnte Mädchen wurde schließlich durch Fräulein Broomgest befreit, die sie entdeckte und der „*Ligue des Droits de l'Homme*" in Paris berichtete, daß Amsterdam von zu unsittlichen Zwecken gepreßten und gefangen gehaltenen Französinnen wimmele, die in den elendsten Zuständen dahin vegetieren! Dieser entsetzliche Zustand ist die regelmäßige Folge des Mädchenhandels, und was das Schlimmste dabei, er wurde und wird noch von gewissen Regierungen, unter denen sich glücklicherweise das Deutsche Reich nicht befindet, aufrecht erhalten und damit der Mädchenhandel begünstigt. In Paris und anderen französischen Städten war es (oder ist noch?) ein Sport der höheren Polizeibehörden, durch ihre Agenten alle nach Einbruch der Dämmerung ohne Begleitung (oder auch mit solcher) auf den Straßen betroffenen (nicht zu alten) weiblichen Personen aufgreifen, gewaltsam ärztlich untersuchen und dann in die Listen der Prostituierten eintragen zu lassen, was dann natürlich auch Gauner oder Wüstlinge auf ihre Art nachahmten. Es gab Banden, die es in Tausenden von Fällen so trieben; auch trat an die Stelle der ärztlichen Untersuchung die Vergewaltigung und an die der Einschreibung die Beraubung. Yves Guyot hat in seinem Werke „*la Prostitution*" haarsträubende Fälle, namentlich von dem später abgesetzten Polizeipräfekten Louis Andrieux erzählt, der die der „Sittenpolizei" unterworfenen Heere mit allen Mitteln zu vermehren suchte, dabei aber die eingeschriebenen Dirnen und namentlich die beteiligten Herren sorgfältig schonte.

Die Lorbeeren solcher Prostitutionstiger haben über eifrige und ehrgeizige Polizeimenschen anderer Hauptstädte nicht ruhen lassen. Zu Anfang dieses Jahrhunderts suchte eine bestens empfohlene junge Französin in Wien eine Wohnung. Ohne mit den Verhältnissen der Stadt näher bekannt zu sein, wollte sie eben eine besichtigte, aber ihr nicht gefallende Wohnung verlassen, als der Polizeiagent Neuhofer eindrang, sie ergriff, beschimpfte, mißhandelte und durch die gaffende und johlende Menge auf die Polizei schleppte. Hier von neuem mißhandelt, erfuhr sie endlich, daß man sie für eine Dirne hielt. Ungeachtet aller Proteste wurde sie in ein schmutziges Gefängnis zu Dirnen geworfen, dann gewaltsam untersucht und, als der Arzt murmelte, es müsse ein Mißverständnis sein, wieder über die belebtesten Straßen nach Hause gebracht, wo sich der Kerl ihre Papiere vorweisen ließ und dann ohne Entschuldigung brummend verschwand. Die Sache erregte ungeheures Aufsehen in Wien; die französische Gesandtschaft bewirkte, daß der Polizeidirektor sich bei der ohne Grund Verfolgten entschuldigte; im Reichsrat fanden fünf Interpellationen statt, und eine große Versammlung im Saale Nonacher, von Damen und Herren besucht, drückte ihre Entrüstung aus. Im Reichsrate versuchte der Ministerpräsident eine Entschuldigung, die sehr schwach ausfiel.

Wenn solche Schandtaten überhand nehmen sollten, welche Damen und Mädchen wären dann noch sicher, brutaler Polizeigewalt ohne alle Ursache zum Opfer zu fallen? Die Polizei ist doch gewiß nur dazu da, um gegen wirkliche Vergehen einzuschreiten, und nicht, um einzugreifen, wenn bloß nach ihrem beschränkten Untertanenverstand irgend etwas, was sie sich einbildet, der Fall sein könnte. Sie soll die Sicherheit der Personen schützen und nicht gefährden. Wer ersetzt einem grundlos beschimpften Mädchen die ausgestandene Schmach und Herzensangst?[20] Und dies veranlaßt uns hier öffentlichen Protest zu erheben gegen die unverantwortliche Äußerung mit der Herr Dr. V. Schidlof sein gegen den Mädchenhandel gerichtetes Buch (Berlin 1904) selbst moralisch vernichtet, indem er (S. 377) sagt: „Die Prostitution ist zu reglementieren. Die Re-

---

[20] Näheres und Weiteres enthalten des Verfassers Bücher: Die Gebrechen und Sünden der Sittenpolizei aller Zeiten, vorzügl. der Gegenwart. (Leipzig, 2. Aufl. 1898.) und Prostitution und Mädchenhandel (ebenda 1904).

glementierung ist mit größter Strenge durchzuführen und der Errichtung von Bordellen keinerlei (!) Schwierigkeiten entgegenzusetzen." –

Keinerlei!!! Ein fürchterliches Wort, und um so entsetzlicher, als Dr. Schidlof über die moralische Qualifikation der Bordellinhaber auch nicht ein einziges Wort verliert! Hat Dr. Schidlof oder hat überhaupt jemals irgendein Mensch etwas von einem Bordellinhaber gehört, der nicht ein Schurke, oder von einer Bordellwirtin, die nicht ein verworfenes Weibsbild gewesen wäre? Es ist ebenso undenkbar, daß gewissenhafte Regierungen oder Stadträte solchem Gesindel Zugeständnisse machen und Rechte einräumen, als daß ehrenhafte und anständige Personen sich einem solchen ehrlosen Gewerbe widmen. Dem genannten Herrn ist es also vollständig gleichgültig, in welche schmutzigen Hände die Unglücklichen fallen, die das Schicksal in die Hölle der Prostitution gestürzt hat, – in Hände, die noch niemals etwas anderes, als Verbündete und Spießgesellen der Mädchenhändler waren, – in Hände, die diese armen Opfer der scheußlichen Gelüste reicher Wüstlinge zur äußersten Anstrengung in ihrem „Berufe" zwingen, und wenn sie nicht gehorchen, durch Hunger, Einsperrung und Peitschenhiebe zum Gehorsam bringen! Auch nicht mit einem Worte berührt Dr. Schidlof in seinen Vorschlägen zur Polizeiaufsicht über diese Schandhäuser die Bestrafung von Mißhandlungen der Opfer, und wenn er diesen den Austritt ohne Rücksicht auf Schuldforderungen frei stellen will, so muß er wirklich sehr naiv sein, wenn er glaubt, daß das Gesindel der Bordellsklavenhalter nicht Mittel fände, die Armen in den Krallen zu behalten, bis sie zu weiterer Fronarbeit untauglich werden. Eben so kann die Bestrafung der Verleitung zum Eintritt in ein Schandhaus leicht umgangen werden, – so gerieben sind diese Kanaillen schon. Und wo fängt die „Verleitung" an? – Ferner bildet sich Dr. Schidlof ein, daß sich diese Lieblingsanstalten unserer Gegner durch freiwilligen Eintritt (!) rekrutieren würden! Dies ist niemals geschehen und wird nie geschehen. Es ist einzig und allein der Mädchenhandel, der diesen Höllen die

Verdammten liefert! Auch sagt Dr. Schidlof nicht, mit welchem Rechte die Bewohner eines Hauses, einer Straße, einer kleinen Stadt usw. zur Duldung eines Bordells in ihrer Nähe gezwungen werden können. Endlich verschweigt er den Umstand, daß die Kinder in der Umgebung einer solchen „Anstalt" schon früh verdorben werden müssen, ebenso denjenigen, daß die Bordelle Anlaß zu Saufen, Spielen, Raufereien und selbst Totschlägen geben können, oft gegeben haben und in Bordellstädten noch stets geben, z. B. in der wahren Bordellstadt Genf in der Schweiz, wo die Bordellwirte polizeilich geschützt sind, nicht aber ihre Opfer![21]

Dr. Schidlof will die „freie Prostitution" rücksichtslos verfolgen. Sie hat auch neben der Bordellwirtschaft noch nie und nirgends gefehlt, ist aber (da sie doch die persönliche Freiheit wahrt) lange nicht so schlecht und verderblich wie jene. Wir wünschen beide Abarten eines schmählichen Zustandes in gleicher Weise, besonders aber die entsetzliche Kinderprostitution, ohne Nachsicht unterdrückt zu sehen! – Wer sie pflegt nicht nur, sondern auch wer sie benutzt oder begünstigt, sollte ohne Unterschied des Standes und Geschlechtes mit Gefängnis bestraft werden, die Mädchenhändler aber mit lebenslänglichem Zuchthaus. Das sind freilich heute noch Utopien; aber die Unterdrückung oder Nichtduldung der Bordelle wäre schon ein großer Schritt; denn ohne sie oder gleichwertige Kuppelei, die ebenso streng zu verfolgen ist, gibt es keinen Mädchenhandel, weil diesem die Nachfrage und der Absatz fehlen. Was die sog. freie Prostitution betrifft, so wird man sich begnügen müssen, was aber schon viel ist, die Straßen und öffentlichen Plätze von herausfordernden Dirnen gründlich zu säubern und bei Eintritt der Dunkelheit minderjährige Mädchen nach Hause zu schicken. In alle Schlupfwinkel zu dringen ist unmöglich. Es müssen aber auch Maßregeln getroffen werden, ehrbare Frauen gegen polizeiliche Übergriffe wirksam zu schützen. Wie es

---

[21] Verführt und Entehrt. Die Presse im Dienste des Mädchenhandels? Von Kath. Neidtt. Leipz. 1905.

scheint, weiß Dr. Schidlof nichts davon, daß in den Bordellstaaten diese Häuser der Schmach und des Verbrechens überall in der Abnahme begriffen sind, weil sie sich nicht mehr rentieren, besonders in Frankreich und Belgien! Sie da, wo sie nicht bestehen, neu einzuführen, wäre ebensolcher Wahnsinn, wie es die Wiederherstellung der Hexenprozesse, der Inquisition, der Folter und der Sklaverei wäre; denn die Bordelle sind nichts anderes als Sklavenzwinger, Kerker und Folterkammern und würden es trotz aller Polizeiaufsicht bleiben, so lange sie sich hielten. Dr. Schidlof behauptet, der Mädchenhandel „blühe" nirgends mehr als in England, wo die Bordelle nicht reglementiert sind. Sie bestehen aber doch, und neben ihnen treiben Kuppler und Kupplerinnen ihr Wesen, deren schändliche Geschäfte nichts als Bordelle im kleinen und ohne ständige Bewohnerinnen sind. Ob nun die Bordelle reglementiert sind oder nicht, sie sind in beiden Fällen dieselben schändlichen Kerker. In Frankreich, Belgien, Solland, Genf, Argentinien sind sie reglementiert und haben die furchtbarsten Greuel aufzuweisen. Dr. Schidlof weiß dies, wie sein Buch vielfach zeigt, und will uns dennoch diese Schandhäuser, wo sie noch nicht bestehen, aufdrängen. Und dieser Herr schreibt gegen den Mädchenhandel, der die alleinige Nährquelle jener Häuser ist!

So lange sich die Staaten nicht zur gründlichen Unterdrückung aller Kuppelei, aller Bordelle und alles Mädchenhandels aufraffen, ist die Kultur unserer Zeit noch sehr in barbarischen Zuständen versunken.

Die bisherige Gesetzgebung der zivilisierten Staaten ist bezüglich des Mädchenhandels durchaus ungenügend. Sie kennt nur die „Kuppelei". Den Ausdruck „Mädchenhandel" enthält erst das noch im Entwurfe begriffene Strafgesetzbuch der Schweiz. Was daher bis jetzt gegen den fluchwürdigen Handel geschah, ist vorzugsweise das Verdienst von Vereinen. Der erste derselben ist die um 1870 von der feurigen Menschenfreundin, Mrs. Josefine Butler gegründete „britische und kontinentale Föderation", die zuallererst auf jenen Schacher aufmerksam machte, im übrigen aber auch die Prostitution und deren Reglementierung (d. h. staatliche Anerkennung) bekämpft. Ihre Mitglieder und Freunde nennen sich, gleich den Gegnern der Sklaverei, Abolitionisten, ein Name, den Dr. Schidlof überall, wo er kann, mit Spott behandelt, während er der höchste Ehrenname ist! Nach ihrem Muster haben sich in fast allen europäischen Ländern und in Amerika Zweigvereine und selbstständige Gesellschaften gebildet, die teils die Unzucht überhaupt, teils den Mädchenhandel im besondern bekämpfen. Unter ihnen ragt das „Deutsche Nationalkomitee zu internationaler Bekämpfung des Mädchenhandels" hervor. Es entstand durch eine Einladung der 1885 gegründeten englischen *Vigilance Association* (Wachsamkeitsbund) an Pfarrer Burckhard in Berlin zur Teilnahme an einem 1899 in London abzuhaltenden internationalen Kongreß, der über Schritte gegen den Mädchenhandel beraten sollte. Darauf bildete sich das genannte Komitee durch den Zusammentritt von Abgeordneten der deutschen Sittlichkeitsvereine aller Konfessionen. Am Kongresse in London waren bereits elf Länder Europas und die Vereinstaaten Nordamerikas vertreten, die ähnliche Organisationen schufen. Für seine Beschlüsse fehlt hier der Raum. Sie wurden weiter gebildet durch eine 1901 in Amsterdam tagende Delegiertenkonferenz und durch einen 1902 in Frankfurt a. M. abgehaltenen zweiten internationalen Kongreß, dem eine deutschnationale Konferenz unmittelbar voranging, an der auch sämtliche Regierungen der größeren deutschen Staaten vertreten waren. Vorsitzender des deutschen Komitees ist der k. preuß. Kammerherr Graf Keller.

Soviel wir erkennen können, wiegt unter den Teilnehmern an diesem edeln und menschenfreundlichen Unternehmen weitaus die Orthodoxie vor, was ihr alle Ehre macht. – Da aber die Menschenfreundlichkeit und edle Gesinnung nicht vom religiösen Glauben abhängig ist, finden wir, es sollte sich auch die Richtung der freien Forschung an dem Werke der Rettung unschuldiger Mädchen beteiligen, wenigstens weit mehr als bisher der Fall zu sein scheint. Sie würde auch ganz sicher von den bisher Mitwirkenden mit Freuden als Bundesgenossin aufgenommen werden. Wir bitten daher sowohl die deutschen Logen, seien sie konservativ oder fortschrittlich gestimmt, als alle übrigen nicht konfessionell abgegrenzten philanthropischen Vereine, nicht weniger auch alle Privaten, denen die Sache am Herzen liegt, sich bei dem deutschnationalen Komitee, zur Bekämpfung des Mädchenhandels als Teilnehmer zu melden. Der Segen guter Taten wird ihnen nicht ausbleiben!

VII. Krieg und Frieden

1. Krieg im großen

> Nichts besseres weiß ich mir an Sonn und Feiertagen, als
> ein Gespräch von Krieg und Kriegsgeschrei,
> wenn hinten weit in der Türkei
> die Völker aufeinander schlagen.
> Dann kehrt man abends froh nach Haus
> und segnet Fried' und Friedenszeiten.
> *Goethe*

Die eigentliche Weltgeschichte, d. h. wenn von der Kulturgeschichte abgesehen wird, ist beinahe ausschließlich eine Kriegsgeschichte; man hat berechnet, was freilich nicht ganz zuverlässig sein dürfte, daß auf ein Friedensjahr 12 Kriegsjahre kommen. Ähnlich wird es sich aber wohl verhalten, das wird jeder Kenner der Geschichte zugeben. Gute Menschen ziehen natürlich den Frieden vor; denn die Formen und Folgen des Krieges sind im ganzen höchst unerfreulich. Es kann wohl vorkommen und ist auch vorgekommen, daß ein Krieg für eines der daran beteiligten Völker günstige Folgen hatte; allein, wie schwer sind diese erkauft! Wenn man nur den moralischen Standpunkt in Betracht zieht, so hat der Krieg alle, namentlich aber die schwersten Verbrechen: Raub, Brandstiftung und Mord im Gefolge, abgesehen von seinen Wirkungen: Verlust an Menschenleben, an Gesundheit, an Eigentum, an Schätzen der Kunst und Wissenschaft, vielfach auch an politischer Freiheit, an guten Sitten, an liebgewordenen Gewohnheiten, an befriedigenden Verhältnissen, an seelischer Ruhe und Zufriedenheit. Wenn diese Nachteile in Betracht gezogen werden und dazu noch die Unterbrechung allen gesunden Fortschrittes und aller nützlichen Arbeit durch den Krieg, so ist der Standpunkt derjenigen vollkommen gerechtfertigt, die den Frieden als den allein berechtigten, ja allein statthaften Zustand betrachten und den Krieg auf dieselbe Stufe der Verwerflichkeit und des Abscheus verweisen wie das Verbrechen und als eine ebenso wenig normale Sache betrachten, wie Katastrophen in der Natur, und nicht höher einschätzen als das Wüten der Raubtiere und vertierter oder wenigstens noch ganz unzivilisierter Wilden gegenüber schwächeren Mitgeschöpfen.

Auf der andern Seite fehlt es nicht an Stimmen, die den Krieg, wenn nicht geradezu lobpreisen, doch bis auf einen gewissen Grad rechtfertigen und als in der Welt unvermeidlich erklären. Hat ja der große Moltke, persönlich ein durchaus friedfertiger Mann, sich geäußert, die Kriege seien für die Entwicklung des Menschengeschlechts notwendig, da ein langer Frieden die Völker verkümmere, die Menschheit ihre moralische Energie einbüßen lassen werde. Der Krieg wirke, hört man sagen, im Staatsleben reinigend, wie ein Gewitter, und wie nach einem solchen sich die Natur freier und schöner entfalten könne, so kämen auch nach einem Kriege die geistigen und sittlichen Völkereigenschaften erst recht zur freien Entfaltung.

Kann nun dieser Ansicht, wenn sie auch als allgemein gültig durchaus zu bestreiten ist (man denke nur an den dreißigjährigen Krieg!), nicht ein Körnchen Wahrheit, unter Umständen nämlich, abgesprochen werden, so gibt es dagegen Stimmen, die weiter gehen und dem Kriege geradezu ein Loblied singen. Wir hören dies nämlich nicht etwa nur von alten Soldaten, die auf ihre kriegerischen Taten mit Stolz zurückblicken, sondern sogar von friedlichen Schulmännern und selbst Professoren. Diese Herren bedauern aufs lebhafteste, daß (seit dem letzten großen Kriege gegen Frankreich) die Kriegslust abgenommen hat, daß „die Schlappheit, Verweichlichung und Nervosität zunehmen und die männliche Jugend immer ungeeigneter für den militärischen Dienst machen (?)". Man geißelt die „Friedensverhimmelung" und „Schiedsgerichtsmeierei" (worauf wir weiterhin zurückkommen), lobt die frisch emporstrebenden und dabei kriegslustigen und kriegstüchtigen Japaner, versteigt sich dann aber zu einer Frömmelei, die, so unwahrscheinlich das auf den ersten Blick erscheint, tatsächlich oft bei Kriegsleuten vorkommt (man denke an Herzog Alba, Tilly, Cromwell u. a.). Das Wort Jesu: „ich bin nicht gekommen, den Frieden zu bringen, sondern das Schwert", wird fälschlich auf das Waffenhandwerk angewandt und endlich die angebliche „Vernünftigkeit und Weisheit alles Geschehens" verfochten! Danach wären die Hexenprozesse, die Inquisition, die Folter, die Judenmorde und die Schreckensherrschaft der Jakobiner vernünftig und weise gewesen. Man weist auf die furchtbaren Naturkatastrophen (Erdbeben, Vulkanausbrüche, Überschwemmungen, Orkane, Taifune usw.) hin und spricht dann das große Wort gelassen aus: „Man wolle doch nicht klüger als Gott, oder gar sittlicher als er sein." Daß Gott diese Verheerungen absichtlich veranstalte, ist doch nur eine unbegründete anthropomorphische Hypothese; denn jene Ereignisse haben durchaus natürliche Ursachen, die sich wissenschaftlich nachweisen lassen. Aber klüger und sittlicher als die Natur wollen wir Menschen allerdings nicht nur sein, sondern müssen es; denn wir sind berufen, sie zu beherrschen und zu bändigen. Wenn wir gezwungen sind, Krieg zu führen, so tun wir es aus rein menschlichen Gründen, nicht als blinde Naturkräfte. – Wenn wir deren Wirkungen einfach als Gottes Willen hinnehmen sollten, so wäre es ja frevelhaft und sträflich, Brände zu löschen, Teiche zu bauen. Zerstörtes wieder aufzurichten, Menschen das Leben zu retten usw., und wenn alles Geschehen vernünftig und weise wäre, so dürfte auch die ärgste Schändlichkeit nicht getadelt und die Ausdrücke „Unsinn" und „Torheit" müßten aus der Sprache verbannt werden. Es müßte also alles Unrecht geduldig hingenommen und damit natürlich auch jeder Krieg ausgeschlossen werden. In welche Widersprüche verwickeln sich da die Kriegsfreunde! Wie weit übrigens der Demiurgos (s. o.), der allerdings weise, aber in ganz anderer Art als die Menschen sein muß, etwas bewirken will und wie weit er der Natur und den menschlichen Launen freien Lauf läßt, können wir natürlich nicht ermessen. Hier vor allem heißt es: *Ignorabismus.*

Auch von uns selbst wissen wir Menschen nicht, was wir vermögen und was nicht. Gewiß gibt es weder eine absolute Willensfreiheit, noch eine absolute Gebundenheit. Wir können vieles, aber unsere Natur und unsern Charakter verändern, unsere Erziehung verleugnen, unsere Umgebung ignorieren, unsere Lebensverhältnisse willkürlich gestalten, über unsere Kräfte wirken, – das können wir nicht. Und so fragt es sich denn auch: können wir Krieg und können wir ewigen Frieden wollen?

Die Bewegung, die den Weltfrieden anstrebt und zu bewirken oder wenigstens dazu beitragen zu können hofft, hatte ihre Vorläufer schon im 14. Jahrhundert; vielleicht kann der große Dante als ihr erster Prophet betrachtet werden. Ein „Gottesfriede" (*treuga Dei*) wurde allerdings schon im 11. Jahrhundert angestrebt, aber immer nur auf bestimmte Tage und nicht auf längere Dauer erzielt, so sehr wucherte damals die Fehdesucht. Die Gotteskriege, deren größte die Kreuzzüge waren, wogen stets vor. Große Friedensgedanken hegten die Könige Georg Podiebrad von Böhmen im 15. Jahrhundert und Heinrich IV. von Frankreich am Anfang des 17. Jahrhunderts, aber umsonst. Es folgte der furchtbare dreißigjährige Krieg. Am Ende desselben Jahrhunderts erhoben der Philosoph Spinoza, der Niederländer Hugo Grotius und der Quäker William Penn ihre Stimme gegen den Krieg. Zu Anfang des 18. Jahrhunderts folgten der milde Bischof Fenelon und der Abbé de St. Pierre nach, am Ende desselben Zeitraums J. J. Rousseau, Jeremy Bentham und Immanuel Kant. Die Periode der Kriege Napoleons ging vorüber, ohne daß diese edlen Ideen Fuß gefaßt hätten; erst um 1840 traten die ersten Sozialisten St. Simon und Fourier mit ihren bodenlosen Fantasien auf, die Proudhon nüchterner faßte und Lamartine in Poesie umsetzte. Selbst Moltke erwärmte sich in seinen Anfängen für die Friedensidee. Cobden gab ihr die Gestalt des Freihandels, und Elihu Burrit, ein amerikanischer Grobschmied, wirkte für sie in der Weise eines Propheten des Alten Testaments. Ein erster Friedenskongreß tagte 1842 in London und forderte 54 Regierungen auf, ihre Streitigkeiten Schiedsgerichten zu unterbreiten. Der 2. Kongreß, im Sturmjahre 1848 in Brüssel, verurteilte den Krieg und strebte allmähliche Abrüstung an. Auf dem 3. Kongreß 1849 in Paris führte Victor Hugo den Vorsitz, 1850 tagte der 4. Kongreß in der Paulskirche zu Frankfurt a. M., und ihm folgte in Königsberg die Gründung der deutschen Friedensgesellschaft. Weitere Kongresse folgten, trugen 1867 zum friedlichen Austrage der Luxemburgerfrage bei und erweiterten sich in Genf zum Friedensund Freiheitskongreß, der den Gedanken der „Vereinigten Staaten von Europa" in die Welt warf. Die nächsten Kongresse mit dieser Bezeichnung fanden, sich durch den deutschfranzösischen Krieg nicht abschrecken lassend, jährlich in Städten der Schweiz statt. Ob sie auf den Berliner Kongreß 1878 einwirkten, lassen wir dahingestellt; es trat aber eine lange Pause ein, bis 1889 an der Weltausstellung in Paris der erste Weltfriedenskongreß zusammentrat, dem weitere jährliche Versammlungen in London, Rom, Bern, Chicago und Antwerpen folgten. In Berlin wurde 1892 die große deutsche Friedensgesellschaft gegründet; ähnliche Vereine folgten in Menge und erhielten in dem 1891 in Bern errichteten Friedensbureau (Direktor Elie Ducommun) einen Mittelpunkt. Neben den Kongressen tagten seit 1890 interparlamentarische Konferenzen, welche die Friedensbewegung auf dem Wege der Gesetzgebung durch die Volksvertretungen zu ermöglichen suchten und ebenfalls in Bern ein gemeinsames Bureau (unter der Leitung von Regierungsrat Gobat) haben. Ihre erste schriftstellerische Blüte trieb die Friedensbewegung in dem Roman der Freifrau Bertha von Suttner „Die Waffen nieder". Neben dieser feurigen Apostelin des Friedens wirkt als begeisterter Friedensbote der seinen Namen mit Recht führende Alfred Hermann Fried in Berlin, dem wir obige historische Skizze verdanken.[22] An weiteren eifrigen Mitarbeitern in allen Kulturländern ist kein Mangel.

Es sind in der neuesten Zeit, etwa seit dem letzten Drittel des 19. Jahrhunderts, eine ganze Reihe von Streitfällen zwischen Staaten, namentlich amerikanischen oder Kolonialmächten, durch Schiedsgerichte geschlichtet und hierdurch wahrscheinlich teilweise Kriege vermieden worden; es entgeht jedoch unserer Kenntnis, ob und in wie weit der Einfluß der Friedensvereine und der Friedensbewegung maßgebend war. Jedenfalls ist nicht zu verkennen, daß in diesen Zeiten ein starker Zug der Friedensliebe durch die zivilisierten Staaten ging, und dieser Zug war es, der den Kaiser von Rußland, Nikolaus II. bewog, am 12./24. August 1898 ein Manifest zu erlassen, das sich an alle in jenem Reiche vertretenen Regierungen wandte und ihnen, im Hinblicke auf die starken militärischen Rüstungen und die großen teils hierdurch hervorgerufenen wirtschaftlichen Krisen, den Zusammentritt einer Konferenz vorschlug, die sich mit diesen ernsten Fragen zu beschäftigen habe. Alle Mächte, an die das Manifest gerichtet war, stimmten ihm bei, und am 30. Dezember 1898 alten oder 11. Januar 1899 neuen Kalenders teilte der russische Minister des Auswärtigen, Graf Murawieff, den Eingeladenen die in der Konferenz zu besprechenden völkerrechtlichen Fragen mit. Die Regierung des Zaren wandte sich an diejenige des Königreichs der Niederlande, die sich bereit erklärte, die Konferenz im Haag zu empfangen und die in Frage stehenden Mächte einlud, ihre Vertreter auf den 18. Mai dahin zu senden.

Großem Erstaunen, mit dem die Welt diesem Schritte gegenüber stand, folgten indessen bald Zweifel von einem glücklichen Ergebnis und Mißtrauen in die Absichten der Veranstalter des Unternehmens. Man erwartete von dem absoluten Herrscher einer von Polizeigewalt brutal unterdrückten Bevölkerung, von dem Besitzer des schauerlichen Riesenkerkers Sibiri-

---

[22] Das Buch des Fridens. Herausgeg. V. Julius Wundsam. Bern 1896

en, der sich nach Vergrößerung seines Riesenreiches in Ostasien so ländergierig zeigte, nichts Gutes.

Unbeirrt durch diese pessimistischen Stimmen versammelte sich die Konferenz im Haag und arbeitete wacker. Vertreten waren 20 europäische Staaten, zu denen von außereuropäischen die Verein. Staaten Amerikas, Mexiko, Persien, Siam, China und Japan kamen; zusammen waren es also 26. Das Hauptergebnis war die Übereinkunft vom 29. Juli 1899 für die friedliche Schlichtung internationaler Streitigkeiten durch ein beständiges Schiedsgericht mit Sitz im Haag. Die übrigen Beschlüsse bezogen sich auf Milderung der Übel des Krieges. Es wurde nämlich, 1. die Genfer Konvention von 1861 auf den Seekrieg ausgedehnt, 2. das Werfen von Geschossen und Explosivstoffen aus Luftballons oder auf andere ähnliche neue Art für die Dauer von 5 Jahren (warum nicht für immer?) verboten, ebenso 3. die Verwendung solcher Geschosse, deren einziger Zweck ist, erstickende oder giftige Stoffe zu verbreiten, und 4. die Verwendung gewisser, besonders verderblicher Kugeln.

Über eine Abrüstung wurde im Haag zwar gesprochen, aber nichts beschlossen; die Hoffnungen der Friedensbewegung blieben also noch weit vom Ziele entfernt. Es gibt indessen unter den Friedensfreunden verschiedene Grade des Strebens und der Hoffnung. Freiherr von Suttner, der Gemahl der Friedensapostelin, verwahrt sich im Buche des Friedens gegen die Meinung, als wollte die Friedensbewegung einzelnen Mächten eine Abrüstung zumuten, solange andere gerüstet sind und über sie herfallen könnten. Er will abwarten, bis die Menschen zum Bewußtsein ihrer Menschenwürde kommen, d. h. einsehen, daß Mord unter allen Umständen verbrecherisch ist; dann werde, glaubt er, die Abrüstung von selbst kommen. Das heißt natürlich, die Ziele der Bewegung in eine sehr ferne Zukunft hinaussetzen. Schon jetzt wollen dagegen Schulmänner, im scharfen Gegensatze zu ihren kriegerischen Fach genossen, die Sache praktisch anfassen. Ein solcher will den Kampf gegen den Militarismus durch Entfernung der Bleisoldaten aus dem Kinderzimmer eröffnen; er eifert gegen das Verkleiden von Kindern in Uniformen, will in der Geographie und besonders in der Geschichte systematisch die Verherrlichung der Kriegshelden gemieden, die Kriege als schädlich dargestellt, die Kriegsurheber als Verbrecher bezeichnet, Mut und Tapferkeit als Tugenden herabgesetzt wissen usw.

Wie sehr dies alles Utopien sind, hat die neueste Geschichte in blutigen Zügen gezeigt. Während die Friedensbewegung ihre höchsten Wogen warf, wüteten der japanischchinesische und der spanischamerikanische Krieg. Auf die Friedenskonferenz im Haag folgten unmittelbar der Burenkrieg und die Intervention in China; noch heute dauert der entsetzlich blutige russisch-japanische Krieg, und an ihn schließt sich eine wilde revolutionäre Bewegung in dem korrumpierten Knutenreich. Und heute sind wir der Verwirklichung eines ewigen Friedens ferner als jemals. Keine Macht denkt an Abrüstung, weil keine der andern traut, und keine traut der andern, weil keine abrüstet. *Circulus Vitiosus*! Und jährlich erscheinen Zukunftsromane, die einen furchtbaren europäischen oder Weltkrieg mit sichtbarem Behagen schildern und damit die Nationen gegen einander aufhetzen. Dabei weiß keine Macht, welche anderen im Kriegsfalle ihre Freunde oder Feinde sein würden (ausgenommen England und Rußland gegenseitig), während dagegen eine jede weiß, daß sie keinen Vorteil von einer solchen ruchlosen Katastrophe ernten, wohl aber ihren ökonomischen Ruin davontragen würde, ja nicht nur vom Kriege selbst, schon von der Fortsetzung ihrer Rüstungen Staatsmänner aller Reiche haben darauf aufmerksam gemacht; aber sie predigten tauben Ohren. Die Militärausgaben haben sich seit dem deutsch-französischen Kriege mehr als verdreifacht; sie betragen heute sechs und eine halbe Milliarde Franken. Im Jahre 1903 sprachen die interparlamentarische Konferenz in Wien und der zwölfte Friedenskongreß in Rouen den Wunsch nach einer neuen internationalen Konferenz zur Besprechung eines allgemeinen Rüstungsstillstandes aus, und beide 1904 in Amerika tagende Versammlungen besprachen diesen Gedanken neuerdings. Im gleichen Sinne äußert sich, unter dem Eindruck feuriger Worte der unermüdlichen Frau von Suttner, am 10. Juni 1904 der in Berlin tagende Frauenweltbund. Wie richtig diese Kundgebung gefunden wurde, zeigt der Umstand, daß gegen sie eine eigene Flugschrift von einem entschiedenen (anonymen) Kriegsfreunde erschien, auf deren Umschlag drei Kanonen nach allen Seiten feuern! Der Verfasser bekämpft mit der Friedens zugleich die Frauenbewegung, hält den Krieg nicht für die verheerendste Sache, mit der sich Unglücksfälle im Frieden wohl messen können, glaubt auch nicht, daß ein ewiger Friede Glück bringen werde und schließt mit dem Satze: „Die Zukunft gehört dem Kampfe, wie ihm die Vergangenheit gehörte." Nur eines vergißt der Mann; den oben erwähnten Ruin der Staaten durch fortgesetzte Rüstungen und vollends durch neue Kriege!

Über den gegenwärtigen Stand der Friedensbewegung und Abrüstungsfrage äußert sich A. H. Fried (Das Abrüstungsproblem, Berlin 1905) wie folgt: „Die sich fortwährend steigernde Rüstungslast Europas ist die Folge der mangelnden internationalen Rechtssicherheit, deren die zur Weltwirtschaft und Weltpolitik gelangten europäischen Staaten dringend bedürfen, und das Ergebnis des völligen Verkennens der modernen Lebensbedingungen. Mit Ausbildung der Friedensorganisation werden die Rüstungslasten immer mehr abnehmen. Nur durch diese Organisation und nicht durch erweiterte Kriegsrüstung ist der Friede zu sichern."

Daraus und aus den weiteren Äußerungen genannter Schrift geht hervor, daß sich die Friedensbewegung heute mit Hoffnungen auf die Zukunft begnügt. Sie muß wohl einsehen, daß bei aller Berechtigung ihrer Grundsätze die Aussichten auf baldigen und dauernden Frieden jetzt noch gering sind. Aber auch für die Zukunft wird jeder Verständige einsehen müssen, daß, wenn auch von einer Abnahme der Rüstungen, sowie von einer Zunahme der schiedsgerichtlichen Erledigungen von Streitfällen, doch weder von einer völligen Abrüstung, noch gar von einer Entwaffnung die Rede sein kann.

Von einer völligen Abrüstung nicht, weil es in Europa noch einen Staat, wenn man ihn so nennen darf, gibt, der zu beständigen Kriegsbesorgnissen Anlaß bietet, bis er beseitigt sein wird. Das osmanische oder türkische Reich, das wir meinen, widerspricht in seinen Zuständen so sehr jedem Begriffe moderner Staatsordnung und Staatswirtschaft, daß es über kurz oder lang zerfallen muß. Dann aber sind seine Bewohner so wenig über eine neue Ordnung der Dinge einig, daß eine dauernde Dazwischenkunft der europäischen Mächte und eine Schlichtung zwischen den Ansprüchen aller Balkanvölker erforderlich ist. Das kann lange dauern! Von einer Entwaffnung Europas aber kann keine Rede sein, so lange die asiatischen Völker nicht entwaffnet sind. Wer steht dafür, daß nicht einst das siegesstolze Japan sich an die Spitze der mongolischen Völker stellen und mit dieser furchtbaren, vom Stillen Ozean bis zum Pamir reichenden Macht sich auf ein entwaffnetes Europa stürzen würde. Daher: *Caveant consules* !

Auch im Innern Europas darf man sich nicht allzusehr in Sicherheit wiegen. Schiedsgerichte können wohl viel ausrichten; aber über die Ehre der Staaten und Völker können sie nicht absprechen. Setzen wir den Fall, daß Frankreich von Deutschland Elsaß-Lothringen zurückverlangte! Wäre es dann denkbar, daß sich das Deutsche Reich einem Ungewissen Schiedsspruch unterwerfen könnte? Nie und nimmer!

Viel aber kann zum Vorteile der Friedensidee geschehen, wenn jede Hetze gegen irgendeine Macht vermieden wird, wenn sensationslüsterne Schriftsteller darauf verzichten, Kriegsromane der Zukunft zu verbrechen, die nur Nationalhaß schüren können. Wir haben dabei namentlich die Manie im Auge, der man täglich begegnen kann, zwischen Deutschland und England den Erisapfel zu schleudern. Herr August Niemann und Genossen mögen bedenken, was sie tun mit ihren Hetzschriften! Die beiden großen germanischen Mächte sind ganz besonders auf ein gutes Einvernehmen angewiesen; jede kann von der andern viel lernen, und es ist von Herzen zu hoffen, daß zwischen ihnen Freundschaft sich befestige. Damit würde für den Frieden in Europa unermeßlich viel gewonnen sein!

2. Krieg im kleinen

> Heraus mit euerm Flederwisch!
> Nur zugestoßen! Ich pariere!
> *Goethe*

Der Krieg im großen geht um die Macht. Verschieden von ihm und dennoch sein Abbild ist der Krieg im kleinen, der Zweikampf oder das Duell. Wie gegen den Krieg im großen ist auch gegen diesen von Seite der Menschenfreunde eine Bewegung entbrannt, die seine Beseitigung verlangt und anstrebt. Das Duell stellt sich als Kampf um die Ehre dar; es muß daher gefragt werden: Ist das, um was es sich bei dieser Art von Betätigung handelt, wirklich die Ehre, oder liegen ihr andere Gefühle zugrunde? In den Ursprüngen des Zweikampfes handelte es sich um ganz anderes. Von ihm in seiner heutigen Bedeutung wußten weder die Griechen und Römer, noch wissen heute die außereuropäischen Völker und ihre Ableger in Europa (die Türken) etwas. Sein Ursprung liegt im Norden Europas, bei den alten Germanen und Kelten. Zuerst war er ohne Zweifel lediglich eine Messung der Kraft und lehnte sich in dieser Form am ehesten an das Vorbild des Krieges an, den er auch nicht selten eröffnete, indem Anführer feindlicher Heere oder deren gefeiertste Kämpen einander zum Kampfe herausforderten. In dieser Form kam der Zweikampf allerdings auch in der altindischen und in der homerischen Heldenzeit vor, wie er auch im Alten Testament erscheint, verschwand jedoch in zivilisierterer Zeit, ohne seine späteren in Europa aufkommenden Gestalten und Ziele anzunehmen. Nur hier, im germanisch keltischen Mitteleuropa nahm er seine zweite Gestalt an, indem er aus dem Fehdegang in den Rechtsgang herübergenommen wurde. Es war somit ein Gottesurteil oder Ordal, durch das entschieden werden sollte, welcher der beiden Kämpfenden im Rechte sei; dem Sieger schrieb der Glaube der Zeit diesen Vorteil zu, wovon gewiß oft genug das Gegenteil der Fall war. Schon im 13. Jahrhundert ging diese Unsitte in ihr drittes Stadium, in das der privaten Ehrenhändel über, neben denen das Duell als Ordal noch fortdauerte, bis es im 16. Jahrhundert infolge geregelterer Strafgesetzgebung erlosch. Aber immer mehr nahm das sogen. Ehrenduell überhand, bis sich die Ansicht, daß verletzte Ehre nur durch Blut gereinigt werden könne, nicht nur festsetzte, sondern über alle „christlichen" Länder Europas verbreitete, umsonst verboten Könige, Kaiser und Päpste den Zweikampf.[23] Obschon durch Staatsgesetze mit Strafe, oft sogar mit dem Tode bedroht, die indessen fortwährend milder wurde, entwickelte sich das Duell zu einer anerkannten „Sitte", namentlich bei zwei Ständen, den Offizieren und den Studenten. Zu der heutigen „Blüte" dieses Anwesens wurde Frankreich im 16. bis 18. Jahrhundert das Vorbild und das Vaterland des ungeschriebenen „Ehren-Codex", aus dem das Duell überhaupt erst nach Deutschland eingeführt wurde.[24] Daß es sich dabei mehr um Rauflust als um die Ehre handelte und diese zum Vorwande herabsank, zeigte sich in den meisten Fällen. Es ist aber nicht zu verkennen, daß das 19. Jahrhundert hierin Besserung gebracht hat, wenn überhaupt bei einer schlimmen Sache von Besserung die Rede sein kann. Offenbar nimmt die bloße Rauflust ab und die sogen. Korrektheit zu; aber die Unsitte dauert fort und erfordert heute noch blutige Opfer. Mehrere empörende Fälle, bei welchen in der Regel der Beleidigte das Leben lassen mußte, was also die Sache zu reiner Farce machte, haben die bereits erwähnte Bewegung und eine 1901 in Wien gestiftete und bereits in allen europäischen Ländern vertretene Anti-Duell-Liga ins Leben gerufen, in der sich die verschiedensten Parteien, von den konservativsten bis zu den radikalsten die Hand reichen, und es ist nicht zu leug-

---

[23] Darunter sind zu nennen: Heinrich IV., der Regent Kardinal Richelieu, und Ludwig XIV. von Frankreich, Gustav Adolf von Schweden, die deutschen Kaiser Matthias, Ferdinand III., Leopold I,, Karl VI. und Josef II., der Große Kurfürst von Brandenburg, die Könige Friedrich I., Friedrich Wilhelm I., Friedrich II. der Große, und Friedrich Wilhelm II. von Preußen. Ihre Nachfolger suchten das Unwesen wenigstens einzuschränken.
[24] Dr. Sigismund Freiherr v. Bischofs Haufen, das Duell. Wien und Leipzig 1903. S. 23.

nen, daß sich die Anhänger des Duells gegenüber den Gegnern in einer verschwindenden Minderheit befinden, deren Einfluß auf weite Kreise und deren Beharrlichkeit zu ihren Vorurteilen aber nicht zu unter schätzen sind.

Im Ankämpfen gegen das Duellunwesen sind die germanischen Völker, immerhin mit Ausnahme der schon genannten Stände in Deutschland und Österreich, vorangegangen. In Großbritannien, Skandinavien, den Niederlanden und der Schweiz ist der Zweikampf so gut wie verschwunden, während er in den romanischen Ländern, wie Frankreich, Italien und Spanien außerhalb jener Stände sogar häufiger ist als innerhalb. Und das trotzdem die hier herrschende katholische Kirche, aber wie es scheint, nicht mit dem gehörigen Nachdrucke, das Duell grundsätzlich verurteilt. Eigentlich ein trauriges Zeichen für den Einfluß, dessen sie sich rühmt.

Die neueste, dem Duell feindliche Bewegung ist auf äußerst streitbare Gegner gestoßen. An ihre Spitze stellte sich der k. preuß. Generalleutnant a. D. U. v. Boguslawski in mehreren Streitschriften.[25] Dieser Herr holt seine Gründe zur Verteidigung des heutigen, des Ehrenduells aus allen möglichen Verhältnissen zusammen. Er findet es durch die Religion nicht verboten, weil es zur Zeit der biblischen Offenbarung noch nicht bekannt gewesen sei (verschiedene Verbrechen waren es auch nicht!). Dem Staate gegenüber findet er es erlaubt, weil dessen Rechtspflege unvollkommen und unsicher sei (die Gesetze gegen das Duell sind aber klar genug). Herr v. B. spricht sich allerdings dahin aus, daß es Pflicht eines Ehrenmannes sei, Beleidigungen durch Abbitte gut zu machen, überläßt aber das Urteil, ob diese genüge, der Willkür des Beleidigten (die aber in der Regel ablehnend lautet). Auch werden Fälle angeführt, in denen Versöhnung ausgeschlossen sei, nämlich tätliche Beleidigung und Verletzung der Familienehre. Herr v. B. wehrt sich auf Leib und Leben gegen jede ungünstige Beurteilung

---

[25] Näheres in diesen und in der Gegenschrift von Rudolf Graf Czernin (die Duellfrage, Wien 1904).

von Duellanten; er will sie auf alle Weise geschützt wissen, nicht aber Diejenigen, die den Zweikampf verweigern. Diese stehen, namentlich wenn sie zu den Waffentragenden gehören, unter der Schreckensherrschaft der Duellfreunde und sind nach deren Ansicht vogelfrei. Man drängt den Duellgegnern in diesen Kreisen die Zuwiderhandlung gegen ihr Gewissen und das Gesetz geradezu auf und straft sie für ihre Überzeugung mit schimpflicher Behandlung. Herr v. V. findet es ganz in der Ordnung, daß ein in seiner Familienehre Beleidigter den Beleidiger (z. B. Verleumder oder Verführer seiner Frau oder Tochter) niederschießt. Wie aber, wenn, wie oft geschehen, das umgekehrte eintrifft? So empörend das ist, es geniert große Geister nicht, obschon sie nichts anderes zu entgegen wissen, als daß eben Jeder für seine Sache mit seiner Person einstehen müsse. In beiden Fällen aber gibt das Duell dem Klatsch über die umstrittene Dame erst rechte Nahrung und macht sie zur Unmöglichkeit in der Geschäft. Es handelt sich also im Duell gar nicht um Recht oder Anrecht, sondern bloß um den bessern Fechter oder Schützen. Der Ehrenpunkt ist also im Grunde genommen eine Lüge und das Duell die nackte Barbarei oder unter Umständen eine Posse. Denn wer will den gegen seine Überzeugung zum Duell gezwungenen verhindern, in die Luft zu schießen? Und ist es etwas anderes als eine Posse, wenn das Gesetz den Zweikampf mit schweren Strafen belegt, die Übertreter aber regelmäßig zu leichter Festungshaft begnadigt werden, die noch dazu meist abgekürzt wird, während Jene, die das Gesetz beobachten,! aus der Armee in Schande und Elend gestoßen werden? Wohl bestehen Ehrengerichte. Aber tun sie stets ihre Pflicht? Es kam wiederholt vor, daß Offiziere, die in der Betrunkenheit Kameraden geschlagen, wovon sie gar nichts mehr wußten, zum Duell gezwungen wurden und ihr Leben lassen mußten![26]

Herr v. Boguslawski ging übrigens noch weiter als die Verteidigung des Duells reicht. Er stand sogar dafür ein, daß ein

---

[26] Kurt Müller, Moloch Ehre. Freiburg und Leipzig. 1903.

von einem Zivilisten beleidigter Offizier berechtigt sei, den Degen zu ziehen und den unbewaffneten niederzustoßen (Fall Brüsewitz u. a.)[27].

Auszurichten ist gegen das Anwesen des Duells nur etwas durch drakonische Strenge: Abschaffung der widersinnigen Festungshaft, Bestrafung jeder Tötung im Duell nach den Bestimmungen über Totschlag, jeder Verwundung nach denjenigen über Körperverletzung und jeder Herausforderung mit Gefängnis, – Verbot jeder Gestattung von Duellen durch die Ehrengerichte und eine solche Einrichtung dieser, daß sie sich nach den allgemeinen Strafgesetzen zu richten haben. Alles andere ist unwirksam.

Anders als bei den Offizieren verhält sich die Sache bei den Studenten. Bei Jenen beschränkt sich das Duell in der Regel auf schwere Fälle. In der akademischen Jugend dagegen ist der Ehrenzweikampf heute eine Seltenheit, und an seine Stelle sind die Mensuren getreten, namentlich die Bestimmungsmensuren, eine Abschwächung des Duells, eine Art Zwitterding von Scheinduell und Turnier. Man ist in den Kreisen der Korps, in denen der frühere studentische Humor völlig durch die sog. Korrektheit verdrängt ist, darauf verfallen, die Mitglieder zu Paukereien mit ihnen völlig unbekannten Mitgliedern anderer Korps zu befehlen, und davon die Beförderung vom Fuchse zum Burschen abhängig zu machen. Man behauptet, diese Veranstaltung stärke und befestige den Mut. Bloß physischer Mut ist aber nicht Jedermanns Sache, und es braucht mehr Mut, für seine sittliche und geistige Überzeugung einzustehen, auch ohne schneidende Waffen. Wie unästhetisch ist auch die Verunstaltung der Gesichter, mit der man zu renommieren liebt![28] Studierende, die dies wirklich sind, sollten andere Ideale zu pflegen wissen.

Wir wünschen, daß Europa in dieser Sache das Beispiel der Japaner befolge, zum Dank dafür, daß diese unsere Kultur so

---

[27] Der Egrbegriff des Offizierstandes. Berlin o. J. S. 13.
[28] Duell – Ehre – Ernst. Von E. Thesing, Marburg 1896. S. 21 ff.

bereitwillig aufgenommen hatten. In Japans Adel nahm in früherer Zeit die Sitte des Harakiri (Bauchaufschlitzens) völlig die Stelle des europäischen Ehrenduells ein; wer seine Ehre verletzt glaubte, unterwarf sich jenem bizarren Gebrauche. Noch im Jahre 1869, nur ein Jahr nach der Revolution, die den Taikun stürzte, verwarf der japanische Reichstag mit 200 von 209 Stimmen einen Antrag auf Abschaffung des Harakiri, und der Antragsteller wurde ermordet. Und jetzt, 35 Jahre nach diesem Triumphe alter „Sitte", ist diese in Japan vollständig verschwunden. Möchte es mit dem Duell bei uns ebenso gehen wie es in oben genannten Ländern auch ging! Ein Schimmer von Hoffnung auf Ablenkung von dieser Unsitte, wozu England ein schönes Beispiel gab, liegt in dem Zunehmen edler Sportarten (wir meinen nicht etwa die Automobile). Sie befördern Gesundheit und Kraft, Gewandtheit und Mut in hohem Grade und lehren auch der Gefahr trotzen, wie Bergsteigen, Rudern, Segeln, Skifahren usw. Auch das Fechten und Schießen soll nicht verwehrt werden, aber ohne lebendes Ziel. Vielleicht dürfen wir hoffen, daß auch die Brüder Freimaurer an der Erreichung dieses schönen Zieles arbeiten helfen!

VIII. Der Alkoholteufel

Ich tränke gern ein Glas, die Freiheit hoch zu ehren, wenn eure Weine
nur ein bischen besser wären.
Goethe

Die bösen Geister, von denen die Mythologien aller Völker fabeln, sind von der Vernunft in das Reich des Nichts geworfen; einen bösen Geist gibt es aber, der aller Forschung Hohn spricht und sich schlechterdings nicht bannen läßt; es ist der böse Geist in der Flasche, der Alkohol. Diesem Dämon haben wohl die meisten Krankheiten, wie die meisten Verbrechen und ein großer Teil des menschlichen Elends und Jammers ihr Dasein zu verdanken; ohne ihn wäre die soziale Frage leichter zu lösen als sie wirklich ist, ohne ihn wäre mehr Glück, Frieden und Sicherheit der Personen unter den Menschen zu finden, und ohne ihn würden weniger Menschen, teilweise von guten, selbst großen Anlagen, geistig, sittlich und wirtschaftlich untergehen.

Als der Erste, der diesem bösen Geiste den Krieg erklärte, ist wohl ohne Zweifel der Buddha (oben) zu bezeichnen.[29] Freilich ist sein fünftes Gebot: „Du sollst keine berauschenden Getränke trinken", nur die folgerichtige Anwendung seines obersten Grundsatzes: „Du sollst nichts begehren", dessen strenge Durchführung, wie die Geschichte des Buddhismus zeigt, zur Aufhebung aller höhern Kultur führen würde. Wenn aber irgendein völliger Verzicht auf ein Begehren gerechtfertigt ist, so ist es ohne Frage derjenige auf den Genuß der spirituosen Getränke, ein Verzicht, der an sich nichts mit Askese oder Mystik zu schaffen hat. Ob die Anhänger des Buddha dieses Gebot stets befolgt haben, wissen wir nicht; wohl aber spricht vieles dafür, daß sie heute es im ganzen befolgen, und es ist z. B. bekannt, daß die buddhistischen Stämme der Mongolei und Südsibiriens die Russen wegen ihrer Unmäßigkeit verachten. Aus dem übrigen alten Asien ist ein Verzicht auf den Alkohol nur von einigen Sekten der alten Israeliten bekannt (Nasiräer und Rechabiten). Bei den alten Griechen und Römern, die ja den Sonnengott Dionysos (Bacchus) als Weingott verehrten, kam Enthaltsamkeit von Alkohol nur sehr selten vor Demosthenes übte, Hippokrates empfahl sie). Daß die ältesten Christen gegenüber der spätrömischen Unmäßigkeit das Gegenteil beobachteten, unterliegt keinem Zweifel; doch spricht auch nichts für eine gänzliche Enthaltsamkeit, dagegen aber die Tatsache, daß der Wein in Gleichnissen der Evangelien und im Abendmahl eine Rolle spielt. Anders hielten es gewisse enthaltsame Sekten, wie die Gnostiker und Manichäer.

Leider ist in der vor wie nachchristlichen Zeit von den Germanen kein Ruhm der Mäßigkeit zu verkünden, und dieser

---

[29] Dr. Joh. Bergman, Geschichte der Antialkoholbestrebungen. Aus dem Schwedischen von Dr. R. Kraut. Hamburg 1904.

Mangel ging ihnen nach bis auf die Bewegung der neuesten Zeit gegen das Übel des Alkohols.[30] Sie sind zwar nicht die Erfinder der sog. Trinksitten, die schon ältere Völker, namentlich die späteren Römer kannten, wohl aber der originellen, jedoch wenig vernünftigen Sucht, alle Lebensereignisse und selbst alle Vornahmen des gewöhnlichen Lebens mit Alkohol zu begießen. Allerdings hat es an Stimmen gegen diese germanische Unsitte nie gefehlt. Schon Karl der Große tat Schritte gegen die Unmäßigkeit. Der Minnesinger Walther von der Vogelweide mahnte seine Landsleute nicht über den Durst zu trinken. Seinen Höhepunkt hatte das deutsche Saufen im 16. Jahrhundert, wozu indessen Teile des 15. und 17. zu nehmen sind, bis nach dem dreißigjährigen Krieg die Einführung des Kaffees und Tees dem Wein und Bier Abbruch tat. Der gefährlichste Alkoholgenuß, der des Branntweins, erstieg jedoch bei den Germanen nie jene Höhe, auf der er bei den Slaven, besonders bei den Russen steht. Schon früh jedoch, solange jene Saufperiode noch andauerte, erhoben sich wiederholt, namentlich von Seite protestantischer Prediger, Stimmen gegen die Unmäßigkeit.

Nur beiläufig kann hier erwähnt werden, daß der „christlichen" Unmäßigkeit die Mäßigkeit der Mohammedaner gegenüber stand, denen ihr Prophet bekanntlich den Genuß des Weines verboten, nicht aber irgendwelche andere Enthaltsamkeit vorgeschrieben hat. Doch ist dieser Vorschrift niemals in vollem Umfange nachgekommen worden, am wenigsten in neuerer und neuester Zeit, in der das böse Beispiel der Christen einwirkte. Erst im 18. Jahrhundert begann in Europa der Kampf gegen die Trunksucht eine entschiedenere Gestalt anzunehmen. Bis dahin hatten die Vertreter dieses Kampfes nur Mäßigkeit empfohlen; jetzt trat daneben auch die Verfechtung vollständiger Enthaltsamkeit auf die Bildfläche. Zu den Kämpfern gegen den Alkohol gehören besonders König Karl XII.

---

[30] Dr. Wilhelm Bode, Geschichte der Trinksitten und Mäßigkeitsbestiebungen in Deutschland. München 1896.

von Schweden, der Naturforscher Linné, der holländische Arzt Boerhave, der Genfer Aufklärer J. J. Rousseau. Schweden ging auch voran in der Gesetzgebung gegen die Trunksucht und die Trinksitten. Es folgten Teile von Deutschland, sowie England und Frankreich. Die eigentliche Antialkoholbewegung aber begann in Nordamerika durch Benjamin Franklin, den Erfinder des Blitzableiters, der sein Leben lang Abstinent war. Ihm eiferte Thomas Jefferson nach. In Deutschland betrat diese Bahn der Arzt Hufeland. Auf seine Anregung entstand 1803 das preußische Edikt gegen den Branntweingenuß.

Eine Organisation nahm diese Bewegung ebenfalls zuerst in Nordamerika an, wo 1826 die Amerikanische Temperenzgesellschaft ins Leben trat, die gänzliche Enthaltsamkeit von geistigen Getränken zu ihrem Grundsätze und ihren Mitgliedern zur Pflicht machte und in ihrer Zeitschrift den Alkohol als Gift und die bloße Mäßigkeit als den ersten Schritt zur Trunksucht bezeichnete. Sie verbreitete sich bald über alle Staaten der Union und in alle Stände, wirkte für Besserung der Säufer und hielt regelmäßige Kongresse ab.

Bald folgte das britische Reich nach, wo 1829 in Irland und Schottland und 1831 in England Temperenzgesellschaften entstanden. Von da ging die Bewegung nach Deutschland über und erzeugte 1838 den Verein zur Förderung der Enthaltsamkeit von gebrannten Getränken in Berlin. Friedrich Wilhelm III. begünstigte die Bewegung, die sich fortsetzte und verbreitete, aber nicht zu völliger Enthaltsamkeit vorschritt und nach kurzer Zeit der Blüte in den Stürmen des Jahres 1848 wieder zurückging. Unter den übrigen europäischen Ländern waren die skandinavischen die einzigen, in denen sich eine dem Alkohol feindliche Bewegung festsetzte, ehe die moderne Alkoholforschung die absolute Schädlichkeit dieses Stoffes unzweifelhaft feststellte. Diese Tatsache gab der Anti-Alkohol-Bewegung einen neuen Anstoß und bahnte ihr auch dahin den Weg, wo sie gelähmt oder gescheitert war. In Amerika wuchs sie zur Prohibitionsbewegung an und bewirkte seit 1851 in verschiedenen Staaten, zuerst in Maine, dem nördlichsten, das förmliche Verbot der Herstellung und des Verkaufs alkoholhaltiger Getränke, allerdings nicht ohne heftigen Widerstand und rückgängige Bewegungen, die aber überwunden wurden, woraus sich heftige Parteikämpfe entwickelten. Allerdings fehlte es auch nicht an einem argen Fanatismus der Prohibitionisten, der mehr schadete als nützte und vielfach nur hier unwürdige Tumulte, dort Heuchelei pflanzte.

Eine bedeutende Erscheinung unter den amerikanischen Enthaltsamkeits-Vereinen wurde der 1851 in Utika (Staat New-York) von Daniel Cody und von Coon benannte Orden der Guttempler, der in seinen eigentümlichen Gebräuchen viele Ähnlichkeit mit dem Freimaurerbunde haben soll, auch seine Ortsvereine Logen und ihre nationalen Oberbehörden Großlogen nennt. Er breitete sich rasch in ganz Nordamerika aus und verpflanzte sich nicht nur nach Europa, sondern verlegte sogar sein Schwergewicht dahin, wo er heute die Mitgliederzahl seiner Heimat, die sehr verschieden angegeben wird, weit überflügelt hat. Seinen Anfang in Europa nahm der Orden 1868 in London, und England wurde und blieb in unserm Erdteil sein Hauptgebiet. Eine eigenartige Schöpfung der Guttempler ist das „Jugendwerk", eine Vereinigung von Kindern und Halberwachsenen, die für den Ordenszweck herangezogen und angehalten werden, außer dem Alkohol auch den Tabak zu meiden. Die übrigen in Europa eroberten Gebiete des Ordens sind die skandinavischen Länder, die Schweiz, Holland, Belgien, Frankreich und Deutschland. Hier entstand die erste Loge 1883 in Hadersleben, und in Schleswig-Holstein behielt auch der Orden seine weitaus größte Verbreitung im Reiche. Auch in Australien blühte der Orden empor. Im ganzen mag er gegen eine Million Mitglieder zählen.

Die zahlreichen weiteren Alkoholgegnervereine beider Erdhalbkugeln aufzuzählen, würde uns zu weit führen und wenig Anteilnahme erregen. Manche von ihnen haben einen beschränkt religiösen, andere, wie auch die Guttempler, einen freieren Charakter. Zu jenen gehört auch die Heilsarmee, und sie spalten sich ziemlich genau nach Kirchen (römischkatholische, Hochkirche) und Sekten (Methodisten, Baptisten, Quäker usw.), zählen aber auch das nicht an bestimmte Bekenntnisse gebundene, 1877 in Genf entstandene „Blaue Kreuz" unter sich. Die Sache hat aber durchaus nichts mit Konfessionen zu schaffen; es ist eine Sache der Humanität, der Vernunft und der Gesundheit. Alkohol ist Gift, das ist eine ausgemachte Tatsache, und das haben auch die für das Wohl ihrer Völker besorgten Regierungen begriffen und zum Teil Maßregeln, allerdings bisher schwächliche (wie das Alkohol-Monopol), gegen die Trunksucht ergriffen, auch die Hand zu Säuferheilanstalten geboten.

Die Bewegung gegen den Alkoholgenuß ist heute eine mächtige, weltumfassende, läßt aber immerhin noch viel, sehr viel zu wünschen übrig. Ihr größtes Hindernis sind die Branntweinbrennereien und Bierbrauereien, die übermäßige Anzahl von Gastwirtschaften, die nicht bloß dem Reiseverkehr dienen[31] und die dummen Trinksitten. Was hat es mit dem Wohl einer Person, Sache oder Idee, einer Gesellschaft oder eines Landes zu tun, darauf zu trinken? Der bloße Gedanke ist lächerlich, und welchen Sinn, außer dem der Prahlerei, Verschwendung und Unmäßigkeit, hat es, bei Gastmählern eine Menge verschiedener Weine aufzutischen? Empörend aber ist der vielfach vorhandene Trinkzwang, den sich Vernünftige Leute einfach nicht gefallen lassen sollten.

Die Freimaurer werden mich verstehen, wenn ich von ihnen einige Mitwirkung zu diesem wohltätigen Unternehmen erwarte.

---

[31] Man fragt vielleicht: Was soll aus dem Weinbau weiden, wenn die Bewegung gegen den Alkohol überhand nimmt? Damit hat es noch gute Weile; wenn aber auch, so sind und bleiben die Weintrauben (wie auch die Äpfel und Birnen, aus denen Most, und die Kirschen, aus denen Schnaps bereitet wird) herrliche und gesunde Früchte, deren Genuß im frischen Zustande zunehmen wird. Man bereitet aber schon jetzt aus Trauben und Obst alkoholfreie Getränke.

IX. Vom Sarge zur Urne

> Damals trat kein gräßliches Gerippe
> vor das Bett des Sterbenden; ein Kuß
> nahm das letzte Leben von der Lippe,
> seine Fackel senkt' ein Genius.
> *Schiller*

Eine der edelsten und erhabensten, der öffentlichen Gesundheit und der Bodenersparnis zuträglichsten Bewegungen der Neuzeit ist die der Rückkehr zu der von den höchstkultivierten Völkern des Altertums geübten Feuerbestattung (auch Leichenverbrennung oder Kremation).[32]

Die Beseitigung der Leichen Gestorbener hat sehr verschiedene Formen aufzuweisen. Während gewisse Naturvölker in Afrika und Amerika ihre Toten auf Bäumen oder Gerüsten der sie austrocknenden Luft, die Parsen auf Türmen den Raubvögeln preisgeben, das alte Ägypten sie einbalsamiert als Mumien in Felshöhlen verwahrte, Hindus sie in den heiligen Ganges und Seefahrer in das Meer versenken, wiegt bei weitem die Bestattung in der Erde oder im Feuer vor. Im ganzen war das Begraben die ältere und gemeinere, das Verbrennen die vornehmere und neuere Art der Leichenbeseitigung. Aus nicht recht verständlichen Gründen sind jedoch die Bekenner der monotheistischen Religionen durchweg zur Beerdigung der Toten zurückgekehrt. Die Feuerbestattung in weiterem Umfange gehört somit in Europa und im Orient der Vergangenheit, in Ostasien aber (Indien und Japan) noch der Gegenwart an. Sie war bei den alten Griechen, Römern und Germanen eine Auszeichnung hervorragender Männer, wie Könige, Helden und Staatsmänner; denn sie war die teurere, indem ihr nur das Holz der Wälder zur Verfügung stand, mit deren Hinschwinden sie seltener wurde. Dies war sie auch bei den semitischen Völkern und sie war bei den älteren Israeliten nicht ausgeschlossen. Die

---

[32] M. Pauly, die Feuerbestattungen. Leipzig 1904. W. Hub er, die Feuerbestattung. St. Gallen 1903.

Normannen übten die besonders feierliche Bestattung ihrer Seehelden auf brennenden Schiffen, die in das Meer Hinausgetrieben wurden. In ihren ersten Zeiten waren auch die Christen der Feuerbestattung nicht abgeneigt; doch mit zunehmender Zahl, unter der die Ärmeren weit vorwogen, wurde, wohl auch mit Rücksicht auf den Glauben an die Auferstehung des Fleisches (wobei man nicht bedachte, daß die Verwesung im Grabe den Körper ebenfalls, wenn auch langsam, völlig verzehrt), die Beerdigung allein herrschend, ebenso bei den Mohammedanern. Karl der Große bedrohte die Leichenverbrennung als heidnische Sitte mit der Todesstrafe. So wurde die Beerdigung immer mehr als die für Christen allein erlaubte Bestattung betrachtet. –

Wahrscheinlich war es daher der Umstand, daß man Ketzern und Hexen das Christentum absprach, der die Kirche und die ihr ergebenen Staaten bewog, diese beiden Klassen unglücklicher Opfer des Fanatismus und Aberglaubens bald tot (nach vorhergehender Hinrichtung), meist aber lebendig dem Feuertode zu überliefern, worin nach der Reformation auch die orthodoxen Protestanten die römischen Katholiken nachahmten. Seit dem 16. Jahrhundert schon traten aufgeklärte Christen, erst nur selten, zugunsten der Feuerbestattung auf. Sogar die römische Kurie zeigte sich zeitweise, wohl nicht ohne Einwirkung der humanistischen Bewegung, doch vielmehr aus hygienischen Gründen, nachgiebig, indem Papst Alexanders VII. Geheimkämmerer und Arzt Mattia Naldi sich für sie aussprach. In der Tat fanden im 16. bis 18. Jahrhundert in Italien und Dalmatien, besonders nach Schlachten und bei Seuchen wiederholt Leichenverbrennungen statt. Aus höheren ästhetischen Gründen wurde 1752 eine Tante Friedrichs des Großen im Feuer bestattet, und dieser König verlangte es für sich selbst, falls er in der Schlacht fiele. Die franz. Revolution war der Feuerbestattung günstig, doch kam diese selten vor. Lord Byron ließ 1822 zwei Freunde, die bei Neapel ertrunken waren, verbrennen.

Die Feuerbestattung im heutigen Sinne, nämlich nicht auf Holzstößen, sondern durch technische Vorrichtungen, wurde zuerst 1829 durch Joh. Gottfr. Dingler angeregt und 1849 durch Jak. Grimm empfohlen, ebenso 1852 durch Jak. Moleschott, und in besonderem Werke 1855 durch den Arzt Teufen in Neiße.

Die Bewegung nahm zu, es entstanden Vereine für Feuerbestattung, und 1876 wurde in Dresden ein Kongreß von Anhängern dieser Bewegung abgehalten, der die Art und Weise der modernen Feuerbestattung feststellte, die Friedrich Siemens in seinem Verbrennungsofen verwirklichte, der bereits 1874 eine Leiche verbrannt hatte. Das erste Krematorium wurde in Mailand 1876 errichtet, das erste auf deutschem Boden 1878 in Gotha eröffnet. Nun folgten rasch weitere. Von den deutschen Staaten sind in Gestattung der Kremation vorangegangen Koburg-Gotha, Baden, Hamburg, Weimar-Eisenach, Hessen und Bremen, die bisher 8 Krematorien besitzen. Hoffnung auf Nachfolge ist vorhanden in Württemberg und Sachsen. Preußen, Bayern und die kleineren Staaten können sich noch nicht entschließen, an diesem Fortschritte teilzunehmen. Doch bestehen in Preußen, vorab in Berlin, schon längst Kremationsvereine und besitzen Urnenfriedhöfe für ihre auswärts eingeäscherten Mitglieder. Die Schweiz besitzt bereits 4 Krematorien (Zürich, Basel, Genf und St. Gallen, denen Bern nachfolgen wird), England 12 (davon 3 in London), Dänemark 1, Schweden 2, Italien 26, Frankreich 3, Nordamerika 24. Norwegen und sogar Spanien haben die Krematorien erlaubt, während dagegen Österreich, Holland und Belgien sich ablehnend verhalten und in Rußland sich die orthodoxe Kirche entschieden gegen die Zulassung verwahrt, obschon bei Epidemien die Leichen verbrannt werden müssen. Nach dem modernen System sind bis 1903 mindestens 35000 Leichen eingeäschert worden.

Die Vorteile der Leichenverbrennung sind vor allein auf hygienischem Gebiete zu suchen, auf dem sie sich natürlich erst nach größerer Ausbreitung dieser Bestattungsart bewähren kann; sie vermeidet nämlich die höchst schädlichen Folgen der

Verwesung und Fäulnis, die ihre Gegner, wenn sie sie beobachten könnten, selbst mit Schrecken und Abscheu erfüllen würden. Daß die Frithöfe (d. h. eingefriedigte Plätze, sentimental Friedhöfe, frömmelnd Gottesäcker, bei Kirchen Kirchhöfe) der Gesundheit schädlich werden, besonders aber bei herrschenden Epidemien gefährlich sind, ist hinlänglich nachgewiesen.

Die Bedenken von Seite der Rechtspflege gegen die Feuerbestattung, daß die verbrannten Leiche nicht mehr in Bezug auf vermutete Verbrechen untersucht werden können, fallen dahin durch die große Seltenheit solchen Vorkommens und die Schwierigkeit einer Bestätigung solchen Verdachtes, können aber durch eine der Verbrennung vorangehende Sektion beseitigt werden.

Daß rechtlich die Verhinderung der Feuerbestattung als Eingriff in die persönliche Freiheit unstatthaft ist, versteht sich von selbst. Ihre Anfeindung durch die römische Kirche und andere Orthodoxien geht natürlich nur deren Anhänger an, richtet sich aber der Vernunft durch die gänzliche Unabhängigkeit Bestattungsart von der Religion und die Ungefährlichkeit der Feuerbestattung für jede Religion.

Der ästhetische Vorzug der Feuerbestattung geht mit dem hygienischen Hand in Hand. Von erhebenden Trauerfeiern in Krematorien kann sich Jedermann, der solche besucht, überzeugen. Namentlich aber schließt die Kremation sowohl die abstoßende Öffnung alter Gräber, als jede Grabschändung aus. Für ihren ästhetischen Charakter sprechen auch die schönen Bauten von Krematorien und ihre Feier durch namhafte Dichter.

Auch in moralischer Beziehung wird gegen die Feuerbestattung kein Vorwurf möglich sein. Die Pietät ist vielmehr der Aschenurne gegenüber leichter zu beobachten als dem ferner liegenden und unergründlichen Grabe. Die politische Abwehr gegen die Kremation, wo sie noch vorkommt, beruht, wie die Tatsachen zeigen, lediglich auf beschränkten bureaukratischen und starr am Buchstaben des Gesetzes hängenden Anschauungen und muß mit der Zeit besserer und freierer Einsicht weichen.

Volkswirtschaftlich muß die Feuerbestattung bei größerer Verbreitung dem Staate und den Gemeinden viele Lasten abnehmen und dem Anbau durch Beseitigung der Grabstätten unschätzbaren weitern Boden beschaffen, wie auch vielen widerwärtigen Streitigkeiten ein Ende machen. Möge die Zukunft aus dieser und anderen fortschrittlichen Bewegungen eine freier denkende Menschheit erstehen sehen, wie nach antikem Bilde der Phönix aus der Asche sich erhebt.

Anhang

(Zur 2. Abteil., Aufsatz I. Abschnitt 2)

Radikale Bibelkritik

Der s. I. in Berlin gemaßregelte, nun in Bremen wirkende Prediger Albert Kalthoff nimmt in seinem „Christus-Problem" (Leipzig 1900) eine ganz neue, alle bisherige theologische Kritik über den Haufen werfende Stellung ein. Er verwirft das Beginnen der neuern protestantischen Bibelforschung, aus dem Jesus des Neuen Testaments nach Beseitigung aller mythischen Züge, eine historisch nachweisbare Person zu bilden und sein Leben wie das einer solchen zu beschreiben. Nicht nur die Wunder und anderen übernatürlichen Berichte der Evangelien, sondern das ganze Leben, die ganze Person Jesu ist nach Kalthoff eine Dichtung, die lediglich religiöse Erbauung zum Zwecke hat. Die Christenheit hat bis vor etwa hundert Jahren den ganzen, ungeteilten Jesus verehrt; es ist daher verfehlt und unhistorisch, ihn in einen mythischen und einen historischen zu zerteilen und den letztern als den allein wahren den Christen vorzustellen, die vor jener Zeit nichts von dieser Scheidung gewußt, sondern nur den ungeteilten Christus der Evangelien gekannt haben. Die theologische Kritik schneidet gerade alles das aus dem Leben Jesu heraus, was nach den Evangelien geradezu die Hauptsache, das Entscheidende, das die christlichen Gemüter Ergreifende ausmachte. Durch diese willkürliche Ausscheidung wird aus der alten, wunderbaren, eine neue, nüchterne Persönlichkeit, die ebenso wenig tatsächlich gelebt hat wie jene. „Gekreuzigte, sagt Kalthoff, gab es in den Zeiten der Evangelien nur allzuviele; denn das Kreuz war der Galgen der Sklaven, und am Kreuze haben es damals Tausende gebüßt, daß sie es gewagt, aus den Sklavenketten eine Erlösung zu erhoffen oder gar das an ihnen und ihren Schicksalsgenossen verübte Anrecht beim rechten Namen zu nennen. Unter diesen Gekreuzigten wird sicher auch mancher Jesus gewesen sein, der im Geiste prophetischer Frömmigkeit sein armes Märtyrerleben beschlossen und von dem die römische Soldateska bei ihrem Henkerdienste doch bekennen mußte: wahrlich, dieser ist ein frommer Mann gewesen."

Kalthoff vermißt alles historisch Verwendbare und Brauchbare in den Berichten über Jesus, dem denn auch neuere Biographen die widersprechendsten Charakterzüge verliehen haben. So entstehen Charakterbilder, die keiner Wirklichkeit entsprechen können, weil sie je nach Neigung und Auffassung zurechtgeschnitten sind. „Der Glaube an den isolierten Heros, diesen Todfeind jeder wissenschaftlichen Geschichtsauffassung, lebt in der Theologie noch fort als der Nest des Glaubens an den dogmatischen Gottesmenschen."

Kalthoff verficht den Standpunkt, daß die Kirche vor der Entstehung des Neuen Testaments da war, nicht, wie der Protestantismus bisher behauptete, umgekehrt. Diese Büchersammlung war das erste Werk der Kirche, wie die apostolischen Väter bezeugen, in deren Schriften Christus oder „der Herr" kein historisches Individuum, sondern die personifizierte Idee, das transzendente Prinzip der Kirche bedeutet. „Die altchristlichen Schriftsteller haben das Schreiben in der jüdischen Synagoge gelernt. In den literarischen Produkten der Synagoge aber war es gang und gäbe, Personifikationen zu schaffen, die als Träger der rabbinischen Gedankenwelt erscheinen." Das Alte Testament wimmelt davon. Wie die Patriarchen Stämme vertreten, so vertritt Jesus, der Christus, die neue Synagoge, die Kirche. Die Evangelien sind Bestandteile einer apokalyptischen Literatur des älteren Christentums, die mit Augustins Gottesstaat abschließt. Sie enthalten historische Angaben nur bezüglich der Geburt oder des Todes Jesu, die sich aber durchaus widersprechen. Die Zeit des Herodes und die der Schätzung unter Quirinius liegen 15 Jahre auseinander. Auch Geburt und Tod Jesu sind eben – Dichtungen. Das Leiden Christi bedeutet die Leiden der verfolgten Kirche Christi, die offiziell unter Trajan begannen. Der alexandrische Jude Philon, der Zeit und Land zur Zeit, in die das Leiden Jesu verlegt wird, genau kannte, weiß kein Wort davon. Eine Stelle darüber bei Flavius Jesephus wird von allen Unbefangenen als unecht erklärt. Kalthoff glaubt, die Evangelien seien in Rom entstanden und erklärt daraus die hervorragende Rolle des Petrus, der eine Personifikation der römischen Gemeinde sei. Denn die Evangelien „schildern soziale Zustände, wie sie in dieser Gestalt nur auf die Agrar-Verhältnisse Italiens in der römischen Kaiserzeit passen, nicht auf diejenigen Palästinas." Auch ist der Jesus der Evangelien „über die Gedankenwelt des palästinischen Judentums weit hinausgewachsen." Er hat Ideen der griechischen Philosophie eingesogen!

Kalthoff erblickt den Werdegang des Urchristentums durchaus in einer sozialen proletarischen Bewegung, die den jüdischen Messiasglauben mit griechischen Bildungs- und römischen Reichsgedanken verband. Es gab in Menge kommunistische Klubs mit neupythagorischen, essenischen und eigentlich jüdischen Tendenzen, und solche Klubs waren auch die ersten christlichen Gemeinden. Das Wahrzeichen aller dieser Klubs war die Taufe. Die werdende christliche Kirche aber vertauschte das kommunistische gegen das hierarchische System und stieß die utopistischen „Schwarmgeister" als Besessene, Dämonische von sich, was in der Versuchung Jesu durch Satan sinnbildlich dargestellt sein soll. Es entwickelte sich ein ethisches System, das in den Aussprüchen Jesu seinen Ausdruck und zugleich den Charakter einer Gemeinde und Sausordnung erhielt, in der unter der Autorität der Bischöfe Armut, Gehorsam und Keuschheit zu gebotenen Tugenden wurden, denen die Wohltätigkeit als oberste Pflicht sich zugesellte.

So stempelt Kalthoff, mit viel Geist und Wissen, aber doch nur hypothetischen Argumenten, die Geschichte Jesu zu einer Geschichte des Urchristentums und weist damit der Bibelforschung eine neue Bahn, auf der es sich zeigen muß, ob seine Anschauungen entgegengesetzten Stand halten können! Eine Frage, die wichtigste, unterläßt aber Kalthoff zu beantworten, natürlich weil er es nicht kann, die nämlich, wer denn die Persönlichkeit des Jesus von Nazareth, der nach ihm nur eine Idealgestalt, eine personifizierte Idee sein soll, erfunden habe. Wer dies getan hätte, müßte einer der größten Dichter aller Zeiten gewesen sein, und einen solchen gab es in den Anfangszeiten des Christentums nicht. Mag soviel als möglich von seinem Leben erdichtet sein, selbst außerhalb der Wunder, – nach den vorliegenden Berichten bleibt, wenn auch sein Leben nicht historisch beschrieben werden kann, immerhin ein Charakter, der sich auf geographischem Boden und unter historischen Verhältnissen entwickelt hat. Erfunden kann dieser Charakter nicht sein; ein wirklicher und zwar gewaltig großer Mensch muß zu den Geschichten, die von ihm erzählt werden, Anlaß geboten haben und von den ersten christlichen Schriftstellern benutzt worden sein, um ihre mythologischen und dogmatischen Lieblingsgedanken um seine Gestalt herum, wie Blumen um eine Bildsäule zu winden. Kalthoff führt einen heiligen Krieg gegen die „liberale Theologie" oder den „kirchlichen Liberalismus". Ein solches Ding gibt es nicht, so wenig als eine liberale Geschichte oder Naturwissenschaft. Es gibt nur eine kritische Theologie (wenn diese Bezeichnung statt „Religionswissenschaft" überhaupt noch gelten soll), im Gegensatz zur dogmatischen, d. h. eine Anschauung der christlichreligiösen Dinge nach Ablösung des Wunders und was damit zusammenhängt. Schlimmer aber ist, daß Kalthoff (S. 128 der „Entstehung des Christentums") der von ihm bekämpften Richtung die Absicht beilegt, ihre „Angst" vor dem kirchlichen Kommunismus des christlichen Altertums durch einen historischen statt des kanonischen Christus zu verdecken. Die kritische Religionswissenschaft hat aber mit dem politischen Liberalismus nichts zu schaffen und kann nichts dafür, daß dieser sich über ihre Resultate gefreut hat! Wir kennen Orthodoxe, die es in der Politik mit den Liberalen halten, und kritische Theologen, die in der Politik konservativ sind. Aber auch der politische Liberalismus ist als solcher keineswegs kapitalistisch. Diese Richtung ist bei Konservativen und Ultramontanen ebenso sehr oder noch mehr vertreten.

Schlußwort

Das dogmatische Christentum steht und fällt mit der Ansicht, daß die Erde der Mittelpunkt des Weltalls und daß die Menschen der Erde die einzigen denkenden Wesen seien, mit denen sich Gott befasse, daß es also solche im ganzen übrigen Weltall mit seinen unzählbaren Gestirnen nicht gebe. Für diese Ansicht sprechen nur die Menschen der Erde; sie sind aber keine annehmbaren Zeugen, weil sie befangen sind und *pro domo* sprechen. Im Hinblick auf die Größe des Weltalls ist jene geozentrische Ansicht und damit auch das dogmatische Christentum als irrig zu betrachten. Daß Gott der Erde allein die Wahrheit geoffenbart und dem übrigen Weltall vorenthalten, daß er ihr allein einen Sohn gegeben und diesen, der doch nur die Erde angeht, zum Mitregenten der gesamten Welt erhoben, ist widersinnig. Die übrigen Weltkörper protestieren durch ihr bloßes Dasein gegen diese Anschauung.

Religion ist überhaupt, wie ich mich aus dem Gange der Kulturgeschichte überzeugt habe, Illusion! Was übrigens ihrem Werte keinen Eintrag tut. Auch die Poesie ist Illusion, ebenso die bildende Kunst, soweit also nicht in felsenfester Überzeugung wurzelt, hat nach meiner Ansicht keinen Wert. Es kann sich also nicht darum handeln, wie oft betont wird, jemandem für den verlorenen Glauben einen Ersatz zu bieten. Wer die kirchlichen Lehren und Glaubensbekenntnisse nicht mehr für wahr halten kann, muß sich seinen Ersatz selbst schassen, bestehe dieser in Beschäftigung mit Kunst oder Wissenschaft oder in menschenfreundlichem Wirken und Schaffen. Wer das nicht kann oder ohne Religion nicht kann, der bleibe ja bei seinem religiösen Glauben. Es ist sogar gut, wenn dieser, soweit er nicht (wie im Ultramontanismus) zur politischen Parteisache entartet, dem Volke, sowie den Kindern erhalten bleibe, allerdings in Vernünftigem Maße. Gewisse Märchen und Sagen, wenn sie auch in der Bibel stehen, sind mit der Vernunft unvereinbar, und es wäre nicht schade, wenn sie auch für Volk und Kinder verschwänden. Welche, – das muß ich den freigesinnten Geistlichen überlassen, die zugleich aufgeklärte Männer und wahre Seelenhirten sind. – Sollte Gefahr vorliegen, daß an die Stelle des religiösen Glaubens materialistische und atheistische Frivolität träte, so bleibt jener besser bestehen. Ein kindlicher Glaube hat etwas ungemein rührendes, wenn er sich nicht in geistloses Formenwesen einzwängen läßt.[33] „Werdet wie die Kinder" hat ein weltbekannter großer Lehrer gesagt. Es ist daher auch für Erwachsene keine Schande, wie die Kinder zu sein, wenn ihnen ihr Gemüt diese Richtung gibt. Kindliche Menschen sind noch lange keine kindischen. Wer aber nicht mit Kindlichkeit befriedigt sein kann, dem läßt auch der menschenfreundliche (freilich nicht der fanatische) Fromme seinen Anglauben, kreuzt seinen Weg nicht und liest seine Bücher nicht. Dies ist zwar nicht der Wunsch des Verfassers; – denn dieser ist der Ansicht, daß sein Buch einem überzeugten Gläubigen nichts schaden, wohl aber einem Zweifelnden und Schwankenden gewisse Anhaltspunkte bieten kann; nur muß es richtig verstanden werden. Für die Rückführung zum Glauben sollen die anderen besorgt sein. Je mehr aber die Wissenschaft vorschreitet, desto schwächer werden die Fesseln eines Glaubens, der in seiner Starrheit hartnäckig verharrt, ob sich nun diese an den Papst oder an die Bibel klammert. Der unbefangene Mensch läßt sich an keins von beiden fesseln, sondern wählt

---

[33] Der Rosenkranz z. B, ist nicht kindlich, sondern stumpfsinnig, und der Herz-Jesu-Kultus eine krankhafte Marotte.

sich seine Autoritäten selbst. Dazu beigetragen zu haben, wird, wenn dies anerkannt werden sollte, in hochgezählten Jahren meine schönste Genugtuung sein.

Nachträge

Seite 62 beim Absätze ist einzuschalten: Mehrere Streitschriften des freimaur. Schriftstellers Findel gegen diesen Unfug erschütterten zwar dessen Wirksamkeit, vermochten aber die Dickgläubigen nicht zu überzeugen.

Seite 86, Zeile 12–7 v, unten ist der Ausdruck „elf Jahre später" so zu verstehen, daß jene Maßregel im Jahre 11 der christl. Zeitrechnung stattfand also 18–16 Jahre nach d Geburt Jesu. Ferner ist zu bedenken, daß zur Zeit dieses Ereignisses Judäa noch nicht unter römischer Herrschaft stand, sondern unter der des Königs Herodes.

Seite 208, Zeile 4 ist beizufügen: Seine in Afrika fehlgeschlagene goldene Zukunft verlegte Hertzka in dem (dichterisch mißlungenen, aber sozialpolitisch beachtenswerten) Roman „Entrückt in die Zukunft" (Berlin 1895) auf die nach einer furchtbaren Revolution von der Hauptstadt der Weltrepublik eingenommene Insel Sizilien, wo geradezu paradiesische Zustande herrschen,

Seite 210, Zeile 14 ist beizufügen: Die Zünfte der Schriftsteller und Künstler dagegen besorgen mit Beiziehung kaufmännischer Kräfte den Verlag der von ihren Mitgliedern geschaffenen wissenschaftlichen und künstlerischen Werke, die sie nach Verdienst (nicht nach Absatz) honorieren, ebenso den Verlag der Zeitungen und Zeitschriften, deren Schriftleiter sie wählen; sie leiten Theater und Konzerte und bestimmen die daran Mitwirkenden. Die Zünfte der Ärzte besolden die ärztliche Tätigkeit und leiten die Krankenhäuser. An die Kosten der Religion und den Unterhalt der Geistlichen, haben natürlich nur die Gläubigen der betr. Konfessionen beizutragen. Auch steht es den Geistlichen frei, eigene Zünfte zu bilden,

Seite 211, Zeile 3 v. unten. Der Verf, verwahrt sich entschieden gegen die Auffassung, als würde durch diese Vorschläge ein Aufgehen des Einzelnen in der Zunft bewirkt. Diese gewährt vielmehr jedem Mitgliede, das die Anlagen dazu hat, sich möglichst gelten zu machen. Auch stehen die Berufsgenossenschaften in so bedeutender Wechselwirkung, daß ein mittelalterlicher Zunftgeist der gar Zunftzwang nicht aufkommen könnte. Jede Zunft bedarf zum Leben und Treiben der Hilfe anderer, so daß eine völlige Abschließung der einen gegen die anderen unmöglich wird, Sie sind nur soweit auf sich selbst angewiesen, als es das Wohl ihrer Mitglieder erfordert.

Editorische Notiz:

Der Text der vorliegenden Edition folgt der Ausgabe:
Dr. Otto Henne am Rhyn: Aus Loge und Welt. Freimaurerische und kulturgeschichtliche Aufsätze. Verlag von Franz Wunder, Berlin und Leipzig 1905.

Der Text wurde aus Fraktur übertragen. Die Orthographie wurde behutsam modernisiert, grammatikalische Eigenheiten bleiben gewahrt. Die Interpunktion folgt der Druckvorlage.

Ebenfalls im SEVERUS Verlag erhältlich:

Heinrich Boos
Geschichte der Freimaurerei
SEVERUS 2011 / 444 S./ 49,50 Euro
ISBN 978-3-86347-078-4

Für Viele ist die Geschichte der Freimaurerei von vielem Unbekannten, Mystischen und Spekulativen gekennzeichnet; Freimaurer gelten als eine geheimnisumwitterte Bruderschaft.

Diesem Urteil widersprach Heinrich Boos 1894 (Erstauflage) in der hier vorliegenden Geschichte der Freimaurerei: „Leider spielt in der Geschichte der Freimaurerei die Lüge und die absichtlich Fälschung eine allzu große Rolle." Das Werk wurde in Historikerkreisen mit viel Beifall aufgenommen. Im selben Jahr wurde auch Boos´ Handbuch der Freimaurerei veröffentlicht, wodurch er sich in der Bearbeitung der historischen Freimaurerei bis 1906 besonders hervortat. So konnte er als „Eingeweihter" gelten, zumal er selbst einer Loge angehörte.

In dieser hier neuaufgelegten zweiten Fassung des Buches beleuchtete Boos besonders die Geschichte der Freimaurerei in ihren Ursprüngen im Mittelalter in England und Deutschland sowie ihren Einflüssen auf die Literatur des 18. Jahrhunderts und der Aufklärung. So stellte Boos fest: „Die ganze Literatur des ausgehenden 18. Jahrhunderts ist von freimaurerischen Ideen durchtränkt …".

www.severus-verlag.de

Bisher im SEVERUS Verlag erschienen:

Achelis, Th. Die Entwicklung der Ehe * Die Religionen der Naturvölker im Umriß, Reihe ReligioSus Band V * **Andreas-Salomé, Lou** Rainer Maria Rilke * **Arenz, Karl** Die Entdeckungsreisen in Nord- und Mittelafrika von Richardson, Overweg, Barth und Vogel * **Aretz, Gertrude (Hrsg)** Napoleon I - Briefe an Frauen * **Ashburn, P.M** The ranks of death. A Medical History of the Conquest of America * **Avenarius, Richard** Kritik der reinen Erfahrung * Kritik der reinen Erfahrung, Zweiter Teil * **Beneke, Otto** Von unehrlichen Leuten: Kulturhistorische Studien und Geschichten aus vergangenen Tagen deutscher Gewerbe und Dienste * **Berneker, Erich** Graf Leo Tolstoi * **Bernstorff, Graf Johann Heinrich** Erinnerungen und Briefe * **Bie, Oscar** Franz Schubert - Sein Leben und sein Werk * **Binder, Julius** Grundlegung zur Rechtsphilosophie. Mit einem Extratext zur Rechtsphilosophie Hegels * **Bliedner, Arno** Schiller. Eine pädagogische Studie * **Birt, Theodor** Frauen der Antike * **Blümner, Hugo** Fahrendes Volk im Altertum * **Brahm, Otto** Das deutsche Ritterdrama des achtzehnten Jahrhunderts: Studien über Joseph August von Törring, seine Vorgänger und Nachfolger * **Braun, Lily** Lebenssucher * **Braun, Ferdinand** Drahtlose Telegraphie durch Wasser und Luft * **Brunnemann, Karl** Maximilian Robespierre - Ein Lebensbild nach zum Teil noch unbenutzten Quellen * **Büdinger, Max** Don Carlos Haft und Tod insbesondere nach den Auffassungen seiner Familie * **Burkamp, Wilhelm** Wirklichkeit und Sinn. Die objektive Gewordenheit des Sinns in der sinnfreien Wirklichkeit * **Caemmerer, Rudolf Karl Fritz Die** Entwicklung der strategischen Wissenschaft im 19. Jahrhundert * **Casper, Johann Ludwig** Handbuch der gerichtlich-medizinischen Leichen-Diagnostik: Thanatologischer Teil, Bd. 1 * Handbuch der gerichtlich-medizinischen Leichen-Diagnostik: Thanatologischer Teil, Bd. 2 * **Cronau, Rudolf** Drei Jahrhunderte deutschen Lebens in Amerika. Eine Geschichte der Deutschen in den Vereinigten Staaten * **Cunow, Heinrich** Geschichte und Kultur des Inkareiches * **Cushing, Harvey** The life of Sir William Osler, Volume 1 * The life of Sir William Osler, Volume 2 * **Dahlke, Paul** Buddhismus als Religion und Moral, Reihe ReligioSus Band IV * **Eckstein, Friedrich** Alte, unnennbare Tage. Erinnerungen aus siebzig Lehr- und Wanderjahren * Erinnerungen an Anton Bruckner * **Eiselsberg, Anton Freiherr von** Lebensweg eines Chirurgen * **Eloesser, Arthur** Thomas Mann - sein Leben und Werk * **Elsenhans, Theodor** Fries und Kant. Ein Beitrag zur Geschichte und zur systematischen Grundlegung der Erkenntnistheorie. * **Engel, Eduard** Shakespeare * Lord Byron. Eine Autobiographie nach Tagebüchern und Briefen. * **Ewald, Oscar** Nietzsches Lehre in ihren Grundbegriffen * Die französische Aufklärungsphilosophie * **Ferenczi, Sandor** Hysterie und Pathoneurosen * **Fichte, Immanuel Hermann** Die Idee der Persönlichkeit und der individuellen Fortdauer * **Fourier, Jean Baptiste Joseph Baron** Die Auflösung der bestimmten Gleichungen * **Frimmel, Theodor von** Beethoven Studien I. Beethovens äußere Erscheinung * Beethoven Studien II. Bausteine zu einer Lebensgeschichte des Meisters * **Fülleborn, Friedrich** Über eine medizinische Studienreise nach Panama, Westindien und den Vereinigten Staaten * **Gmelin, Johann Georg** Quousque? Beiträge zur soziologischen Rechtfindung * **Goette, Alexander** Holbeins Totentanz und seine Vorbilder * **Goldstein, Eugen** Canalstrahlen * **Graebner, Fritz** Das Weltbild der Primitiven: Eine Untersuchung der Urformen weltanschaulichen Denkens bei Naturvölkern * **Griesinger, Wilhelm** Handbuch der speciellen Pathologie und Therapie: Infectionskrankheiten * **Griesser, Luitpold** Nietzsche und Wagner - neue Beiträge zur Geschichte und Psychologie ihrer Freundschaft * **Hanstein, Adalbert von** Die Frauen in der Geschichte des Deutschen Geisteslebens des 18. und 19. Jahrhunderts * **Hartmann, Franz** Die Medizin des Theophrastus Paracelsus von Hohenheim * **Heller, August** Geschichte der Physik von Aristoteles bis auf die neueste Zeit. Bd. 1: Von Aristoteles bis Galilei * **Helmholtz, Hermann von** Reden und Vorträge, Bd. 1 * Reden und Vorträge, Bd. 2 * **Henker, Otto** Einführung in die Brillenlehre * **Kalkoff, Paul** Ulrich von Hutten und die Reformation. Eine kritische Geschichte seiner wichtigsten Lebenszeit und der Entscheidungsjahre der Reformation (1517 - 1523), Reihe ReligioSus Band I * **Kautsky, Karl** Terrorismus und Kommunismus: Ein Beitrag zur Naturgeschichte der Revolution *

www.severus-verlag.de

Kerschensteiner, Georg Theorie der Bildung * **Klein, Wilhelm** Geschichte der Griechischen Kunst - Erster Band: Die Griechische Kunst bis Myron * **Krömeke, Franz** Friedrich Wilhelm Sertürner - Entdecker des Morphiums * **Külz, Ludwig** Tropenarzt im afrikanischen Busch * **Leimbach, Karl Alexander** Untersuchungen über die verschiedenen Moralsysteme * **Liliencron, Rochus von / Müllenhoff, Karl** Zur Runenlehre. Zwei Abhandlungen * **Mach, Ernst** Die Principien der Wärmelehre * **Mausbach, Joseph** Die Ethik des heiligen Augustinus. Erster Band: Die sittliche Ordnung und ihre Grundlagen * **Mauthner, Fritz** Die drei Bilder der Welt - ein sprachkritischer Versuch * **Meissner, Franz Hermann** Arnold Böcklin * **Meyer, Elard Hugo** Indogermanische Mythen, Bd. 1: Gandharven-Kentauren * **Müller, Adam** Versuche einer neuen Theorie des Geldes * **Müller, Conrad** Alexander von Humboldt und das Preußische Königshaus. Briefe aus den Jahren 1835-1857 * **Oettingen, Arthur von** Die Schule der Physik * **Ostwald, Wilhelm** Erfinder und Entdecker * **Peters, Carl** Die deutsche Emin-Pascha-Expedition * **Poetter, Friedrich Christoph** Logik * **Popken, Minna** Im Kampf um die Welt des Lichts. Lebenserinnerungen und Bekenntnisse einer Ärztin * **Prutz, Hans** Neue Studien zur Geschichte der Jungfrau von Orléans * **Rank, Otto** Psychoanalytische Beiträge zur Mythenforschung. Gesammelte Studien aus den Jahren 1912 bis 1914. * **Ree, Paul Johannes** Peter Candid * **Rohr, Moritz von** Joseph Fraunhofers Leben, Leistungen und Wirksamkeit * **Rubinstein, Susanna** Ein individualistischer Pessimist: Beitrag zur Würdigung Philipp Mainländers * Eine Trias von Willensmetaphysikern: Populär-philosophische Essays * **Sachs, Eva** Die fünf platonischen Körper: Zur Geschichte der Mathematik und der Elementenlehre Platons und der Pythagoreer * **Scheidemann, Philipp** Memoiren eines Sozialdemokraten, Erster Band * Memoiren eines Sozialdemokraten, Zweiter Band * **Schlösser, Rudolf** Rameaus Neffe - Studien und Untersuchungen zur Einführung in Goethes Übersetzung des Diderotschen Dialogs * **Schweitzer, Christoph** Reise nach Java und Ceylon (1675-1682). Reisebeschreibungen von deutschen Beamten und Kriegsleuten im Dienst der niederländischen West- und Ostindischen Kompagnien 1602 - 1797. * **Sommerlad, Theo** Die soziale Wirksamkeit der Hohenzollern * **Stein, Heinrich von** Giordano Bruno. Gedanken über seine Lehre und sein Leben * **Strache, Hans** Der Eklektizismus des Antiochus von Askalon * **Sulger-Gebing, Emil** Goethe und Dante * **Thiersch, Hermann** Ludwig I von Bayern und die Georgia Augusta * Pro Samothrake * **Tyndall, John** Die Wärme betrachtet als eine Art der Bewegung, Bd. 1 * Die Wärme betrachtet als eine Art der Bewegung, Bd. 2 * **Virchow, Rudolf** Vier Reden über Leben und Kranksein * **Vollmann, Franz** Über das Verhältnis der späteren Stoa zur Sklaverei im römischen Reiche * **Wachsmuth, Curt** Das alte Griechenland im neuen * **Weber, Paul** Beiträge zu Dürers Weltanschauung * **Wecklein, Nikolaus** Textkritische Studien zu den griechischen Tragikern * **Weinhold, Karl** Die heidnische Totenbestattung in Deutschland * **Wellhausen, Julius** Israelitische und Jüdische Geschichte, Reihe ReligioSus Band VI * **Wellmann, Max** Die pneumatische Schule bis auf Archigenes - in ihrer Entwickelung dargestellt * **Wernher, Adolf** Die Bestattung der Toten in Bezug auf Hygiene, geschichtliche Entwicklung und gesetzliche Bestimmungen * **Weygandt, Wilhelm** Abnorme Charaktere in der dramatischen Literatur. Shakespeare - Goethe - Ibsen - Gerhart Hauptmann * **Wlassak, Moriz** Zum römischen Provinzialprozeß * **Wulffen, Erich** Kriminalpädagogik: Ein Erziehungsbuch * **Wundt, Wilhelm** Reden und Aufsätze * **Zallinger, Otto** Die Ringgaben bei der Heirat und das Zusammengeben im mittelalterlich-deutschem Recht * **Zoozmann, Richard** Hans Sachs und die Reformation - In Gedichten und Prosastücken, Reihe ReligioSus Band III

www.ingramcontent.com/pod-product-compliance
Lightning Source LLC
Chambersburg PA
CBHW020837020526
44114CB00040B/1226